思春期ニューカマーの学校適応と多文化共生教育

実用化教育支援モデルの構築に向けて

潘 英峰

明石書店

まえがき

　多文化社会の進展が著しい今日、日本に滞在するニューカマーの数は日増しに増えている。ヒト・モノ・カネ・情報の国際的移動が活発に行われる中、日本社会はそれに伴った複数の社会問題を抱えることとなった。その1つに、ニューカマー生徒の日本の学校文化への適応と彼らに対する教育支援のあり方についての問題がある。この分野の既存研究は、ニューカマー生徒および彼らと関わることになった日本人生徒が、学校という空間での異文化接触の際にどのような戦略を講じて相互理解を行っているのかについて十分な実践データに基づいて一般化できていないという課題を持っている。また、ニューカマー生徒の中で近年、最も高い割合を占めている中国系の生徒、特に、思春期にある中学生を長期間にわたって観察した研究は行われていないのが現状である。この現状の改善は、学問的、社会的必要性のある課題として、グローバル化の進む日本社会に提起されていると筆者は考える。

　このような状況を踏まえ、本書では中国系ニューカマー中学生の日本の学校環境への適応過程を、4年間（2009年4月～2013年3月）にわたるフィールド調査を通して得たデータをもとに考察した。調査では、参与観察、半構造化インタビュー、記述式アンケートなどの方法を併用して、来日初期の中国系ニューカマー生徒の自発的選択行為という視点から、彼らが学校関係者、保護者、地域活動とどのように結びつき、その中で学校文化への適応に対してどのような認識を持つに至り、最終的にどのような行動を選択することになったのかを観察した。

　本書には未熟な点があると思うが、本研究の公表によって、学校や家庭、地域というニューカマー生徒の学校文化への適応に深く関わっているそれぞれの主体が、文化適応の際に生じる衝撃によって生徒がこうむる悪影響を少しでも軽減できるよう手を取り合って取り組むことのできる環境が創出されれば幸いである。

　フィールド調査の際、ある学校の日本語教師が中国系ニューカマー生徒の学校文化への適応に関して「逆に、近いから、問題が出てくる」という考えを述

べた。これは、日中両国には文化的共通性が多数あるため、ニューカマー生徒と日本人生徒の双方が異文化を自文化のように錯覚して振る舞い、思わぬ文化的衝突をもたらす結果を生じているという意味である。グローバル化する学校現場で行われる多文化共生教育の在り方を考える上で、本書の研究成果がその一助になればこれにまさる光栄はない。

思春期ニューカマーの学校適応と多文化共生教育
―― 実用化教育支援モデルの構築に向けて

目　次

まえがき 3

第1章　序論　9
第1節　日本における外国人の受け入れ状況 9
第2節　ニューカマー生徒が直面する適応・教育などの問題 15
第3節　本研究の目的 17
第4節　本書の構成 20
第5節　本章のまとめ 22

第2章　先行研究　25
第1節　異文化適応の定義に関する研究の検討 25
第2節　異文化適応過程に関する研究の検討 28
第3節　学校文化に関する研究の検討 31
第4節　ニューカマー生徒に関する研究の検討 34
　　　　（1）ニューカマー生徒の受け入れ過程の視点から
　　　　（2）ニューカマー生徒の学校適応過程の視点から
第5節　先行研究の問題点と本研究の主眼 40
第6節　本章のまとめ 42

第3章　研究方法とデータの構成およびフィールドの概況　44
第1節　研究方法 44
　　　　（1）調査の方法に関する検討
　　　　（2）分析の方法に関する検討
　　　　（3）記述の方法に関する検討
第2節　データの構成と研究のスタンス 55
第3節　フィールドの概況 60
　　　　（1）W中学校の概況と調査対象者の概要
　　　　（2）W中学校の日本語教室における補習の概要
　　　　（3）T中学校の概況と調査対象者の概要
　　　　（4）T中学校の国際教室における補習の概要
第4節　本章のまとめ 65

第4章　公立中学校を生きる来日初期の中国系ニューカマー生徒の学校適応
　　　　──自発的選択行為に着目して　68
第1節　学習をめぐる方式・空間・内容の選択 69

　　　　（1）ニューカマー生徒の在籍学級での「分からない授業」の過ごし方
　　　　（2）在籍学級の「無秩序」に対応した学習空間の選択
　　　　（3）ニューカマー生徒自らの意志による学習内容の選択
　第2節　人間関係を円滑にするためのストラテジーの選択 ………………………… 80
　　　　（1）ニューカマー生徒と日本人生徒との人間関係の様相
　　　　（2）人間関係を円滑にするためのニューカマー生徒の独自の戦略
　　　　（3）ニューカマー生徒との接触における日本人生徒の意識および課題
　第3節　「自己保護」という戦略の選択 …………………………………………… 110
　　　　（1）逸脱した言動による自己顕示
　　　　（2）攻撃的行動と不登校
　第4節　本章のまとめ ………………………………………………………………… 117

第5章　日中学校文化の差異がニューカマー生徒にもたらす学校適応への影響　124
　第1節　「ルールを守る」という教育理念の尊重 ………………………………… 125
　　　　（1）ニューカマー生徒の在籍学級での昼食時間の様相
　　　　（2）在籍学級で昼食をとることへの抵抗
　第2節　教育内容の相違により生じた葛藤 ………………………………………… 133
　　　　（1）本格的に実施する体育の授業への戸惑い
　　　　（2）技術の授業にニューカマー生徒が示す難色
　第3節　課外活動の本格化 …………………………………………………………… 148
　　　　（1）身体のみならず、意志も鍛えられる部活動
　　　　（2）「力」で自己アピールできる場、居場所としての空間
　第4節　本章のまとめ ………………………………………………………………… 154

第6章　家庭状況と教員の役割が学校文化への適応にもたらす影響　159
　第1節　家庭環境によって生じる教育意識の差異 ………………………………… 159
　　　　（1）中国帰国者の家族の様相
　　　　（2）国際結婚をした家族の様相
　　　　（3）親の教育意識による学校適応への影響
　第2節　異文化理解教育に関する調査対象校の取り組み ………………………… 172
　　　　（1）校長による異文化理解教育の姿勢と工夫
　　　　（2）異文化理解活動の継続的な実施の重要性
　第3節　教員の努力によるニューカマー生徒の学校適応への影響 ……………… 182
　　　　（1）ニューカマー生徒に対する日本語教師の認識と対処
　　　　（2）ニューカマー生徒に対する担任教員の認識と対処
　　　　（3）ニューカマー生徒との接触が教員にもたらす影響
　第4節　本章のまとめ ………………………………………………………………… 194

第 7 章　国際教室の適応機能　197

第 1 節　学習支援の場 ……………………………………………………………… 198
　　　　（1）日本語・教科学習支援の実施
　　　　（2）状況に応じた補習の実施
第 2 節　母語と母文化維持の場 …………………………………………………… 204
　　　　（1）肯定的アイデンティティの形成につながる母語・母文化の維持
　　　　（2）異文化を体験したニューカマー生徒のアイデンティティ形成の課題
第 3 節　息抜きの場 ………………………………………………………………… 209
　　　　（1）息抜きの場に対する教員とニューカマー生徒の認識
　　　　（2）息抜きの場と在籍学級とのバランス
第 4 節　異文化理解・交流を深める場 …………………………………………… 216
　　　　（1）地域活動をきっかけとして深まった日中生徒間の交流
　　　　（2）日本人生徒との交流が国際教室にもたらす可能性
第 5 節　ニューカマー生徒の進路選択に影響を与える場 ……………………… 225
　　　　（1）ニューカマー生徒の将来像を具体化する要素
　　　　（2）高校へ入学した生徒が直面する厳しい現実
第 6 節　本章のまとめ ……………………………………………………………… 230

第 8 章　多文化共生教育支援の検討と今後の課題　234

第 1 節　本研究からみえたこと …………………………………………………… 234
　　　　（1）ニューカマー生徒の学校適応に影響を与える要因に関する検討
　　　　（2）ニューカマー生徒の学校適応に関する検討
　　　　（3）学校資源の再生産（再編成）
第 2 節　多文化共生教育支援の充実に向けて …………………………………… 249
　　　　（1）多文化共生教育支援に関する具体策のカテゴリー化
　　　　（2）連鎖的支援の活性化モデルの提示
第 3 節　本書のまとめ ……………………………………………………………… 254
第 4 節　今後の課題 ………………………………………………………………… 257

あとがき ……………………………………………………………………………… 259
参考文献 ……………………………………………………………………………… 262
図表一覧 ……………………………………………………………………………… 272
索　　引 ……………………………………………………………………………… 273

第 1 章

序論

　グローバル化の進展に伴い、日本に滞在している外国人の数が急激に増加している。このような社会の変化によって生じたニューカマー（以下、NC）[1]問題について、本章ではその社会的背景とニューカマー生徒（以下、NC生徒）を取り巻く教育状況を概観した後、外国で生まれ育った子どもが経験する日本の学校環境への適応、およびNC生徒に対する学校教育に関する問題について提起する。そして、本研究の目的について詳述した後、本書の構成を提示する。まずは、日本における外国人の受け入れ状況から論を進める。

第1節　日本における外国人の受け入れ状況

　グローバリゼーションの高波が押し寄せる現在、日本を訪れる外国人の数が年々増加している。法務省入国管理局の2013年度6月現在の統計によれば、外国人登録者数は207万8480人[2]で、日本の総人口1億2773万人[3]に占める割合は1.63％である。国籍別にみると、中国人約67万人、韓国・朝鮮人約55万人、ブラジル人とフィリピン人は同程度で約21万人、ペルー人とアメリカ人も同程度で約5万人と続く。外国人登録者数の変化を見ると、1980年代後半からの増加が顕著であるが、特に90年代末からの伸びが目立っている。外国人登録者の国籍を見ても188ヶ国と増え、在日外国人の多国籍化が進むという大きな変化が見られる。その構成も従来、在日外国人の大多数を占めていた特別永住者を中心とする韓国・朝鮮人が近年の高齢化とともに減少を続ける一方、中国人、ブラジル人、フィリピン人、ペルー人が20年間で1.8～3.9倍と大きく増加している。「10年前には、ニューカマーとオールドカマーの割合はほぼ半分ずつと見積もることができたが、今日ではその比率は3対1ぐらいに

なりつつあると考えることができる」(志水 2008：17)。日本にNCと呼ばれる人々が増えるようになった経緯は主に次のように整理することができる。

①1970年代から80年代にかけて、フィリピンやタイなどから主としてサービス業で働く女性労働者が多数来日したこと、

②1988年頃になると、バングラデシュ、パキスタンなど南アジア諸国やイランなど中近東諸国からの出稼ぎ、中国からの「帰国者」、ベトナム・ラオス・カンボジアからの「インドシナ難民」、さらには欧米諸国からのビジネスマンが相次いで来日したこと、

③80年代後半以降になると、「出入国管理及び難民認定法」の改正の影響を受け、主として南米諸国からの日系人出稼ぎ労働者が増加したこと、

④国際結婚で日本に来る女性が増加したこと（児島 2006：1-4)。

これらの経緯により日本に居住するNCは急増したと言うことができる。

増加数規模では中国人の増加が90年代末に約50万人増と全体の増加数約86万人の半分以上を占めており、その伸びは特に顕著である（国籍別外国人登録者数の推移は表序−1を参照)。2007年末以降には、上述の理由を加え、中国人留学生数が最上位を占め、国際結婚、就労人員の絶えず増加していることや、さらに2010年度に永住者の認定要件が大幅に緩和された要因もあり、ついに中国人がそれまで最多だった韓国・朝鮮人を上回っている（グラフ序−1)。

来日外国人数の増加に伴い、彼らの子ども、いわゆるNCの子どもたちも増えつつある。10〜19歳の外国人登録者数をみると、2011年現在、中国人生徒数が3万8455人と最も大きな割合を占めていることが分かる。人数順にみると、韓国・朝鮮人生徒数は3万2966人、ブラジル人生徒数は2万2794人、フィリピン人生徒数は1万4726人である（グラフ序−2)。

また、文部科学省は適応・教育指導が必要となる外国人児童生徒を対象とした「日本語指導が必要な外国人生徒の受け入れ状況などに関する調査」を1991年から1999年までは隔年、2000年から2008年までは毎年、2009年からは隔年行っている。この中で、1993年に在籍者数が1万人という大台を超え、それから12年後の2005年には、その数はついに2万人に達した。NCの子どもの人数が急激に増えるにつれ、彼らの適応の問題や彼らへの教育の課題も現れ、これらの課題が日本社会において大きく注目され始めた（グラフ序−3)。

表序-1 ●国籍別外国人登録者数の推移

	1991年末	1999年末	2003年末	2007年末	2011年末
韓国・朝鮮	693,050	636,548	613,791	593,489	545,401
中国	171,071	294,201	462,396	606,889	674,879
ブラジル	119,333	224,299	274,700	316,967	210,032
フィリピン	61,837	115,685	185,237	202,592	209,376
ペルー	26,281	42,773	53,649	59,696	52,843

出典:法務省登録外国人統計[4]により筆者作成

グラフ序-1 ●国籍別外国人登録者数

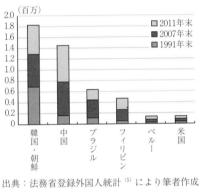

出典:法務省登録外国人統計[5]により筆者作成

グラフ序-2 ●国籍別外国人児童生徒登録数

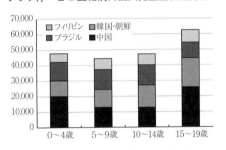

出典:法務省登録外国人統計[6]により筆者作成

グラフ序-3 ●日本語指導が必要な外国人児童生徒数の推移

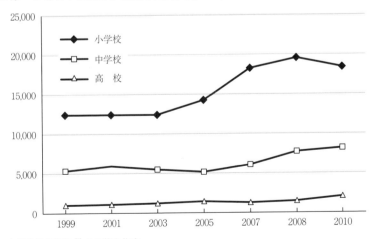

出典:文部科学省調査[7]より筆者作成

2010年、全国の公立学校に在籍している外国人児童生徒数は7万4214人（表序－2）にのぼり、そのうちの約38％を占める2万8511人は日本語指導を必要としている。彼らは6423校の公立学校に分布しており、前年より3.4％増加している。

表序－2 ●年度別学校別公立中学校に在籍している外国人児童生徒数の推移（人）

年度	1999	2000	2001	2002	2003	2004	2005	2006	2007	2008	2009	2010
小学校	46,300	44,048	42,823	42,134	41,299	41,809	42,110	43,129	44,595	45,491	45,073	42,748
中学校	24,611	23,160	22,811	22,216	21,258	19,911	19,266	19,311	20,119	21,253	22,123	22,218
高校	9,130	9,334	8,748	8,415	8,018	8,131	8,092	7,909	7,433	7,284	7,461	8,189
合計	80,353	76,820	74,662	73,067	70,902	70,345	69,817	70,936	72,751	75,043	75,417	74,214

出典：文部科学省調査[8] 1999～2010年度各年度版をもとに筆者作成

　文部科学省の資料[9]によると、2010年度の外国人児童生徒の在籍する学校数は、小学校は3831校で前年より1.1％増加、中学校は2157校で前年より6.4％増加、高校は367校で前年より7.3％増加しており、小・中学校が全体の93.2％という高い割合を占めていることが分かる。また、2010年度の外国人児童生徒の在籍人数別学校数をみると、1人在籍校が2827校（前年2844校）で前年度比17校（0.6％）減少したものが最も多く、5人未満在籍校でみると4953校（前年4831校）で前年度比122校（2.5％）増加した。一方、30人以上在籍校数は130校（前年136校）で前年度より6校（4.4％）減少している。全体に占める割合では、1人在籍校が44.0％（前年45.8％）、5人未満在籍校が77.1％（前年77.8％）、30人以上在籍校が2.0％（前年2.2％）となっている。

　母語別在籍状況をみると、ポルトガル語とスペイン語を母語とする生徒数が減少する一方で、中国語を母語とする生徒数が6154人（前年5831人）で323人（5.5％）増加している（グラフ序－4）。

　また、大阪府に在住しているNC人口の特徴は中国人の占める割合が高いことである。このことはブラジル人の占める割合が60～70％である愛知、静岡、群馬県と対照的な位置づけにあることを示す（志水 2008：17）。表序－3は都道府県別のNC年少者数の国籍別内訳を示している。

　法務省入国管理局の統計資料[10]によると、2011年12月31日現在の大阪府

グラフ序-4 ●日本語指導が必要な外国人児童生徒の母語別在籍状況

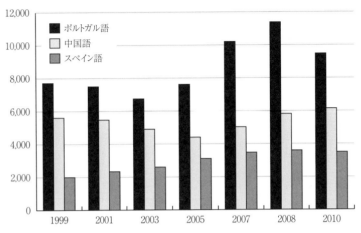

出典:文部科学省調査[11]より上位3つを選択して筆者作成

表序-3 ●都道府県別のニューカマー年少者(10~14歳)の国籍別内訳(%)

	中国	ブラジル	他	全体
東京	46.6	1.9	51.6	5,709
愛知	14.8	58.6	26.6	4,813
神奈川	32.2	12.8	55.0	3,506
静岡	5.7	69.7	24.6	2,972
埼玉	33.9	19.0	47.1	2,348
千葉	34.6	8.6	56.8	2,042
大阪	66.7	6.4	26.9	1,565
兵庫	33.0	8.1	58.9	1,229
全国	28.8	30.7	40.5	36,949

出典:鍛治致(2008)をもとに作成

の外国人登録者数は20万6324人である。国籍別にみると、韓国・朝鮮籍が12万4167人(外国人登録者数全体に占める割合60.1%:以下の割合も同様[筆者注])であるが、その総数および全体に占める割合は年々減少している。対して、中国籍は5万2392人(25.4%)、フィリピン籍は6177人(3.0%)、ベトナム籍は3411人(1.7%)、タイ籍は1888人(0.9%)であり、それぞれ増加している[12]。

大阪府内で暮らす外国人口数は府の人口の約2.3%にあたるという計算にな

り、都道府県別の人口に占める割合では東京都に次いで2位、外国人登録者数では東京都、愛知県に次いで3位となっている[13]。法務省入国管理局の統計[14]によると、外国人の在留資格に占める就労、技術、留学などの割合が増加し、NCの数が増えつつあることが分かる。表序－4は2008年度から2011年度の大阪府における外国人児童生徒の在籍数を示している。

表序－4 ● 大阪府における外国人児童生徒の在籍数（人）

	2008年		2009年		2010年		2011年	
	外国人児童生徒数	総数	外国人児童生徒数	総数	外国人児童生徒数	総数	外国人児童生徒数	総数
小学校	4,838	502,941	4,650	498,933	4,289	492,154	4,187	482,283
中学校	3,698	243,533	3,679	247,972	3,427	248,276	3,271	253,152
高校	2,145	219,345	2,073	219,674	1,979	225,421	1,919	227,181
計	10,681	965,819	10,402	966,579	9,695	965,851	9,377	962,616

出典：大阪府「大阪の学校統計」[15]をもとに作成
注：高校の値は全日制および定時制の合計数

　大阪府内の小学校・中学校・高校に在籍している外国人児童生徒数は9377人（2011年度）で、全体の約1.0％であった。そのうち、公立学校における日本語指導を必要とする外国人児童生徒数は、平成16年9月の調査[16]によると、小学校（634人）・中学校（364人）・高校（187人）を合計して1187人であり、過去3年間の推移からみて増加傾向にあることが分かる。母語別の内訳をみると、平成16年度では全体の66％に相当する790人が中国語、次にベトナム語の91人、韓国・朝鮮語、フィリピノ語、ポルトガル語、スペイン語が約60人前後となっている。大阪府内で教育を受ける外国人児童生徒（帰国した子ども）は次のように大きく3つ[17]の歴史的背景を持っている。

　①昭和50年代前半からの企業の国際進出による在外保護者の帰国にあわせた帰国児童生徒
　②昭和50年代後半からの大阪市内にある大阪中国帰国者定着促進センターに入所後の中国残留孤児や自費帰国した中国残留婦人などの公営住宅への入居増とその家族の呼び寄せによる中国帰国関連の児童生徒
　③昭和60年代からの国際結婚、就労、外交、留学などを目的として来日す

る外国人を保護者にもつ来日児童生徒

　大阪市はこの中で特に、中国帰国者の児童生徒の適応に対処するために「帰国した子どもの教育センター校」[18]をはじめとする諸事業に力を入れている。

　また、法務省によれば[19]、中国出身登録者数は65万2555人であるが、その中で日本人を配偶者とする者の数は5万1184人であり、それは総登録者数において大きな割合を示している。このことは中国帰国者の増加が一段落した後、国際結婚という新しいルートを通して来日する中国人の数が増加する傾向にあることを示している。

　現在、親の事情で、自らの意志とは関係なく自国を離れて、日本という異文化環境で学校教育を受けざるをえなくなった外国人児童生徒が異文化への適応に際して多くの悩みを抱えているということが問題になっている。来日経緯は様々であるが、特に国際結婚で来日した児童生徒は新しい家庭環境への適応や学校を中心とした日本社会との円滑な関係構築において、異文化の言語・文化・生活習慣などの壁を乗り越えようと努める中で経験する解決し難い多くの問題に悩まされている現状である。

　そのため、彼らを過度なストレスから解放して健全な成長を促すためには、不安定な立場に置かれがちな彼らを保護するための法律や制度の後ろ盾を整備・充実させることが必要である。それと同時に、彼らを心理的にサポートするための社会的ネットワークの構築も必要である。それらの具体的な内容や方法については後述するとして、以下では、まず、生徒児童の教育を受ける権利に関する法的根拠を概観した後、彼らが直面する教育問題を整理して本研究の目的について述べる。

第2節　ニューカマー生徒が直面する適応・教育などの問題

　多民族の共生する国家と社会の構築という課題の解決において検討すべき重要な項目として挙げられるものが、外国籍の子どもたちの教育についてである。児島（2006：4）が指摘するように、外国人が今後ますます日本社会に根を張っていくということは、当然のことながらその子どもの誕生や成長を伴うため、彼らの受け入れをめぐる諸条件の整備が重要な課題になることを意味す

る。日本は1979年「経済的、社会的及び文化的権利に関する国際規約」いわゆる「国際人権規約」を批准したのだが、それが外国人の子どもに対して教育を受ける権利を保障する根拠となっている。また、1994年に批准した「児童の権利に関する条約」[20]第28条1（a）には「初等教育を義務的なものとし、すべての者に対して無償のものとする」とあるため、国際基準となっている義務的な初等教育の教育機会を均等に保障しなければならない。子どもの権利条約29条1項を踏まえ、外国人児童に対しては、十分な日本語教育とともに、母語の教育、出身国の文化に関する学習の機会の保障を図るべきである。カリキュラムを国際化し、外国人児童と日本人児童が、相互の文化を共に学ぶという、多文化共生教育を実施すべきである。加えて24条は「移住労働者の子どもに対する社会的差別が現存していることについて懸念する」としており、日本政府には外国人児童生徒に関する施策を打ち出すことが求められている。また、教育の面について、人種差別撤廃委員会の最終見解[21]第15項は「条約第５条が定める諸関連権利を、人種や皮膚の色または民族的出身による区別なく保障することを確保するよう勧告する」としている。つまり、外国人の子どもの教育を受ける権利を保障しているのである。このような国際法が外国人の子どもの受け入れに関する法的な根拠となっている。

　公立学校に在籍するこれらのNCの児童生徒に対して行っている教育支援[22]は主に日本語指導[23]や教科指導、適応指導となる。具体的には、学校の中では国際教室や日本語教室を設け、「取り出し授業」[24]や「入り込み授業」[25]などの個別指導を行っている。また、指導体制としては、学級担任や外国人指導担当の教員による指導に加え、支援員や通訳等の外部人材を活用しながら行われている場合も多く見られる。

　一方、外国人が多く居住している現状を踏まえ、大阪府では「大阪府国際化推進基本指針」が1992年に策定された。「異文化を理解する心の豊かな人々の集う都市大阪の実現」という基本目標に沿って、国籍や民族を問わず「すべての人々が、同じ人間として尊重しあい、違いを認めあって共生していく地域社会づくりなど、いわゆる"内なる国際化"」（大阪府国際化推進基本指針1992）を推進してきた。更に、2002年（平成14年）に「大阪府在日外国人施策に関する指針」を定めている。それは全ての人が人権を尊重し、国籍、民族などの違い

を認めあい、ともに暮らすことのできる共生社会の実現を目指すものであり、その目標の実現のために在日外国人施策が総合的に進められている。

　ただし、外国籍児童生徒の義務教育諸学校への就学の取り扱いは、日本国籍を有する日本人の場合と、法制度上、著しく異なっている。日本人の場合、学齢期（6～15歳）にある児童生徒の保護者には、その子女に教育を受けさせる権利と義務が法的に保障されている。これに対して、日本国籍を有しない児童生徒の場合は、義務としてではなく、行政当局の許可という措置によって教育の機会が提供される。そして、いったん就学が認められ、学校へ入学を許可された外国籍の子どもに対しては、「日本の子どもと同様に」扱うことが原則とされている。具体的には、「授業料の不徴収」「教科書の無償配布」「就学援助の措置」など、行政上の措置が中心になっているが、同時に、教育内容上、日本人とまったく同様の教育が行われることも意味している（太田　2000：139-148）。

　日本の教育現場は、異なる文化的背景を有する日本語を母語としない年少者の教育という新たな課題に直面している。また、NC児童生徒が各都道府県の各学校に分散しており、それぞれの学校ではNC児童生徒の数が少ないという事情によって、支援策があったとしても教育現場では徹底的に実施されていないというケースも観察される。NCの児童生徒の教育に対する教員の精神的な負担の増加や日本人の児童生徒の葛藤など、様々な問題が学校の構成員の悩みの種となっているのが現状である。

第3節　本研究の目的

　今まで述べてきた通り、グローバル化の進展に伴い、日本に滞在する外国人の数が急激に増加している。日常生活の様々な場面で、外国人に出会うようになり、様々な外国語が聞かれ、日本に滞在している外国人についての報道もよく見聞きするようになっている。外国人児童生徒に関する問題はすでに一般的なものとなり、外国人児童生徒の増加に伴ってそれはいっそう注目される傾向を帯びたと言える。言葉の壁さえ超えれば、万事うまくいくという考えは、外国人児童生徒を抱える現場に未だに根強く残っている。その裏に隠された異文

化の壁、日本の学校環境に適応する問題は決して言葉の問題の解決だけで乗り越えられるものではない。

筆者は2009年4月から関西の公立中学校で実施される来日初期の中国人生徒を対象とした日本語学習と各教科の補習の支援をボランティアとして手伝いながらフィールド調査を行い、そこで体験した事項を次のようにフィールドノーツとして記録した。

> 久々に中学校を訪れた。国際教室に入ったとたん、相変わらず「お～おはようございます」などの日本語教師からの温かい挨拶と、ずっと教えていた孫明、劉研（仮名）と他の何人かの生徒の笑顔の出迎えにあった。筆者も本当に心底から嬉しい気持ちになった。
> 早速、授業が始まった。通常のように孫明を教えた。
> 授業の途中「先生は長く来てないから、私の日本語の進み度合がすごく落ちたよ」と孫明が言った。
> 「え～？　どうして」と筆者が聞いた。
> 「先生が足らないから、しかも、先生の入れ変わりが激しいから、いつも復習ばかりやった」と孫明は説明した。　【フィールドノーツ、2010/2/16】

日本の中学校に通いながら学校生活を体験しているNC生徒が、ボランティアで学習補助を行っている筆者を自身が学校生活を送る上での一つの支えとして認識していることが分かる。当初、筆者はある程度の緊張感を持ってNC生徒に対応していたものの、それほど深刻には考えていなかった。しかし、生徒の言葉から「先生」と呼ばれている自らの責任の重さを痛感したことで、生徒の学習が遅れた原因の一端が自分にあることを知って後ろめたく思った。また、この事例から「先生」としての義務を果たす意義もいっそう感じるようになった。

NC生徒を援助するための協働的な取り組みの理想としては、外国人の子どもが通っている学校の関係者との接し方、日本人の子どもたちとの関わり方、外国人日本語補助指導員との接し方、外国人の子どもの家族との関係、これらが一体となって、生徒の発育に肯定的な影響を与えられるよう行動することで

ある。孫明のように補習を担当する「先生」に何らかの要求をするケースは多々観察されるが、時間の都合や担当教員の不足などの問題のため、それに十分に応えられないのが現状である。このような学校現場が抱えている教育支援の問題の切実さを身を以て痛感している。

学習支援活動を通して、来日年齢が上がれば上がるほど、例えば、小学校高学年または中学校の時に来日した子は、小学校低学年の時に来日した子より、日本語の学習や新しい友人関係の構築といった側面において困難さが増している現象がしばしば観察されていた。小学校高学年または中学校という時期は、いわゆる青年前期[26]（思春期）に当たる。発達心理学では、青年期は、心理的独立、自我同一性の確立、人間関係の再構成など、人間の発達段階の中で、いくつかの大きな課題にぶつかる時期であり、それらの課題の達成に失敗すると、青年は自分の将来や生き方が分からなくなり、不適応に陥ったりするとされている（趙 2010：8）。

これまで、日本では外国人児童生徒に関する研究が多岐にわたって行われてきた。第二言語習得、バイリンガリズム、異文化適応、アイデンティティ、多文化共生などの多様な視点からなされる研究は、日本社会における日本語を母語としない年少者の増加とそれに伴う問題の多様性を反映している。青少年心理などの要因もあり、成人を対象とした研究では説明しきれない問題点があることや、社会背景と文化の違いにより適応に違いがあるということなどがそれらの共通の認識となりつつある。青年期にある外国人生徒にとって、学校は生活の中心的な場となっている。そのため、外国人生徒の学校での生活に焦点を当てた研究成果が蓄積されてきたのだが、その対象はブラジル人生徒が中心であり、本研究のように中国系NC生徒を対象として長期的なフィールドワークの手法を用いた実証研究はきわめて少ないのが現状である。

今までに、「不登校」「不就学」のNC生徒を対象とした研究は多くなされてきた。その中に不慣れな環境下でも「不就学」に陥らず「就学」できているNC生徒を対象とした研究（清水ら 2008；磯部ら 2008；潘 2011a）があるのだが、それらはNC生徒の学校適応を促す要因を行政と学校レベルでのみ考察しているため、中国系NC生徒の日本の中学校生活への適応を促す要因をより具体的に明らかにするためには、新たに家庭環境や地域との関係性という視点も

含めて総合的に研究する必要がある。

よって、本研究は大阪府の公立中学校に在籍している中国系NC生徒を対象に、フィールドワークを通して、日本の中学校における学校生活への適応の実態を描きだすことで、彼らの学校生活への適応に影響を与える要因を学校の教師、日本人生徒、家庭、地域、そして、教育支援対策といった側面から考察することを目的とする。

また、本研究の基本的な姿勢はNC生徒が関わる問題を個別に掘り下げていくことにより、グラウンデッド・セオリー・アプローチ（GTA）[27]に依拠した理論モデルを提示することで、NC生徒の抱える課題を一般化することである。こうした個別の事例研究を積み重ねることによって、日本の学校教育現場が抱える多様な問題に対する解法への道筋を1つずつ増やしていくことが可能になると考えられる。

第4節　本書の構成

本書は8章から構成されている。構成の概要は図序－1の通りである。

まず、第1章では序論として、日本におけるNCの歴史的背景を概観し、加えて彼らを取り巻く教育環境の現状について述べる。

第2章では、NC生徒の受け入れ過程、彼らを取り巻く言語・アイデンティティ・学力・進路などの問題、多文化教育、海外の移民研究などに関する多様な視点からの先行研究を概略し、先行研究で明らかになった点とその問題点を批判的に検討する。

第3章では、本研究で用いる調査手法である解釈論的アプローチ、エスノグラフィー、グラウンデッド・セオリー・アプローチ、カテゴリー化の仕方や観察者としての位置取りなどフィールドノーツに関する諸事項について述べる。

第4章、第5章、第6章は、NC生徒の学校適応の様相について学校生活、日中学校文化の差異、家庭と教員の影響という角度から分析した本書の中核をなす部分である。扱うテーマは、「来日初期のニューカマー生徒の学校適応」（第4章）、「日中学校文化の差異がニューカマー生徒にもたらす学校適応への影響」（第5章）、「家庭状況と教師の役割が学校文化への適応にもたらす影響」

図序−1 ●本書の構成

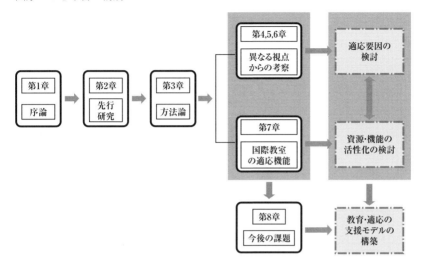

(第6章)である。中国系NC生徒はいかに学校生活を送っているのか、日本人教師や生徒とどのように関わっているのか、異文化の学校生活の中でどのような葛藤を経験して、それをどのように克服したのか、という点について、校長、担任教員、日本語教師、生徒の保護者、生徒自身に対するインタビューデータとともに具体的な事例を挙げながら、そこから観察される特筆すべき事項の示す意味について考察する。

第7章では、NC生徒の学校生活と緊密に関連している国際教室をその利用の活性化と機能の多様化という視点から検討する。国際教室に主に日本語・教科補習の場、母語・母文化維持の場、やすらぎの場、エスニック同士依存の場、異文化理解・交流の場、進路決定に影響を与える場という6つの側面から接近して、その特性を考察する。この章では国際教室の持つ適応機能を検討して、学校資源の利用のあり方について提示する。

第8章では、まず、本調査を通して中国系NC生徒の日本の中学校生活への適応を支える要因について総括的にまとめた後、本書で明らかになったNC生徒を取り巻く教育環境の問題点のあり方や望まれる支援の形、これからの教育支援の充実に向けての具体的な提案を行い、本研究で十分に扱えなかった問題

を今後の課題として提示する。

第5節　本章のまとめ

　中国系NC生徒の学校適応について考察するため、本章では、まず、日本に滞在している外国人の社会的背景を概観した。そして、自らの意思にかかわらず渡日したNC生徒が抱える教育・適応の問題を取り上げ、記述した。思春期にあるNC生徒にとっては日本の学校が生活の中心的な場にならざるを得ない。そのような状況の下で、彼らは常に周りの環境への文化的適応の問題に直面している。また、学校現場も同様に、彼らに対する適応支援のあり方が彼らの学校生活全体への参加の度合いを左右するという課題を抱えている。そこで、本研究では、NC生徒のみならず、彼らが在籍する学校の教師や日本人生徒への教育的貢献についても考慮しながら、NC生徒の日本の中学校生活への適応に影響を与える要因が何であるのかを明らかにすることを目的として調査を実施した。

[注]
（1）小沢（1993）は、戦前からの在日中国人（華僑）、在日韓国人を「オールドカマー」と呼び、それに対して、1970年代からの中国引揚者、インドシナ難民、80年代に急増した外国人労働者、"アジアの花嫁"たちを「ニューカマー」と呼んでいる。「ニューカマーの受け入れ自体にはすでに40年の歴史がある。『在日』の人々には、植民地支配に由来する来歴をもつ自分たちとそれとは異なる歴史的経緯のもとで日本に住むようになった新来の外国人とを並列させるような呼称を使うべきではない」だろう（志水 2008：16）。ところが、ニューカマーが「問題」としてクローズアップされはじめたのは、実はそれほど古い話ではない。それは、いわゆる「外国人労働者問題」をめぐって論争が盛り上がった80年代後半以降のことである。「ニューカマー」という語彙は法的な用語ではないが、今日一般でも広く使われ、学会などでも一般的に使用される用語になっていることから、本書でもこの語彙を使用する。しかしながら、本書では「ニューカマー」という用語の範疇に1970年代以降に来日した外国人、日系ブラジル人などが全て属しているという観点から、その用語を使用していることを注記しておく。また、本書で扱う大阪府では、「帰国・渡日児童生徒」といった用語が正式に用いられることもあるため、本書では文献を引用する際には、その文献において使用された用語をそのまま引用し、それ以外の場合には一括して「ニューカマー」と呼ぶことにする。そして、本書の分析対象である中学生のことを「ニューカマー生徒（NC生徒）」、中国系ニューカマー生徒のことを「中国系ニューカマー生徒（中国系NC生徒）」と表現する。なお、このような略称に関する注釈は初出箇所でのみ表記する。
（2）法務省ホームページ「2011年（平成23年）末現在における外国人登録者数について」

http://www.moj.go.jp/nyuukokukanri/kouhou/nyuukokukanri04_00021.html、アクセス日：2013/8/25。
(3) 法務省ホームページ「2011年（平成23年）末現在における外国人登録者数について」http://www.moj.go.jp/nyuukokukanri/kouhou/nyuukokukanri04_00015.html、アクセス日2013/8/28。
(4) 法務省ホームページ「2011年（平成23年）末現在における外国人登録者数について（速報値）」http://www.moj.go.jp/housei/toukei/toukei_ichiran_touroku.html、アクセス日2013/7/19。
(5) 法務省ホームページ「2011年（平成23年）末現在における外国人登録者数について（速報値）」http://www.moj.go.jp/housei/toukei/toukei_ichiran_touroku.html、アクセス日2013/7/19。
(6) 法務省ホームページ「2011年（平成23年）末現在における外国人登録者数について（速報値）」http://www.moj.go.jp/housei/toukei/toukei_ichiran_touroku.html、アクセス日2013/7/19。
(7) 文部科学省ホームページ「日本語指導が必要な外国人児童生徒の受入れ状況などに関する調査」http://www.mext.go.jp/b_menu/houdou/23/08/1309275.htm、アクセス日2013/8/7。2008年以降、隔年で調査を行いだしたため、2009年のデータがない。
(8) 文部科学省ホームページ「日本語指導が必要な外国人児童生徒の受入れ状況などに関する調査」http://www.mext.go.jp/b_menu/houdou/23/08/1309275.htm、アクセス日2013/7/21。
(9) 同上。
(10) 大阪府ホームページ「数字で見る大阪の国際化、平成23年（2011年）12月31日現在府内在住外国人について」http://www.pref.osaka.jp/kanko/kokusai-data/index.html、アクセス日2013/6/25。
(11) 文部科学省ホームページ「日本語指導が必要な外国人児童生徒の受入れ状況などに関する調査」http://www.mext.go.jp/b_menu/houdou/23/08/1309275.htm、アクセス日2013/8/7。2009年度の調査は行われていなかったため、そのデータを省いて2010年のデータを表示した。
(12) 大阪府ホームページ「数字で見る大阪の国際化、平成23年（2011年）12月31日現在府内在住外国人について」http://www.pref.osaka.jp/kanko/kokusai-data/index.html、アクセス日2013/6/25。
(13) 法務省ホームページ「2011年（平成23年）末現在における外国人登録者数について」http://www.moj.go.jp/housei/toukei/toukei_ichiran_touroku.html、アクセス日2013/7/29。
(14) 法務省ホームページ「2011年（平成23年）末在留外国人統計（旧登録外国人統計）統計表」http://www.moj.go.jp/housei/toukei/toukei_ichiran_touroku.html、アクセス日2013/7/17。
(15) 学校基本調査速報ホームページ「大阪の学校統計」http://www.pref.osaka.jp/kanko/kokusai-data/index.html、アクセス日2013/9/25。
(16) 大阪府ホームページ「教育・学校・青少年／大阪府における外国人児童生徒」http://www.pref.osaka.jp/jidoseitoshien/kokusaikyouiku/kokusai06.html、アクセス日2013/6/29。
(17) 大阪市教育委員会指導部初等教育課「帰国・外国人児童生徒と共に進める教育の国際化推進地域」の概要、http://www.mext.go.jp/a_menu/shotou/clarinet/003/001/006/026.pdf、アクセス日2013/9/25。
(18) 「大阪市外国籍住民施策基本方針」は「帰国した子どもの教育センター校」について次のように説明している。「生活適応や日本語の指導が必要な子どもへの対応として、日本語指導教材『ワクワクにほんご』などを作成し、在籍校での指導の充実に努めるととも

に、市内を4ブロックに区分し、『帰国した子どもの教育センター校』を小学校4校、中学校4校の計8校に設置し、日本語指導及び学校生活への適応などに関する教育相談を実施しています。また『母語交流会』や『母語保持教室』を行っています」
(19) 法務省ホームページ「2011年（平成23年）末在留外国人統計（旧登録外国人統計）統計表」http://www.moj.go.jp/housei/toukei/toukei_ichiran_touroku.html、アクセス日2013/7/17。
(20) 外務省「児童の権利に関する条約」全文を参照、http://www.mofa.go.jp/mofaj/gaiko/jido/zenbun.html、アクセス日2013/07/13。
(21) 外務省「人種差別の撤廃に関する委員会第58会期人種差別の撤廃に関する委員会の最終見解」を参照、http://www.mofa.go.jp/mofaj/gaiko/jinshu/saishu.html、アクセス日2013/7/19。
(22) 文部科学省ホームページ「定住外国人の子どもの教育などに関する政策懇談会」の意見を踏まえた文部科学省の政策のポイントhttp://www.mext.go.jp/b_menu/shingi/chousa/kokusai/008/toushin/1320830.htm、アクセス日2013/7/25。
(23) 文部科学省ホームページ「外国人児童生徒受入れの手引き」http://www.mext.go.jp/a_menu/shotou/clarinet/002/1304668.htm、アクセス日2013/7/25。
(24) 「取り出し授業」とはNC生徒を在籍学級から「取り出して」他の教室で日本語・教科指導を行うことである。文部科学省ホームページ「外国人児童生徒受入れの手引き」http://www.mext.go.jp/a_menu/shotou/clarinet/002/1304668.htm、アクセス日2013/7/25。
(25) 文部科学省は1992年度から、「日本語教育が必要な外国人児童・生徒」が一定数在籍する学校に、日本語指導を担当する専任教員を特別に加配する措置をとっている。加配教員が配置された学校では、「日本語教室」や「国際教室」などと呼ばれる場を設置し、特定の時間（主として国語や社会の時間）に対象となる子どもたちの在籍学級での授業中に教科担当教員以外に、補助教員が子どものそばについて、授業内容を分かりやすく説明するなどの個別指導を行うことを「入り込み授業」と言う。
(26) Eriksonは、人生周期をフロイトの心理－性的発達と対応させて、心理－社会的発達の面から、8段階に分けている。乳児期（誕生から1歳半ころまで）、幼児期（1歳半から4歳ころまで）、遊びの時期（3、4歳から5、6歳まで）、学童期（5、6歳から思春期の始まるころまで）、青年期（12歳から18歳ころ）、若い成年期（18歳から25歳ころ）、成年期（20歳から50歳ころまで）、老年・円熟期（50歳以上）（遠藤 1981：19）。
(27) 方法論の詳細に関しては第3章を参照。

第2章
先行研究

　本章では、まず、異文化適応、学校文化に関する先行研究と概念を検討する。そして、NC生徒[1]に関する研究については、NC生徒の受け入れ過程と学校適応という2つの視点から整理する。次に、NC生徒の学校適応過程に関する研究を検討する際に、NC生徒と関わる議論を、学校文化との関連、家庭・地域との関連、適応の多様性および適応促進要因との関連といった今まで行われてきた研究の筋道に沿ってまとめていく。それに加え、本研究の調査地域と調査対象者を考慮し、関西地方および中国系NC生徒を対象とする研究に関してもまとめていく。このような先行研究の検討を通して、本書の研究課題を浮き彫りにする。

第1節　異文化適応の定義に関する研究の検討

　Bock（1974：江淵訳 1977：116）は、文化を「独自のエトスをもつものの見方、考え方、行動の仕方のシステム」と見なしている。彼は、文化を構成するサブシステムとして、「言語体系（language system）」「道具・技術体系（technologi-cal system）」「社会体系（social system）」「思想体系（ideological system）」の4つの領域を挙げている。文化と個人の関係について江淵（2002：38-39）は、「これらの文化サブシステムの内容は、普通文字や記号やサインや象徴的事物など、その文化によって『意味』を与えられた、何らかの『シンボル』を媒介して伝えられ」「言語、道具・技術、集団関係、信仰などのすべてが、何らかのシンボルを介して個人に内面化されることによって、個人はその文化およびその文化を持つ集団に対する帰属感、すなわち集団的アイデンティティを獲得する」と述べている。文化は個人の「行動の準拠枠」（江淵

2002：105）と捉えることができるが、個人はこの準拠枠を幼児期からの文化によって習得し、集団の成員と共有しつつ修正し続けると指摘している。

　進学、転校、海外移住などに際しては、人は慣れ親しんだ旧環境から離れ、新しい環境に移行（transition）することになる。それは環境移行事態の一形態である（小泉 1986：289）。その移行に伴って、新しい環境への適応や新しい文化に直面することとなる。本研究の調査対象者であるNC生徒は中国の学校から日本の学校へ転校してきたため、異なる環境・文化への適応の問題に直面している。即ち、彼らは異文化適応の問題を有しているのである。本節では、まず、異文化適応の定義に関する多岐にわたる研究を検討した上で、本研究における異文化適応の捉え方を提示する。

　異文化適応研究が盛んに行われるにつれ、異文化適応の概念や理論が多くの研究者によって提唱されてきた。その定義は様々であり、研究者間で異なっている。山岸（1995：209）は「異文化環境下で仕事や勉学の目標を達成し、文化的・言語的背景の異なる人々と好ましい関係をもち、個人にとって意味のある生活が可能になる」ことと述べている。田中（2000）は、異文化適応を心身が健康で、社会的にも良好な状態で課題達成を遂げており、異文化性に基づく困難を乗り越えて異文化理解を果たしていることと論じている。ここに挙げた2つの異文化適応の定義は、適応を調和のとれた好ましい状態としており、異文化適応は静的なものであると捉えている。

　一方、異文化適応を状態ではなく過程として捉えて動的なものとする見解もある。江淵（1991）は、異文化に適応していくことは自他調整の過程であると定義し、自己の内面的環境との戦いであり、自己挑戦、自己変革の過程であると述べている。高井（1989：139）は「異文化適応とは、ある個人が自分の生まれ育った社会環境から離れて、異なった新たな環境に慣れてゆく過程をいう。文化が異なると、馴染みのある衣食住の条件、人間関係においての常識、規範、行動様式、気候や地理的環境、交通手段、生活のペースなどが一斉に、そしていきなり変わってしまう。人がこの変化にどの程度、どの側面に順応できるか、またどのような経過をたどってそれを達成できるのかが異文化適応である。異文化適応は静的なものではなく、『過程』であるため、絶えず変化していく心理的な状態である」と定義している。この定義に対して吉（2003：4）

は、「最も大切な要因の1つは"時間"の経過である」と解釈している。

　異文化適応を静的なものと捉えるか、動的なものと捉えるかは、適応という変化が異文化を体験する個人の状態とみるか、または過程とみるかによって分かれる。定義は研究者によって異なるが、「個人が新しい環境に自分を合わせていく」という視点では研究者間で意見の一致が見られる。本書の調査対象者のNC生徒は新しい学校生活・環境に適応するため、学校のルール・生活様式に自分を合わせていかなければならない。それゆえ、本書でも、異文化適応を「個人が新しい環境に自分を合わせていく」という視点を採用し、「異文化適応は『過程』であるため、絶えず変化していく」という立場に立つ。更に、異文化適応の過程において、あらゆる目に見える（いわゆる外的な）違った環境に順応するため、目に見えない（いわゆる内的な）環境との戦いも続けており、自己挑戦、自己変革の過程が必要となってくるとの解釈をしている。

　もう1つ、異文化環境に置かれたNC生徒の問題を検討する本研究において重要なカルチャー・ショックという概念の定義と理論について詳述する。カルチャー・ショックの概念を最初に提起したのはObergである。Oberg（1960：142）は、カルチャー・ショックを「社会的な関わり合いに関するすべての慣れ親しんだサインやシンボルを失うことによって生じる不安」[2]と定義し、そこに生じる不安定な精神状態にカルチャー・ショックの性質を見ている。Ruben & Kealey（1979：21）は、「カルチャー・ショックを個人が新たな文化に移動した際、初期に経験する一時的な反応」と定義した。これに対して、Adler（1975）は、病的と見られがちなカルチャー・ショックも、それを新しい文化の学習と個人の人間的成長という広い視野の中でみると、異文化理解だけでなく自己理解の深化とそれに基づく変容（成長）をもたらす学習経験と捉えることができることを明らかにした。また、Furham & Bochner（1986）は、カルチャー・ショックを明確な心理的・物理的な報酬が全般的に不確実でコントロールや予測がしにくい状況におけるストレス反応であると捉えている。Berry（1992）は、一般的にカルチャー・ショック論では不適応をイメージさせるネガティブな側面に注目があつまりやすいため、否定的な意味合いのあるカルチャー・ショックという用語の代わりに、文化的ストレスという用語を使うことを提唱している。

カルチャー・ショックを乗り越えていく過程には、多くの人が共通してたどる道筋が存在する。Kim（1988）は、この異文化滞在者の適応過程をストレス、適応、成長のプロセスと捉えている。
　異文化適応に見られるように、カルチャー・ショックは様々な困難を伴うものである。そして、誰でもカルチャー・ショックを経験する可能性がある。様々な困難に出会った場合、NC生徒がそれをどのように受け止めるかを明らかにすることは、異文化適応研究の1つの重要な課題であると考える。
　本研究では、海外移住という異文化間の移動を経験したNC生徒の日本の中学校生活への適応過程がどのようなものであるのか、その過程で経験するカルチャー・ショックをNC生徒がどのように受け止めているのかについて考察する。また、NC生徒の適応過程において、NC生徒としての主体と新しい就学環境である日本の中学校という環境の相互交流は主体と環境との調整過程を伴って起こると考える。そのため、本書は異文化適応をNC生徒たちが置かれた異文化環境において、対面的相互作用の中で、周囲の環境と自己を常に変化させる自他調整的関係であり、その調整過程でもあると定義する。ここで異文化環境について補足説明すると、異文化環境は自然的な環境と人為的な環境に分けることができる。自然的な環境への順応は人為的な環境より難しく、相対的に相互作用の働きが少ないと言える。人為的な環境は組織あるいは人の意識や働きかけによって環境や雰囲気が改善したり、改変したりする可能性を持っている。この点から、本研究ではNC生徒は人為的な環境への順応、その環境における自他調整的関係およびその調整過程に身を置いていると捉える。
　このように、本書では、異文化適応は主に主体と環境との自他調整的過程であると捉えるため、異文化適応過程に関する研究を検討する必要がある。次節ではその点について詳細に述べる。

第2節　異文化適応過程に関する研究の検討

　異文化適応過程に関する代表的な研究はLysgaard（1955）、Gullahorn & Gullahorn（1963）、Adler（1975）、Mansell（1981）、Berry（1988など）が挙げられる。本節では、このような先行研究について検討する。

異文化適応の時間的、段階的変化に関する先駆的な研究成果に、Uカーブ仮説（Lysgaard 1955）、Wカーブ仮説（Gullahorn & Gullahorn 1963）がある。Lysgaard（1955）は、滞米中のフルブライト奨学生であるノルウェー人留学生の経験を調査した結果、彼らの異文化適応過程には、ハネムーン段階（新しい環境に入り意気揚々と熱意を感じる時期）、葛藤（移行前の環境の喪失感と新しい環境への否定的感情）、回復（新しい環境に慣れ落ち着き、帰属意識が芽生える）、二文化並立期（2つの文化に帰属感を持ち柔軟に適応できる）の4つの時期があることが分かったと述べ、この適応過程がアルファベットのU字に似たカーブをたどることから、U型曲線説、あるいは適応のUカーブ説と名付けた。このUカーブ仮説を批判的に継承したGullahorn & Gullahorn（1963）は、異文化滞在中と帰国後に2つの心理的な低調期があるというWカーブ仮説を提唱した。しかし、この説はその後の研究結果から、強い支持を受けるものとはなっていない。近藤（1981）はすべての個人が同様のプロセスをたどらないという批判をしている。文化間を移行する人の属性は一様ではないため、一様の変化過程をたどることを示したモデルは、それ自体が限界を持っているからである。しかし、上原（1992）は、Wカーブ仮説は異文化適応が時間的経過をたどって達成されるという重要な示唆を与えるものであるとして評価している。

　前節で言及したAdler（1975）は、文化間の移行を行う者の主体性を重視する立場から、カルチャー・ショックについて新たな定義を提起している。異文化への移行に伴って生じるカルチャー・ショックは、かつて「病的」（心身症）なものと見られがちであったが、Adlerは「基本的に自文化についての認知が補強されない状態で、殆どまたは全く新しい、意味を成さない新たな文化的刺激に出会う時には、多種多様な新経験に誤解を抱くが、その誤解に対する感情的な反動のこと」をカルチャー・ショックであると指摘している。アドラーは、このように異文化接触に際して個人が経験するカルチャー・ショックのメカニズムについて考察を行う上で、「位相（phase）」という言葉を使い、その心理過程を、①接触（contact）の位相、②崩壊（disintegration）の位相、③再統合（reintegration）の位相、④自律（autonomy）の位相、⑤独立（independence）の位相と5段階に分け解釈している。

　自分自身の異文化体験をもとに研究を行ったMansell（1981）は、滞在期間

が限られていない場合であっても、異文化適応の過程に不適応期、境界期、変容期、二文化型操作期という4つの段階があると指摘した。これらを「適応過程で経験する意識の実存相」と名付け、4段階は必ずしも上記の順に起こるとは限らず、流動的なものであると指摘している。

また、Berry（1988）は、文化変容が、異文化接触における心理的変化をもたらす過程であると指摘している。さらにBerryは、文化変容過程における心理的反応には、言語習得、認知スタイル、パーソナリティ、アイデンティティ、態度、文化変容ストレスという6つの領域があると指摘している。Berryはこの文化変容の心理的反応を測定するに当たって文化変容態度に注目している。文化変容態度とは、文化Bの個人（または集団）が、文化Aに対してどのように自身を関係付けるかの道筋として定義される。文化変容態度を「同化（assimilation）」「分離（separation）」「統合（integration）」「境界化（marginalization）」というような4種類に分け、それらを段階別に分析している。Berryによれば、「同化（assimilation）」とは、異文化の集団との関係を重視するが、自文化の特徴と文化的アイデンティティの維持を重視しない態度のことを指す。「分離」とは、自文化を重視するが、異文化の集団との関係を重視しない態度であり、「統合」とは、文化移動した人たちが自文化を重視しつつ、ホスト文化に対しても好意的な態度を持つタイプであると述べている。そして、「境界化」とは、自文化に対してもホスト文化に対しても否定的な態度を持つタイプであるとしている。このモデルは異文化適応のASIMモデルと称されている（箕浦 2002）。

異文化適応のASIMモデルに関して、Berry自身も、「異文化へ行った1人を取り上げても、ある領域ではintegrationが高くても別の領域ではseparationが高いなど、4つの異文化適応のタイプが1人の人間の中で共存すると考えている。（中略）4つの相対的な強さは、時間経過とともに、separationからintegrationへ、またmarginalizationへと環境と相互作用しながらダイナミックに変化していくことを表している」（箕浦 2002：107）というように、ASIMモデルに対して新しい意味づけを行っている。

今まで見てきた多様な異文化の文脈で示される個人の複雑な行動の変化や心理的な変容に関する先行研究の成果と問題点は表2－1のようにまとめられる。

表2−1 ●異文化適応過程に関する先行研究の成果と問題点

研究者	研究成果の概要	問題点
Lysgaard (1955)	U型曲線説モデルの構築	Uカーブ仮説、Wカーブ仮説を過度の一般化に基づくものとしていることや、定義が曖昧であること、横断的調査が多く縦断的なデータに基づいていないため、不十分である（Church 1982; Furnham & Bochner 1986）。
Gullahorn & Gullahorn (1963)	W型曲線説モデルの構築	
Adler (1975)	「接触」「崩壊」「再統合」「自律」「独立」という5つの位相モデルの提示	文化間の移行をした者（主体）の視点と他者の視点との間にズレが生じた場合、そのズレを主体はどのように受け止め、どのように対処しているのかについて十分に説明されていない。
Mansell (1981)	「不適応期」「境界期」「変容期」「二文化型操作期」という4つの適応段階の提示	Mansell自身の異文化体験を対象に行われたものであるため、文化間を移行する様々な個人が経験する異文化適応段階の多様性について十分に説明していない。
Berry (1988)	「同化」「分離」「統合」「境界化」という4つの文化変容態度の提示	計量分析による従来の心理学的な測定方法では、異文化の文脈で現れる個人の複雑な行動や心理を十分に把握できない。

出典：趙 2010：38をもとに筆者が一部追加修正

第3節　学校文化に関する研究の検討

　NC生徒は生活の大半を日本の中学校で過ごすため、異文化における学校文化への適応という問題が彼らにとって大きな課題となっている。そのため、本研究では学校文化を主要キーワードの1つとして、考察する必要がある。この節では、学校文化に関する先行研究を検討する。

　日本では学校研究から学校文化研究への転換が起こったのが1980年頃であった。木原ら（1993）は、日本の学校研究から学校文化研究への転換はミクロ・マクロという二重レベルで行われたと述べている。ミクロレベルでの転換は主に「〈学校の善性〉に対する不信と〈学校の営み〉そのものに対する疑問が、学校の機能（子どもへの働きかけとしての文化伝承と学習・成長の援助）に焦点化した研究から、学校そのもの（学校で起こっている活動そのもの）を文化現象として考察する研究への転換」（木原ら 1993：1）を促進したことである。マクロレベルでの転換は主に「学校の諸活動を所与のものとして、その諸活動が子どもの成長や地位達成や経済社会にどのような影響を及ぼしているかを問う

研究から、学校の諸活動そのものがどのような政治的・文化的特質を持っているかを問う研究への転換を促進し、この政治的・文化的機能の重視もまた、〈学校〉研究から〈学校文化〉研究への転換を促した」ことである（木原ら 1993：2）。

日本における学校文化に関する研究は多方面において蓄積されてきた。質問紙調査や統計的手法を用いて高校の格差構造をめぐる問題の全体的構図を明らかにした研究として岩木・耳塚（1983）などがあり、また、日本の学校文化の実態を見出した研究としてはCummings（1980）[3]、Rohlen（1983）[4]などを挙げることができる。また、カリキュラムの社会学的展開を目指した田中（1996）[5]の研究、授業・教室のエスノグラフィーの可能性を追求している古賀（1997）[6]、国際比較の視点に立つMuller et al.（1987）[7]、志水（2002）[8]など多様な研究がある。

また、日本の学校における多国籍・多文化化が進むにつれ、外国人教育と学校文化を関連づける議論も行われるようになった（恒吉 1996；太田 1996, 2000；佐藤 1998；志水 2001）。この種の先行研究は、本研究で焦点を当てるNC生徒の日本の学校文化への適応を考察するために特に必要な働きをするものであるため、その詳細は第4節（2）a.「学校文化との関連からみたニューカマー生徒の学校適応」で記述することにする。

本書はNC生徒の学校文化への適応に焦点を当てているため、以下では学校文化とは一体どのような性質を持ったものであるのかという問題について検討する。

学校文化とは学校集団の全成員あるいは一部によって学習され、共有され、伝達される文化の複合体を指す。耳塚（1986：117）によれば、学校文化は次の3つの要素からなる。

①物質的要素：学校建築、施設、教具、衣服等、学校内で見られる物質的な人造物。
②行動的要素：教室での教授＝学習の様式、儀式、行事、生徒活動等、学校内におけるパターン化した行動様式。
③観念的要素：教育内容に代表される知識・スキル、教職ないし生徒集団の

規範、価値観、態度。

　また、志水（2005）によれば、学校文化という言葉は、多くの研究者によって様々なコンテクストで用いられている学術用語であるが、明確な学問的定義はなく、実際の教育現場の用語でもない。志水はこれを、「文化伝達の機関としての学校が持つ文化的特徴」と説明する。さらに志水（2005：38-39）は、学校文化は「内容としての学校文化」と「型としての学校文化」という2つの要素から成り立つものであると指摘している。前者については、「学校で伝達されることを期待される文化＝知識の具体的な中身を考えることができる。学校知とか、教育的知識などと呼ばれるもの」と説明し、後者については、前者の知識を「子どもたちに伝える際の、学校という組織なり制度なりが持つ特徴と定義する。具体的には、教師空間や時間割のあり方、教師の統制のあり方、授業や評価のしかた、生徒集団の編成のしかた、校則のあり方など様々なもの」があると説明している。このような「内容としての学校文化」と「型としての学校文化」は、「いわば学校文化という車の両輪に当るものである」と譬え、「この両側面を含みもつ、各学校が有する学校文化が、その学校に通う子どもたちの社会化過程に大きな影響を及ぼす」と論じている（志水 2005：38-39）。

　以上の先行研究を踏まえると、学校文化の構成要素には物質的要素、観念・制度的要素があると整理することができる。しかしながら、学校文化にはこれら以外の要素も含まれていると考える。例えば、地域等のコミュニケーションネットワークがそれである。その理由は、学校は単独で存在するわけではなく、地域との連携という社会的文脈の中に存在しているからである。そこで、本書では、日本人生徒と異なる言語的・文化的背景を持つNC中学生が、日本の学校文化に適応していく過程を「学校適応」と見なし、日中学校文化[9]の比較を行うため、学校文化を下記の5つの要素[10]を構成要素として形成されるものと規定する。

①学校を取り巻く環境：学校が直面する現実にどのように対処すべきなのか、どのようなことを行う必要があるのかは、現実の課題を直視することで分かる。そして、この必要性によって学校文化の内容が影響を受けるこ

とになる。
②教育理念：学校のあるべきビジョンを指す教育方針、校則も含まれる。
③モデルパーソン：②の価値を体現した校内の人物であり、学校の構成員にとっての理想のモデルである。教育理念の体現者が学校文化の形成には必要である。
④儀礼と活動：校内で組織的かつ定期的に行われる活動のことであり、これを通じて教育理念とそれに基づく一定の行動様式を反復的に学習、浸透させる。
⑤歴史・コミュニケーションネットワーク：②の教育理念と③のモデルパーソンの活動に関する口コミ等の活用や地域活動への参画などによって、教育理念を学校全体に定着させる。

第4節　ニューカマー生徒に関する研究の検討

本節では、NC生徒の学校適応に関する先行研究をNC受け入れ過程と学校適応の視点から検討し、そこに存在する問題点を分析した後、本研究の具体的な課題を提示する。

（1）ニューカマー生徒の受け入れ過程の視点から

NC生徒の受け入れ初期の段階に関する報告の多くは、NC生徒の教育に携わってきた学校現場の教師によるものであり、NC生徒を多く受け入れた地域あるいはNC生徒に対する教育に先進的に取り組んできた地域を対象としている。中西・佐藤（1995）は関東地域、梶田他編（1997）は東海地域を対象として日本語指導や適応指導を中心とした受け入れ初期の学校の取り組みを紹介している。小島・中村・横尾（2004）、宮島・太田（2005）、佐久間（2006）は、NCの子どもの不就学の実態を丁寧に把握しようとする取り組みを行っている。

受け入れ初期におけるNC生徒と日本の学校文化との葛藤に関する研究としては高橋・バイパエ（1996）を挙げることができる。高橋・バイパエ（1996）は、NC生徒の受け入れ初期における混乱・葛藤の諸相をNC側の受けとめ方という視点から調査した研究報告である。この報告は、NC生徒と日本の学校

との「出会い」によって両者に生じる「戸惑い」を、NC生徒の保護者と教師に対するアンケート調査に基づいて明らかにしようとしたものである。研究結果によれば、NC生徒と教師の間で「家庭訪問」「PTA」「給食」「校則」「体罰」「日本語」「授業」「いじめ」などに対しての価値観や意見の食い違いが多く発生しており、それが問題と認識されていることが分かる。ここまでに挙げた先行研究は、受け入れ初期のNC生徒の実態を把握する上で大変役に立つものだと言えるが、調査地域の偏りや調査対象者が限定されているという限界を持っている。

（2）ニューカマー生徒の学校適応過程の視点から

本項では、NC生徒の学校適応過程に焦点を当てて先行研究を概観する。これまで盛んに行われてきたNC生徒の学校適応に関する研究をその視点によって分類すると、以下のように大きく3つに分けることができる。①学校文化との関連からみたNC生徒の学校適応、②家庭・地域との関連からみたNC生徒の学校適応、③適応の多様性および適応促進要因との関連からみたNC生徒の学校適応である。これらに加え、本研究と同じ調査地域と調査対象者、即ち関西地方および中国系NC生徒を対象とした研究についても以下で4つの小節に分け論じていく。

　a．学校文化との関連からみたニューカマー生徒の学校適応

日本の中学校における外国人生徒の増加に伴って注目され始めたのが、NC生徒の学校適応と言語の問題である。学校適応の問題とは、簡潔に述べると、「外国からの子どもたちが日本の学校にうまくなじんでいけるのか」（志水編2008：19）という問題である。

NC生徒の学校文化への適応に関する研究には恒吉（1996）、太田（1996, 2000）、志水ら（2001）がある。恒吉（1996）は東京都内の小学校で行った参与観察と質問紙調査、教師等へのインタビュー結果をもとに日本の学校文化を特徴付ける「一斉共同体主義」の問題性を浮き彫りにしている。日本の学校は、「同質的で自己完結的な共同体を前提とした協調的共有経験、共感・相互依存・自発的な協調などの価値の共有に依拠する共同体的な特徴と、皆が同時に

同じことをする一斉体制とが一緒になることによって成り立っている」(恒吉 1996：231) とし、学校という空間では異なる文化を持つ子どもに同化を強いる様々なメカニズムが働いており、子どもの同化を引き起こしやすいと批判している。

　佐藤 (1998) は「境界化」タイプの異文化適応という概念を通して日本の学校ではNC生徒の存在が「一斉共同体主義」や「見ようとしない教師」によって見えにくくなっており、彼らが抱える問題の多くが日本の「奪文化化教育」によって、隠蔽されているという主張を行っている。

　佐藤 (1998) では、J. W. Berry ら (1988) の研究を参照しながら、行われた質問紙調査と聞き取り調査からNC生徒の異文化適応について分析を行っている。Berry ら[11]は、異文化接触の過程を「接触」「葛藤」「危機」「適応」の4段階をたどるものとして捉え、最終段階の「適応」の中身を「統合」「同化」「離脱」「境界化」の4つの類型によって把握しようとしている。佐藤は、その枠組みにしたがって日本に暮らすNC生徒の異文化適応のあり方をみた場合、「境界化」の状況にあるケースが圧倒的に多いと論じる（佐藤 1998：484)。

　太田 (1996, 2000) は、東海地方の小中学校で行われている日本語指導はNC生徒に対する「授業が分かる日本語」ではなく、「みんなと同じ行動をとることができる日本語力」を習得させることを目的としたものであり、適応指導はつまるところ「国民教育」にほかならないと主張している。このような観点から、太田はNC生徒に対する日本の学校の対応を、彼らの独自性を奪い去る「奪文化化教育」と定義して批判している（太田 2000：223)。

　志水ら (2001) は、首都圏3つの地域の小学校で長期にわたる参与観察を行い、日本の学校文化とインドシナ系NC生徒がもつエスニシティ（固有の文化や生活のあり方）との相互関係を描きだしている。その結果によると、教師はNC生徒の異質性を彼らの固有の文化的背景と関連付けて「見ようとしない」と指摘し、そのためNCという集団に対する教育支援の枠組みが学校で確立されにくくなり、NC生徒が抱える「問題」が「個人化」されて対処されるため、既存の学校の生徒への対応法を踏襲することになっていると批判している。

b．家庭・地域との関連からみたニューカマー生徒の学校適応

NC生徒の学校適応に関する研究が増加するにつれ、学校のみならず、彼らを取り巻く家庭環境や地域社会の状況についても着目されるようになった。代表的な研究が志水・清水（2001）、林嵜ら（2007）、角替ら（2010）、坪内（2011）である。

　志水・清水（2001）は日系ブラジル人だけでなく、ベトナム・ラオス・カンボジアからの元インドシナ難民、韓国からの新渡日者にも調査対象の範囲を広げ、各集団の教育戦略の比較を保護者への綿密なインタビューをもとに行った。そして、フィールドワークによって彼らの学校や教育にまつわる経験を軸に、家庭環境・地域社会の状況、渡日以前の個人史・集団史まで調査し、彼らを取り巻く環境の性質を明らかにした。その結果、NC生徒の保護者の持つ日本の学校観には同化主義性、差別性への批判がほとんどなく、3集団の間で温度差はあるものの、学校に対する肯定的な声が目立っていたと説明している。

　林嵜ら（2007）は東海地域の3つの市における子どもの支援に関わる多エージェント[12]間の連携・協働の実態を解明し、更に地域比較によって、各地域の特徴を連携・協働を促進する7つの要因、すなわち、①予算、②職業文化、③役割・責任、④リーダーシップ、⑤職場の雰囲気、⑥リスクティキングと信頼度、⑦理念や目的という概念から分析して、相互参照可能な知見を生み出そうとした。

　角替ら（2010）はフィリピン系NCがエンターテイナー、国際結婚、家事労働者など多様な形態で来日する点に注目して、同じフィリピン系NC内においても家族の教育に対する意識や子どもの学校適応の形態が異なるという点を指摘した。その事例研究を通してみえてくるのは、エンターテイナーとしての就職や国際結婚という理由で来日した保護者には、「家族主義・学歴志向のフィリピン文化とトランスナショナルな紐帯が教育的価値の源泉になる一方、子どもの円滑な学習行動を妨げる障壁になるというパラドックスがある。そうした状況からは、子どもたちが具体的な支援策を欠いたまま、日本とフィリピンに跨がる家族から高い教育期待をかけられ、日々の生活の中で焦燥感や疎外感を募らせている様子」（角替ら 2010：35）が問題として浮かび上がっているということである。一方、家事労働者として来日したフィリピン人の家庭の場合、「来日経緯で特有の教育意識が規定されており、教会の日曜学校は母親が子ど

もたちに必要と考える社会関係資本と英語の2つの資源を獲得できる場」(角替ら 2010：37) として認識していることが分かる。

坪内 (2011) は国際化の定義と国際化の必要性を論じた上で、愛知県豊田市の事例を通して学校と地域の教育的リソースの連携について調査を行った。その結果、学校と地域が連携して行った教育支援は、「子どもたちと地域の支援者の間に心の触れ合いが生まれ、子どもたちの心を穏やかにして人間性の回復につながっており、支援者に子どもたちの持つ資質や能力を気付かせる」(坪内2011：37) ことに繋がっていると結論付けた。

　　c．適応の多様性および適応促進要因との関連からみたニューカマー生徒の
　　　 学校適応

「一斉共同体主義」「奪文化化教育」「境界化」などの主張に対して、NC生徒の学校適応に多様性が生じていないのかという問題意識を背景に、児島 (2006) と森田 (2007) はNCの子どもたちの能動性に注目した研究を行った。

児島 (2006) は、NCの子どもたちが学校の中で「周辺化」されがちなのは確かであるが、そのことによって必ずしも佐藤 (1998) が強調するところの「境界化」に行き着くとはかぎらないと反論した。児島 (2006) は、日系ブラジル人生徒は厳しい状況の中でもただ受動的に生きているのではなく、むしろ主体的に生き抜いているという視点に立って、現実を解釈して、NC生徒が「抵抗的に適応」しているプロセスを明らかにした。

森田 (2007) は、ブラジル人児童が通うある小学校を対象としたエスノグラフィーを著し、日本の小学校における多元的共存主義の可能性を示唆している。彼女が対象とした小学校においては、「統合的、包括的、共感主義的な『ホームルーム』」という形で日本の共同体主義的な教育が、ブラジル人生徒の学校適応にプラスに作用していたと述べる。確かに、日本の共同体主義的教育には閉鎖的・同化主義的という弊害はつきまとうものの、それらは「日本の教育システムに根差した構造的欠陥というより、各学級の現状認識やシステム運用の不備が招いた結果と言える」(森田 2007：299) と指摘する。NC生徒の能動性に注目する研究 (児島 2006) と日本の学校文化のポジティブな側面に注目する研究 (森田 2007) のいずれもNC生徒の学校適応の多様性を描きだしたも

のと言えよう。

　一方、「問題児」を対象とせず、学校生活を続けるNC生徒の学校生活への適応を促す要因に関して調査した数少ない研究の代表が、清水ら（2008）と棚田（2009）である。清水ら（2008）は、神奈川県大和市におけるNC児童生徒の就学を支える諸要素について、同市にNCがどのように居住していたかというゲスト側の文脈と、受け入れた同市がどのように彼らに対応してきたかというホスト側の文脈の双方から検討した。その結果、NC生徒の就学を支える諸要素として挙げたのが、大和市の行政サービスが整っている点のほか、行政側の諸場面での対応に見られるような外国人は住民であって、短期滞在で帰国する一時的な訪問者ではないという視点である（清水ら 2008：80-81）。棚田（2009）は24名のNC高校生に対して回顧的インタビュー調査を用いて明らかになった日本の学校文化のポジティブな側面について言及している。これらの先行研究は、日本の学校文化のポジティブな側面やNC生徒という当事者自身の語りという新しい視点を提示した好例といえる。

　ｄ．関西地方および中国系ニューカマー生徒を対象とする研究
　趙（2010）は、関東地方の高校での3年半のフィールドワークと中途退学者への半構造化インタビューにより収集したデータの分析をもとに、文化間移行過程において中国系NC高校生に生じた葛藤や矛盾に焦点を当て、彼らの文化的アイデンティティ形成と個々の来日背景や学校地域での日常生活の過ごし方、人との付き合い方との関連性を検討する研究を行っている。その結果、中国系NC高校生が多様な適応ストラテジーを用い、2つの文化に適合する自己概念を形成していく過程が明らかになった。

　関西地域におけるNC生徒に関する先行研究としては、鍛治（2005, 2007）、志水編（2008）、磯部・松浦（2008）、高橋（2007）などがある。鍛治（2005, 2007）は主に量的研究の手法を用いて外国人児童生徒の県別の特徴や進路決定要因についての調査を行った。唯一、関西の中国帰国者の中学生を対象に研究を行っている鍛治（2005, 2007）は、主に「問題児」「不登校」の生徒に焦点を当て、彼らの不適応の要因について考察している。志水編（2008）は大阪府の高校に在学するNC生徒の進路問題、即ち、高校進学の問題と高校卒業後の進

路に関わる問題について様々な角度から切り込んだ。磯部・松浦（2008）は和歌山県内におけるNC高校生への聞き取り調査を行い、彼らの学校適応には、①親子間コミュニケーションの問題、②アイデンティティ形成の問題、③いじめ・不登校の問題、④言語習得の問題、⑤学力形成と進路の問題、などが影響を及ぼす要因群としてあることを明らかにした。高橋（2007）は小学校に在籍している日本生まれのNC生徒を対象に、学校生活の様相を描きだすとともに、彼らの母語・継承語問題について探究した。

第5節　先行研究の問題点と本研究の主眼

　数多くの先行研究が多角的な視点からNC生徒の受け入れ過程や学校適応過程について論述している。しかし、それぞれの先行研究には考察が不十分な点もある。そのような先行研究の問題点は以下のようにまとめることができる。
　NC生徒に関する研究は現状報告という初期の段階から、日本の学校文化と関連づけながら検討されるまでに発展した。日本の学校文化がネガティブな側面だけではなく、ポジティブな側面もあるという主張がなされ、このようなポジティブな側面がNC生徒の学校適応促進に影響を与えているとの指摘も行われた。また、これまで学校の組織的制度や文化という点に多くの注目が集まっていたが、NC生徒の能動性に焦点をあてて、NC生徒の「抵抗的適応」という学校適応の多様性を論じようとする研究も徐々に現れている。更に、NC生徒の成長および学校適応に関連する家族と地域という要素についても検討されるようになった。先行研究において、研究対象となっているのは主にブラジル人生徒であり、その調査地域も限定されている。その理由としては「出入国管理及び難民認定法」の改正を機に、80年代後半以降南米諸国からの日系人出稼ぎ労働者の増加が目立つようになったためであると考えられる。しかし、2008年を境にして、来日中国人の数が在日韓国・朝鮮人を超え、2012年現在第1位となった。ブラジル人生徒数が減少する一方で、中国人生徒の数は年々増加している[13]。そのため、日本において中国系NCへの関心は高まる傾向にあり、このことは日本の教育現場に多国籍の生徒への対応という新たな課題が投げかけられることを意味している。今日まで蓄積してきたブラジル人生徒

を対象とする実践と研究の成果は多くあるが、それが文化的背景の異なる様々な国籍の生徒に一概に通用するとは言い難い。

　NC生徒研究において、中国系NC生徒を対象とする研究も重要視されてきたが、決して多くはない（高橋 2007；志水編 2008；；磯部・松浦 2008；趙 2010）。先行研究は中国系NCの異文化適応について学校適応の様相、学校適応促進要因、進路決定といった様々な角度から検討している。その中でも注目すべきは成人への（成長）途上にある中学生を対象とする唯一の研究である鍛冶（2005, 2007）である。鍛冶（2005, 2007）はアンケート調査の手法を用いて、中国系NC中学生の進路決定要因について探っている。しかし、量的手法のみを用いた調査では中国系NC生徒の学校適応のメカニズムを解明することはできない。なぜなら、中学生は思春期の心の変化を伴っており、また、NC生徒は異文化環境におかれているということもあるため、人一倍厳しい現実を乗り越える困難さというストレスを受けていると考えられるためである。NC生徒の受けるストレスを軽減する方法を探る意味においても、高校進学や将来の進路という成人への（成長）途上にある大事な中学生段階における中国系NC生徒の日本の学校文化・異文化適応のメカニズムを解明する研究に取り組む価値は大いにあると考える。

　外国人児童生徒やその家庭への支援は、言語・地域生活・教育・医療・人権・就労・在留など多岐にわたり、決して学校だけで対応できる課題ではない。各学校の様々な場面での取り組みが有効に機能するためには、生活背景を踏まえた児童生徒に対する理解に基づいた支援が必要であろう。また、NC生徒を対象とする数多くの研究において、いずれもNC生徒と深く関わっている日本人生徒の態度や意識、日本人生徒とNC生徒との相互理解の検討という視点からの研究がまだなされていないのが現状である。そこで、本研究は今まで行われていない中国系NC中学生の異文化適応について検討する。

　本研究で明らかにしようと試みる課題は次の４点である。①長期的フィールド調査を通して新しい環境に置かれた中国系NC中学生の異文化適応のプロセスを浮き彫りにする、②中国系NC中学生の学校生活と密接に関わる日本人生徒とのやり取りを中心に、日本人生徒の異文化理解意識について考察する、③中国系NC中学生の学校適応に影響を与える要因について、彼らを取り巻く学

校環境、母国の親友等とのつながり、家庭や地域が及ぼす影響などの観点から分析する、④今後のNC生徒への教育支援の手掛かりとなる提言を行う。このような性格を持った課題を解明するために、フィールドワーク、半構造化インタビュー、記述式アンケートなど複数の研究方法を併用した[14]。

第6節　本章のまとめ

　本章では、まず、本研究で用いる基本概念について述べた。そして、「異文化適応」「学校文化」についての先行研究を踏まえた上で、それらの概念の再定義と補足を試みた。次に、NC生徒の学校への受け入れ過程とNC生徒の学校適応過程という視点から先行研究を整理した。そこでは、NC生徒の学校文化への適応過程を4つのアプローチから概観したうえで、既存の研究の問題点を指摘し、本研究の課題を提示した。

　日本の学校文化がNC生徒の学校適応にネガティブな影響を与えるという主張に対して「一斉共同体主義」「奪文化化教育」「境界化」などの「圧力」を持つ日本の学校におけるNC生徒の学校適応の多様性を、NC生徒の能動性という観点から論じた森田（2004）と児島（2006）の研究にも注目した。これらの研究は、日本の学校文化をマイノリティとして経験する当事者自身の語りに注目し、その様子を「抵抗的に適応」（児島 2006）、「日本型多文化共存主義」（森田2004）とする新しい結論を出した。しかしながら、学校現場におけるNC生徒の様子の分析は、NC生徒に対して教育的対応を行った教員らの観察を主としており、当事者であるNC生徒自身が学校における経験をどのように解釈しているのかという点については明らかにされていない。また、いずれの研究もブラジル人生徒を対象としているため、研究成果を一般化するのは難しいという限界を持っている。そして、日本人生徒の存在がNC生徒の学校適応にもたらす影響について検討されていないという点も課題として残っている。

　そこで、本研究はその主眼を、①長期的フィールド調査を通して新しい環境におかれた中国系NC中学生の異文化適応のプロセスを浮き彫りにする、②中国系NC中学生の学校生活と密接に関わる日本人生徒とのやり取りを中心に、日本人生徒の異文化理解意識について考察する、③中国系NC中学生の学校適

応に影響を与える要因について、彼らを取り巻く学校環境、母国の親友などとのつながり、家庭や地域が及ぼす影響などの観点から分析する、④今後のNC生徒への教育支援の手掛かりとなる提言を行う、という4点におく。

次章では、フィールドワークの研究手法およびM-GTA理論に基づいた具体的な分析方法について述べた後、本書におけるデータの構成と調査対象者および対象校の概況について詳述する。

[注]
(1) ニューカマー生徒に関する捉え方の詳細は「第1章」の注(1)を参照。
(2) 以下は原文である。Culture shock is precipitated by the anxiety that results from losing all our familiar signs and symbols of social intercourse.
(3) Cummings(1980)は、日本の小学校を対象としてフィールドワークを行い、日本の義務教育の内容としての平等主義・全人教育主義的な教育のメリットを強調している。
(4) Rohlen(1983)は、日本の高等教育は効率的だが、インスピレーションに欠ける教育であると結論付けている。
(5) 田中(1996)は、「中範囲の理論」(田中 1996:167)を提示し、カリキュラムに関する学校成員の役割遂行過程を、社会的統制の観点から統一的に説明しようと試みた。また、この試みがカリキュラムの概念を、知識領域を示す内容から、社会関係を示す内容へ転換させると主張した。
(6) 古賀(1997)は、学校研究事例を提示しながら、エスノグラフィーの社会的構成過程を整理し、その問題点を指摘した上で、「エスノグラフィーには、自己の理解と対峙し開かれた『読み』を生み出すこうした『方法的実践』としての意義がある」(古賀 1997:92)と論じている。
(7) Muller et al.(1987)は、英独仏というヨーロッパ3ヶ国におけるエリート中等教育機関の成立と展開をエリート層の社会的再生産戦略という観点から解明しようとしている。
(8) 志水(2002)は、日本とイギリスの中等教育の比較研究を通して、「指導」(志水 2002:314)という語を中軸にして展開される日本の中学校教育の特性を立体的に描きだした。
(9) 本書で言及する日本の学校文化は調査対象校であるW中学校、T中学校の学校文化であり、言及する中国の学校文化は調査対象者各人が経験した中国の出身校の学校文化を指す。
(10) ①〜⑤の構成要素は久冨の定義を踏まえ、佐藤・山田(2004:52-54)の組織文化の諸要素を参考にして作成したものである。組織文化の要素とは①儀礼、②遊び、③表象、④共有価値、⑤無自覚的前提である。
(11) 詳細は第2章第2節「異文化適応過程に関する研究の検討」を参照。
(12) ここでいうエージェントはNPO団体、福祉機関などの公的機関と地域ボランティアのことを指す。林嵜らは子どもの支援に関わる多エージェント間の連携・協働の実態を解明するために、いくつかの地域において学校と福祉機関、成人教育施設との連携・協働の取り組みに注目し、調査を行った。協働を伴うプロジェクトを1つの単位としてまとめ、それらの協働のプロセスや実態を各地域で比較検討した。
(13) 第1章を参照。
(14) 研究方法についての詳細は「第3章 研究方法とデータの構成およびフィールドの概況」を参照。

第3章 研究方法とデータの構成およびフィールドの概況

　本書では、初来日の中国系NC生徒の学校生活の実態を描きだし、彼らの学校生活への適応を促す要因を解明するために、学校現場に入り、フィールドワークの調査手法を用いて、データを収集した。そして、中国系NC生徒の異文化適応過程において特徴的であると思われる事例について、エスノグラフィーの手法を用いて描写した。また、学校適応を行うプロセスに関する記述のみならず、臨床的な知識の生産、つまりデータに密着した分析から独自の理論を生成することを目的としているため、分析の手法として修正版グラウンデッド・セオリー・アプローチ(以下、M-GTA)を採用した。この章では、本研究で採用する様々な方法論、即ち、フィールドワーク、エスノグラフィー、M-GTAなどの特性について詳述した後、本研究のデータの構成およびフィールドの概況について述べる。

第1節　研究方法

　本研究ではフィールドワーク調査を行って得た情報をM-GTAを活用して分析し、エスノグラフィーを使用して記述する。本研究における主な調査・分析・考察の手順は図3−1のように整理することができる。以下では、図に示している順序でそれぞれの方法論の特性を述べていく。

(1) 調査の方法に関する検討

a. フィールドワークの性質

　佐藤(1992:38-39)は、フィールドワークとは「参与観察と呼ばれる手法を使った調査を代表とするような、調べようとする出来事が起きているその『現

図3−1 ●方法論の構造図

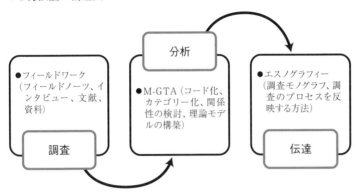

場』(=フィールド)に身をおいて調査をおこなう時の作業(=ワーク)一般を指すことである。この作業を通して集められるデータの多くは『一次(的)資料』、つまり調査者が自分の目で見、耳で聞き、肌で感じた体験をもとにした資料としての価値をもつ」。また、「フィールドワークは、部族社会を典型とするような、地理的にも文化的にも1つのまとまりをもった地域社会を指すとは限らない。実際、これまでフィールドワークの対象とされてきたものには、少なくとも次の4つ、1)地域社会、2)組織(会社、工場、学校など)、3)シーン(演劇シーン、ミュージック・シーンなど)、4)社会的世界(social world)が含まれており、もっとも、フィールドワークの意味をこれだけ拡張した場合にも、具体的な人と人との出会いがフィールドワークの根本にあることを忘れてはならない」と指摘する。佐藤(1992)では社会調査法としてのフィールドワークの特徴を「現実の複雑性に対する配慮」や調査対象者に近づくことができることなどであると述べている。フィールドワークにおけるデータ収集は、利用しうるあらゆる機会を活用し、あらゆる方法を用いて行われる。そのため、「調査デザインの柔軟性」が優れていると言える。更に、フィールドワークは生きた人間、社会、文化との協同のなかで異文化についての深い共感にもとづく理解とそれをまとめた「民族誌(エスノグラフィー)」という豊かな実りを生み出していくための方法でもある。よって、フィールドワークを行う者は、フィールドにおいて「人々の日常生活に参加し、そこで起こることを見、語られることを聞き、さまざまな質問をする。つまり、調査者自身が関心

第3章　研究方法とデータの構成およびフィールドの概況　45

を抱えている問題を明らかにするために、利用しうるあらゆるデータを片っ端から集める」(Hammersley & Atkinson 1995：1；邦訳・児島 2006：43) ことが必要になってくる。佐藤（1992）はこのことを「恥知らずの折衷主義」と述べている。「恥知らずの折衷主義」とは、「フィールドワークの全体論的な方向、つまり、生身の人間の行動、あるいは文化や社会の複雑な成り立ちに必然的に含まれる矛盾や非一貫性を、とりあえずは、まずそのまま丸ごと捉えようとするフィールドワーカーの基本的な姿勢」（佐藤 1992：66）を意味する概念である。

  b．フィールドノーツの性質

　学校において中国系NC生徒や教員、日本人生徒がどのような現実に対して葛藤しているのか、そして、それを緩和するためにはどのような学校教育支援が適切なのかという点を短期間のフィールド調査やアンケート調査などを通して捉えることはできない。NC生徒の学校への適応過程を考察するにあたり、フィールドワークはデータの収集方法として適している。フィールドワークを用いることで、NC生徒を受け入れた学校での教育実践の日常を長期間観察することによって、NC生徒の教育をめぐる問題や学校や教室において実践される具体的状況およびその過程などを考察して明らかにすることが可能となる。その際、データ収集の主な手段として活用されるものがフィールドノーツである。

　本調査の目的を完遂するためには「対象となる社会状況に入り込み、そこに関わっている人々と知り合いになることが求められる。その社会の日常のごくありきたりの活動に参加し、そこの人々と現在進行形で関係を結び、その過程で進行中の出来事を観察する」（高橋 2009：265）と同時に、その結果をフィールドノーツとして作成する必要がある。このフィールドノーツこそが考察の根幹を成すものであり、Geertzのいう「分厚い記述」（佐藤 1992：111）、すなわち、詳細な豊かなデータを収集し、現場の状況の内情をリアルタイムに、的確に把握したものである。

　フィールドノーツの記録法には、対象者の前でリアルタイムに記述する方法と、その場は観察にとどまり、観察後に記録を行う方法との2種類がある。本書では、授業や活動の記録はリアルタイムに行ったが、NC生徒の遊びや対話

に関する記録はその場で記録すると、目の前の現象を見落とす可能性が生じ、また、メモに何を書いているのかとNC生徒に不安や疑念を生じさせる可能性があるため、観察後速やかに記録を取るようにした。

記述に関しては、「形容詞や副詞を頻繁に使って、細部についての情報をよく伝えるような『凝った』描き方をせよ」(高橋 2007：265) という指摘に従った。そのため、視覚(色や形、大きさ)、聴覚(音や音色、音の高さや大きさ)、嗅覚(匂いや香り)、運動(姿勢や顔の表情、ジェスチャーや体の動き)などのイメージに関して細かく記述した。そして、今後の分析のヒントとするため、NC生徒が見せた行動に対する感想やその時の考えを忠実に正確に再現するように心掛けた。

記録したデータを引用する際には、間接引用や本書の読み手にとって煩雑にならない程度に編集を行ったが、メモやノーツの段階では母語や方言(本書の対象者のほとんどが関西方言を使用している)も極力すべてそのまま記録した。

(2) 分析の方法に関する検討

a．GTAおよびM-GTAの性質

ここでは、本研究で採用するグラウンデッド・セオリー・アプローチ(以下、GTA)および、M-GTAの特性について検討する。GTAは、1960年代アメリカのGlaser, B. G.とStrauss, A. Lによって考案された。Glaser & Straussは、理論検証研究への批判として、データに密着しそこから理論を生み出すというアプローチを考案した(木下 2007：17-18)。GTAとは、「データに基づいて(grounded)分析を進め、データから概念を抽出し、概念同士の関係付けによって研究領域に密着した理論を生成しようとする研究方法」(戈木 2006：11)であるため、グラウンデッドの対象はデータであるといえる。GTAを批判的に継承したM-GTAはGTAを実践的社会学論と捉える立場にたったGlaser & Straussのオリジナル版"The Discovery of Grounded Theory"(1967)、Glaser版の"Theoretical Sensitivity"(1978)、Strauss版の"Qualitative Analysis for Social Scientists"(1987)の3冊を理論的基本文献として木下より提示されたものである。M-GTAは、Glaser & Straussのオリジナル版から、理論生成への志向性[1]、grounded-on-dataの原則、経験的実証性[2]、意味の深い解釈、

応用が検証の立場[(3)]の4点の基本特性を継承している。さらに、M-GTAはGTAの課題点を克服した3つの特徴を持っている。

1つ目はデータのコーディング方法の明確性である。2つ目は実際に活用しやすく、かつ、分析プロセスを他人が理解しやすいという条件を満たしている点である。3つ目は単に分析の手順だけを明確にしているだけではなく、そのプロセスに意味深い解釈を組み込んでいる点である。すなわち、60年代の主張に回帰するのではなく、今日の状況においてその限界の克服を意図しているため、M-GTAの独自の認識論的立場としてはインターラクティブ（interactive）性、相互影響性を特徴としている（木下　2007：29-30）。

木下（2007：30-32）によれば、M-GTAは「データ収集におけるインターラクティブ性についてだけでなく、データの解釈において分析者という視点を導入するので解釈自体にも調査者とデータの間でのインターラクティブ性」を軸に論じることになる。さらに、「分析結果であるグラウンデッド・セオリーを現実場面に応じて実践に活かすというレベルでもう1つのインターラクティブ性を確保している」。そして「このプロセス全体の中心に価値観や問題関心をもつ『研究する人間』の視点、分析者その人をおく」。つまり、M-GTAはGlaser & Straussが個別に取り込みながらも共に十分なし得なかったコーディング法と深い解釈を統合した新たな方法を、質的研究をめぐる現況に対して提案し、「インターラクティブ性からみても3つのレベルで位置づけられるので、安定的に統合された研究方法である」と言える。

また、M-GTAは研究対象がプロセス的特性を持っている場合に適している。この研究法は、特に人間を対象にしたある「うごき」を説明する理論を生成する方法である。健康問題や生活問題を抱えた人々に援助を提供する立場にある人たち、あるいは、教育活動に従事する人たちがこの研究法に関心を示すのは、実践との関係を考慮すれば自然なことである。人間の実態を理解したいという動機は強く、しかも、単に知りたいというだけではなく現実の課題に対しての関心もあることから、解決や改善に向けての方向性も大事な特性といえる（木下　2007：66-67）。それ故、M-GTAが目指す理論の形態は、①データに密着した分析から独自の概念を創り、統合的に構成された説明図であること、②社会的相互作用に関係して人間行動の説明と予測に関わり、同時に、研究者によ

ってその意義が明確に確認されている研究テーマによって限定された範囲内における説明力に優れた理論（fit and work）であること、③実践的活用のための理論としては応用者が必要な修正をすることができ、否定されることも完成することもないプロセスとしての理論であると、まとめることができる（木下2007：69）。

本研究は、学校の教育現場における中国系NC生徒を対象に、彼らの学校生活の「実態を理解」するために、彼らが学校生活において関わる人々の「うごき」の分析を通して学校への適応を促す要因を考察することで、彼らと教育現場において存在する課題の改善に取り組むことを目的とする。したがって、M-GTAは本研究の分析の方法論として適切であると言える。そのため、コーディング法を活用した分析方法とプロセスの透明化、分析手順の理論的依拠が明確化できるM-GTAに立脚した分析を行うこととする。次は、分析の手順について述べる。

b．分析の手順
①データの整理

「分析とは理論を得るためのプロセス」（箕浦 2009：18）であり、分析の対象になるのはフィールドノーツ、インタビューデータ、資料等である。フィールドワークで作ったフィールドノーツは言うまでもなく、逐語文字起こしした半構造化インタビューデータや、校内通信・だより、部内資料など手持ちの膨大なデータを分析が始まる前に整理しなければならない。これは、自分はどのようなデータを持っているのか、どのような形で持っているのかということを確認する作業でもある。また、分析の対象になるフィールドノーツや文章化したインタビューデータ、資料などを通読しなければならない。文章化したデータを初めから終わりまで、他者の著作を読むように距離をおいて通読し、他者の目で眺めて、改めてテーマになりそうなことはいくつあるか抽出していく。情報量の多いフィールドノーツを通読することに関して、箕浦（2009）は、「一番充実した厚みのあるデータ領域は、データ採集の初期に立てたリサーチクエスチョンと同じ領域かどうか検討できる」（箕浦 2009：20）ため有益であると述べている。このような反復作業を通して、リサーチクエスチョンを再焦点化

し、いくつかのサブクエスチョンに組み替えていく。このようなデータの点検作業が終わった段階で、データを概念化していく作業に入る。

②質的な分析における解釈の意義

　質的データを分析するためには、データの意味を解釈することが重要になってくる。解釈とは「データの字面ではなく字面の奥にある何か、それも個別な意味というよりも関係としての意味のまとまり」（木下 2007：100）を読み解く作業である。箕浦（2009）は「解釈するという行為は、フィールドワークでは、すでにコーディングの段階で始まっている。オープン・コーディングや選択式コーディングに名前をつけるということ自体が、観察されたことの背後にある意味を解釈するという行為である」（箕浦 2009：36）と述べている。また、木下（2007）は、解釈には２種類のダイナミズムがあると指摘する。第１のダイナミズムとは分析ワークシートを用いてデータから説明力のある概念を生成していく作業に関係する。即ち、具体例と概念との間の対応関係を把握することが分析の基礎作業であり、データ全体に対して継続的に進めていくためのオープン・コーディングの段階である（木下 2007：103）。「第２のダイナミズムとは非連続なものであること、基礎的作業のときよりも抽象度をある程度上げたところでの比較から得やすいこと、この時のアイディアは自分にとってリアリティ感のある、独自の内容であることが特徴」（木下 2007：107）だと述べる。以下ではこのような解釈を伴うコーディングの具体的な手順に関して例を示しながら説明していく。

③コーディングとカテゴリー化

　コーディング法とは「データから指示的な部分を拾い出し、次にはそれらを比較対照しつつ概念を生成する」（木下 1999：227）ことを意味する。M-GTAのコーディング手順としては、主に「オープン・コーディング（open cording）」と「選択式コーディング（selective cording）」の２種類がある。

　本研究では分析を始めるにあたり、収集したデータを丹念に読み込み、コード化する作業から始めた。分析はいくつかの段階に分けて行った。まず、収集したデータを読み返し、M-GTAの分析手順に従って概念を生成し、分析ワー

クシートを作成した。概念の生成に際しては、具体例を確認しながら、ボトムアップ的に分析を進めた。そして、次の段階ではいくつかの概念を包括するサブカテゴリー、さらにいくつかのサブカテゴリーを包括するカテゴリーを作成した。その際、1つのカテゴリーが1つのことだけを説明するのではなく、1つのカテゴリーがある程度の多様な現象を説明できるようなカテゴリーを創るよう留意した。その作業においてはヴァリエーション（具体例）がいくつかあることが必須条件である（木下 2007：182-183）。それぞれの段階において、データ同士の比較、概念同士の比較など「比較」が重要なテクニック[4]となる。一例として、本研究の調査対象者の一人である中国系NC生徒周雪を通して観察された事例をカテゴリー化するプロセスを提示する。

ここでは、関連する事例部分のみを示す。その他は事例コードを提示し、横に事例コードに対応する事例のデータ番号を記す。

【フィールドノーツとコーディングの例】

　事例　周雪が1年生の時に理科の授業中に見せた様子
　4限理科の授業「種子を作らない植物（シダ植物、コケ植物、藻類）」。まず、前回の授業の宿題のプリントを提出するため、入り込みの教員と一緒にプリントを探してから提出しに行った。プリントは一番後ろの席に座る生徒が集めて教員のところに持っていった。周雪は一番後ろの席に座っていたため、順番通りに集めて前へ行った。途中で、1人の生徒が「ノートを忘れた」と言ったが、周雪は反応を示さずにその生徒のところを通り過ぎて前へ行った。集まった分を教員に渡してから席に戻った。静かに座って、授業を聞いて、黒板を見た。
　　　　　　　　　　　　【コーディング例：日本人生徒の声掛けに無反応】
　理科の授業中、コケ植物の見本を生徒1人1人に回した。見本を見た隣の男子生徒が周雪の机の上に置いた。周雪はちょっと見てから前に座る男子生徒の机の上に置きに行った。そして、席に戻って授業を聞いた。「ここ」と入り込みの教員が指をさして教科書の内容を説明し、周雪はその部分に線を引いた。1時間の授業中、終始無言であった。
　　　　　　　　　　　　【コーディング例：エスニック教員に対して無言で対応】

(T中学校フィールドノーツ：2011/7/6)

　周雪に関連するフィールドノーツは、図3－2のように11個の事例コードを使用して整理した。そして、それらの事例に基づいて、6つのオープン・コーディングを行った後、その共通性に注目し、選択式コーディングを行った。コーディングのプロセスは以下の通りである。

　まとめると、周雪の事例からは「エスニック教員に無言で対応」「対象・空間の区別なく無言ですごす」「時間の経過に伴う沈黙への慣れ」「交流の中断を憂慮する故の沈黙」「教員・生徒の話しかけに無言で対応」「学年の最後まで沈黙し続ける決心」という6つのオープン・コーディングを行うことができる。そして、その共通性に注目し、〈無言で人間関係をごまかす〉という選択式コーディングを抽出することができる。同じ手順でNC生徒劉研、張希、趙峰、孫明、東浩、周雪の事例から抽出した〈笑顔で交流を乗り切る〉〈人間関係を円滑にするための生徒独自の方法〉といった選択式コーディングは、1つのカテゴリー【人間関係に対処するストラテジー】として整理することができる。このようにして整理されたコードをもとに、本研究は論を展開していく。

　次項では、本書のデータの構成と研究のスタンスについて述べる。

図3－2 ●オープン・コーディングと選択式コーディングのプロセス

事例コード	オープン・コーディング	選択式コーディング
エスニック教員に対して無言で対応（FNdata4-4）[5] 同国ボランティア教員に無言で対応（本書中事例略）	エスニック教員に無言で対応	無言で人間関係をごまかす
無口な状態に対するゆるせない気持ち（FNdata4-44） 対象・空間の区別なく無口（FNdata4-42） →	対象・空間の区別なく無言で過ごす	
教科の先生の話しかけに無言で対応（FNdata4-4） 日本人生徒の声掛けに無反応（FNdata4-3）	教員・生徒の話しかけに無言で対応	
クラスで黙っている事実への承認（INdata4-43） 時間の経過による沈黙への慣れ（本書中事例略）	時間の経過に伴う沈黙への慣れ	
沈黙の原因：交流の中断に対する怖れ（FNdata4-43） →	交流の中断を憂慮する故の沈黙	
中途半端な沈黙への遠慮（本書中事例略） 学年の最後まで沈黙し続ける決心（INdata4-44）	学年の最後まで沈黙し続ける決心	

(3) 記述の方法に関する検討

a．エスノグラフィーの性質

「エスノグラフィーを書く目的は、フィールドを知らない読み手に対して、フィールドの人々がどのような意味世界に生きているのかを理解してもらうことである」(箕浦 2009：44)。そして、エスノグラフィーを書くことを通して「フィールドワークで得た様々な知見を構造化」(箕浦 2009：45) していくことができる。そのため、本研究ではフィールドワークを通して収集した中国系NC生徒の学校生活へのプロセスに関するデータをエスノグラフィーの手法を活用して描写する。特に、NC生徒の学校生活において特徴的であると思われる事例をエスノグラフィーにより明らかにする。

佐藤 (1992：40-41) はエスノグラフィーという言葉には、少なくとも次の3つの意味があると述べている。具体的には、①「調査モノグラフ」フィールドワークの結果をまとめた報告書、②「民族誌的アプローチ」フィールドワークという調査の方法あるいはその調査のプロセスそのもの、③「民族誌学」「記述民族学」という学問分野で多少古い用法、という意味である。

古賀 (1997b：72) はエスノグラフィーを「実際に現地に赴いて比較的長期間滞在し被調査者と生活を共有しながら、集団や組織の文化を観察・記述する方法」と定義している。古賀は、当初は特異な文化をもつ「未開の民族」を調査する方法として普及したこの方法が、コロニアリズム（植民地主義）の解消やエスニシティの変質などによって、現在では都市や学校など近代社会内部の文化にも適用されるようになってきていると述べている。

また、児島 (2006：42-43) は文化やエスニシティが所与のものではなく、社会的相互作用をともなう人々の日常的な実践によって構成されるものであり、現実的状況にはかならず抵抗・闘争・矛盾といった要素が存在していることを考えれば、構造の再生産は、いつ亀裂を生じるかもしれない緊張のなかでかろうじて達成されるものであると説明する。このことは、実際の研究において調査対象となる人々が特定の状況をどのように意味づけ、それに基づいてどのように行動するのかという側面を重視する必要があることを示す。

b．本研究におけるエスノグラフィーの捉え方

　本研究では、相互作用に満ちた学校生活の中で、中国系NC生徒の日常生活の実態を描きだすとともに、葛藤や矛盾を記述する際に中国系NC生徒と彼らに関わる教員や日本人生徒の行動の意味づけも重視する。そして、古賀（1997b）が述べるように、学校「集団や組織の文化を観察・記述」する。また、「エスノグラフィーは1つの表現法であり、自分の理解を再構成したもの」（箕浦 2009：45）であるため、本研究では調査研究の結果が示されているひとまとまりの文章として捉える。したがって、本調査は佐藤（1992）が分類した「調査モノグラフ」に属するが、フィールドワークの調査プロセスを反映したものという意味合いも含んでいるといえる。

　エスノグラフィックな調査において研究者は、生徒や教師をはじめ、立場を異にするさまざまな当事者の「声」に耳を傾ける。それによって、より多角的な情報を得ることが可能となり、決して一枚岩ではない現実の構成を把握することができる。また、それらの「声」を「真空状態」においてではなく、その「声」が発せられる具体的な文脈において捉えようとすることによって、研究者があらかじめ用意した理論的枠組みに現象を当てはめるのではなく、当事者たちの理解の仕方に寄り添った解釈が可能になる。それは、仮説検証の営みであるよりも、むしろ新しい理論の土台を探る仮説生成の営みであるといえる（箕浦 1998：32-34）。

　筆者は、学校という教育現場で観察したことや耳を傾けた「声」をできる限りそのまま形とする研究を行いたいと考える。なぜなら、中国系NC生徒の適応のプロセスとは、学校生活の実際の「生の声」であり、他者との相互作用の中で構築され生み出されたものであるからである。「人々の生活世界は、文化的意味に満たされていると考える。そこにあるモノもそこでの人々の行動も意味を付与されて、そこに存在しており、モノも行動も言葉や語りと同様、フィールドワーカーによって意味を読み取られること、解釈されることを持っているテキストと考える」（箕浦 1999：11）。本研究でも中国系NC生徒の学校適応のプロセス、学校生活を生き抜いている意味を、その文脈と共に解釈するという立場から観察された事例や調査プロセスを再現していく。

第2節　データの構成と研究のスタンス

　本論に入る前に、データの構成と章ごとに用いられているデータが相互にどのように関連し合っているのかを説明しておく。本書で用いられるデータは、2009年4月から2013年3月まで、計4年間にわたって行われたフィールドワークによって得られたものである。中国系NC生徒との関わり方と観察期間、および調査を実施した時期と内容については表3－1にまとめた。

表3－1●フィールドワークの期間と概況

総期間	フィールドワークの期間：2009/4～2013/3		
学校	W中学校	T中学校	
観察を行った時期	2009/4～2010/3	2009/4～2010/3	2010/4～2013/3
筆者の関わり方	日本語教師の補助	外国人支援ボランティア	市立学校教育支援協力者・学力向上対策外部支援員
筆者が担当する授業数	週1日、基本的には水曜日であるが、生徒の状況によって変わる（ほぼ不定期であった）。	週1～2日、2限～6限（9：50～3：15）までであるが、放課後の活動により5時まで延長する時もあった。2010年4月以降は土曜日と日曜日に開催する地域活動（例えば、春節祭、「先輩・後輩交流会(6)」など）への参与観察も行った。	
調査対象者概況	来日初期の生徒2人	来日初期の生徒3人	来日初期の生徒12人（2009年の調査人数を含まない数であるが、3人のうち、2010年3月に2人卒業したため、残りの1名を引き続き追跡調査した）

　筆者が日本語教師の補助やボランティアとして学習支援をしていた時期には、不定期に来日初期の中国系NC生徒に日本語のみを教えたが、学力向上対策外部支援員として学習支援を行っていた時期には、生徒の「取り出し授業」である「数学」「英語」「国語」の授業で、他の教員たちと共同で担当する教科指導のチームティーチングの一員として関わっていた。また、「取り出し授業」と直接関わりがない内容（例えば、パソコンの使い方、進路説明）においても、担当者の要請によって、中国語訳を付けたり、通訳したりなどして、できるだけ協力していた。

表3-2●調査方法と内容の概要

データの取り方	調査対象/範囲	調査および観察の内容	記録の形式
①フィールドノーツ	W中学校・T中学校の教員および生徒、また地域などの調査全般	中国系NC生徒の学校内・学校外（地域）活動の様子、学校関係者との交流の記録、会話の記録など	1) その場で記入、2) 帰りの電車内で直ちにメモ、3) 帰宅してからメモ、4) 記憶が曖昧なところを改めて確認して記録
②半構造化インタビュー	T中学校・W中学校の関係者、T中学校に在籍する中国系NC生徒の保護者	中国系NC生徒の学校での様子、家庭での状況、教育支援全般に関する考えなど	1) インタビューを録音し、逐次文字起こし、2) 録音の許可が得られない場合は、記述式アンケート調査
③活動の参与観察	T中学校内の活動とT中学校と関わりのある地域での活動現場	活動のための練習の様子、パフォーマンス本番での様子、活動関係者の状態と感想の聞き取りなど	1) フィールドノーツと同様な方式で記録、2) ビデオ撮影や画像に残す
④校内資料の収集	T中学校 W中学校	交流会や講習会の後に先生と生徒が書いた感想文、学年通信、学校だよりなど	資料のコピー

　授業以外にも、筆者はT中学校に在籍する中国人生徒に関わる事項に携わっていた。具体的には、生徒の保護者からの学習に関する相談や生徒の個人的な悩みを聞く役割、学校だよりなどの配布資料の中国語訳の作成を担当するなどである。このようにNC生徒とその保護者、教職員との間に密接な関係を築いたことで、数多くのデータを入手することが可能となった。その中で、具体的に用いるデータは表3-2に整理した4点である。

　具体的に、①フィールドノーツでは、W中学校、T中学校での諸活動の記述（特に、生徒同士や教員との間で自然に起こるやりとりに注目し、その様子を記録した）、聞き取り（主に、筆者が学校での日常会話の中から情報を得るためのインフォーマルなインタビュー）の記録、インフォーマント同士の会話の記録などが含まれる。②半構造化インタビューの記録（学校の関係者へのインタビューについては表3-3を参照）は、フィールドノーツや収集した文書資料を読み返すうちに気付いた問題をまとめ、それをもとに事前に質問項目を設定して、校長2名、調査対象となる外国人生徒の担任8名、部活動の指導教員1名、日本語教師（専任、講師、補助を含め）4名、中国系NC生徒と生徒の保護者にインタビューを行った。インタビューは録音し、逐次文字起こしをした。録音の許可が

表3-3 ●教員とのインタビュー調査概況

対象者	性別	担当教科	担当生徒	面接日	面接場所	面接時間
W中校長	男			2009/7/1	校長室	29'11"
W中教員M	男	日本語教師	外国人生徒全般	2009/7/15（1回目） 2009/8/3（2回目）	W中日本語教室	18'43" 1h4'38"
K中[7]教員A	男	国語	趙吉	共同面接 2009/10/20	K中小会議室	42'41"
K中教員B	男	体育	趙吉			
U中教員C	女	音楽	李奇	2009/11/16	U中カウンセリング教室	1h10'41"
T中教員R	女	日本語教師	外国人生徒全般	2009/7/23（1回目） 2011/3/23（2回目）	国際教室 国際教室	23'43" 25'45"
T中教員H	女	体育	趙峰、仁美、張希	2011/3/14	図書室	1h1'17"
T中教員K	男	英語	永明、平純、光流	2011/3/14	図書室	47'12"
T中教員Y	男	体育	章田、玲玲、光流	2011/3/18	図書室	42'57"
T中教員N	女	理科	劉研、莉娜、孫明	2011/3/18	図書室	43'41"
T中校長	男			2011/3/23	校長室	40'3"
T中教員F	女	日本語教師	外国人生徒全般	2011/3/23	国際教室	56'13"
T中教員T	女	日本語教師	外国人生徒全般	2011/3/23	図書室	1h42'51"
T中教員O	男	美術	趙峰、映見、仁美	2011/7/1	図書室	58'15"
T中教員S	男	理科	玲玲、傑玉、張希	2011/7/1	図書室	38'5"

得られない場面もあったのだが、その際には調査対象者の言動に関して校長1名、調査対象となるNC生徒の担任2名、日本語教師1名に記述式アンケート調査[8]を行った。その他にも、平常時での授業観察や適宜インフォーマルなインタビューを随時行った。③学校や地域での活動に対する参与観察の際には、写真とビデオで記録を残した。④校内資料の収集は、校内で開かれた講習会や交流会の後に教員と生徒が書いた作文や感想文、学年通信、学校だよりなどを学校で入手して分析を行った。

　箕浦（1999：21）は、フィールドワークは「人々が生活を営んでいる状況にともにいることでデータを得ることに特色がある」と指摘する。調査者が日常生活を営む場に入り込み、行事に参加して調査対象者を観察する行為は、調査対象者のプライバシーを侵害したり、フィールドでの観察者の役割を客観的でないものにしたりする危険性を持っている。そのため、本研究は、まず、プライバシーの保護に細心の注意を払って本書で使用する学校、教員、生徒などの

固有名詞はすべて仮名とした。特に、生徒のテスト結果や家庭環境に関する資料は慎重に扱った。校内での観察において録画録音は許可されなかったため、データの記録は主にメモで行った。データ収集や調査にあたっては、その都度、調査対象者に研究の趣旨を説明し、収集したデータは研究目的でしか使用しないことをあらかじめ伝え、公表に際しても彼らの同意を得た。

次に、調査フィールドにおける筆者の観察者としての役割について述べる前に、フィールドワーカーのスタンスの変化とそのヴァリエーションについて整理する。Junker, B.（1960）とGold, R.（1958）は、フィールドワーカーの調査地における観察者の役割のタイプを、①「参加」と「観察」という２つの行為の相対的な比重、および②調査者と対象者の社会的接触のあり方という２つの基準をもとにして、図３－３のように４つの役割に分けている（佐藤　1992：164）。

図３－３●フィールドワーカーの役割タイプ

佐藤（1992：164）によれば、「完全なる参加者」とは、いわゆる「潜入ルポ」のような場合であり、この場合、フィールドワーカーは一種のスパイのような存在となる。「観察者としての参加者」とは、これまで扱ってきた、いわゆる狭い意味での参与観察者の役割であり、この場合、フィールドワーカーが調査を目的としてその現場にいることは対象者に知られており、彼は準メンバーとしての役割を与えられる。「参加者としての観察者」とは、一度だけ現地を訪れてインタビューを行ったり、アンケート調査を実施したりするような調査におけるフィールドワーカーのスタンスのことである。この場合、観察がメインになり参加はごく限られた目的のために行われる。「完全なる観察者」とは、調査者が対象者とはまったく社会的な接触を持たない一種の極限形態であることをいう。そのため、現実にはほとんど見られないケースであると言える。図

3-3では両方向に矢印のある線を記載しているが、これは、「参与観察」というのはあくまでも理念型であり、調査者は実際にはフィールドワークの様々な局面と様々な時期において、完全なる参加（者）の極と完全なる観察（者）の極との間をゆれ動くことを示すためである。つまり、フィールドワーカーと調査対象である共同体の構成員の双方にとって、「参与観察者」という役割は常に固定した存在ではないということである。

　筆者は、日本語教室で日本語教師の補助として中国系NC生徒に日本語を教えたり、在籍学級の参与観察を「入り込み授業」という形式で行ったり、NC生徒と会話をしたり、校内を歩いて回りNC生徒の学習支援を行ったりと、NC生徒と積極的に関わった。つまり、筆者は校内では子どもと保護者に対しては「教員」、他の教員に対しては「研究者」という2つの顔を持つことになった。このGoffmanのいう相互行為場面において現れる他者に向かって提示される状況的自己の顔としての「仮面」（face）を使い分けることは大変難しい。そのため、相手や場所、時間によって、両方の仮面を混在して使用することもあった。筆者はフィールドでは、授業を妨げないように観察場所を確保して、「完全なる観察者」であるように努めたが、授業中には「入り込み授業」という形式で来日初期の中国人NC生徒のとなりに座って、学習支援としてNC生徒に分からない点を説明することもあったため、「完全なる参加者」の立場をとることもあった。また、日本語教室での観察では日本語教師の補助としてNC生徒に日本語を教える手伝いをすることで、主に「観察者としての参加者」の立場をとったこともあれば、教室の後ろに座って「参加者としての観察者」の立場をとったこともあった。

　NC生徒の学習の手伝いをすることもあり、筆者の観察者としての役割は、基本的には「観察者としての参加者」でありながらも、状況や目の前にいる子どもに応じて「完全なる参加者」として積極的に参与するなどしたため、臨機応変に変化する多面的なものであったと言える。筆者のような研究スタンスは、マイノリティ集団に関する研究において初めてとられたものではない。恒吉（2005：226）は、このようなスタンスから行われた研究を挙げながら、その特色を次のように指摘している。

　「マイノリティ集団を対象とした質的研究の古典が、しばしばその集団の出

身者によるものであり、アウトサイダー化したインサイダーによるものであったことは、おそらく単なる偶然ではない」(Willis 1977；Thorne 1993；Ogbu 1978)。また、「アウトサイダーがインサイダー化し、インサイダーがアウトサイダー化する中で、アウトサイダーとして突き放して対象を見ることと同時に、インサイダーとして当事者の視点や状況、行動やそれらが織り成す過程を見ることができる。こうした観察者の出身文化や対象文化の関係の意識化、つまり内省的反省は、意味世界に接近しようとする質的研究には特に必要なことであろう」(Spindler & Spindler 1982)。

　一方、フィールドワークにおける観察者である筆者は、対象者との関係を深めることで、バイアスがかかった見方をしないよう、常に心がけていた。そのため、筆者の解釈だけが一人歩きするような状態を防ぎ、また、その客観性を保つために、作成した原稿を現場の教師に読んでもらったり、意見を聞いたりした。

　最後に本研究で取り扱うデータの文字化に際して、以下の規則を設けた。
①日本語の発話は、漢字かな交じり文で表記する。
②中国語の発話は日本語に翻訳したデータを本文に載せ、中国語データの原文は注釈として付記する。
③プライバシー保護のため、参加者や話題に登場する人物、差し支えのある地名や固有名詞などは欧文記号もしくは仮名にする。
④身ぶり、動きなどの描写は[　]内に記す。

　次節では本調査におけるフィールドの概要と調査対象者の概況について詳述する。

第3節　フィールドの概況

　本節では、フィールドの概要および調査対象者のプロフィールについて具体的に述べる。

(1) W中学校の概況と調査対象者の概要

　W中学校の生徒数は平成21年現在、総計474人であり、その内外国人生徒数は6人（中国人2人、韓国人4人）である。6人とも日本語教室[9]には通っ

表3-4 ● W中学校の日本語教室に通うNC生徒

国籍別	学年別	性別
中国：10人	1年生：3人	男子生徒：4人
韓国：2人	2年生：4人	女子生徒・9人
ペルー：1人	3年生：6人	
総計：13人		

注：2010年3月時点での人数

表3-5 ● W中学校の日本語教室に通うNC生徒のプロフィール

	李奇	趙吉
来日年月日/理由	2008/9、（母親の）国際結婚	2009/2、中国帰国者
在籍校編入年月日/学年	2008/9、3年生	2009/4、1年生
所属する部活動	なし	ラグビー部
出身地	遼寧省	吉林省
性別	女	男
中国での教育程度	中学校3年の1学期まで	小学校卒業
日本語レベル	初級	初級
家庭状況	義理の父親は日本人。父親との交流がうまくできていない。	安定している
卒業後に希望する進路	高校進学	高校進学

ていない。日本語教室には校区内の中学校から集まったNC生徒が通っており、その内訳は表3-4の通りである。

　W中学校の日本語教室に通うNC生徒の中から本調査の条件に合う調査対象者は李奇と趙吉の2人である。表3-5はNC生徒李奇と趙吉のプロフィールを整理したものである。

（2）W中学校の日本語教室における補習の概要

　W中学校の日本語教室に通うため、外国人生徒は在籍学級の授業時間に、各自の学校からバスもしくは徒歩でW中学校へ移動する。その場合、午前中あるいは午後の間はほぼ継続して日本語教室で過ごすことになる。日本語教師は1人だけなので、日本語[10]も教科科目もNC生徒の来日の時期を問わず、日本語教師1人で補習をしている。日本語教師は中国語も英語も話せるため、初来日の中国系NC生徒や南米の生徒とも簡単な交流を行うことができる。以

表3-6 ●李奇の取り出し授業の時間割（土、日曜は除く）[11]
2009年6月　　　□午前9：30〜11：30　　■午後2：00〜4：00

日曜日	月曜日	火曜日	水曜日	木曜日	金曜日	土曜日
	1	2	3	4	5	6
7	8	9	10	11	12	13
14	15	16	17	18	19	20
21	22	23	24	25	26	27
28	29	30				

表3-7 ●趙吉の取り出し授業の時間割（土、日曜は除く）
2009年6月　　　□午前9：30〜11：30　　■午後2：00〜4：00

日曜日	月曜日	火曜日	水曜日	木曜日	金曜日	土曜日
	1	2	3	4	5	6
7	8	9	10	11	12	13
14	15	16	17	18	19	20
21	22	23	24	25	26	27
28	29	30				

下では、調査対象者である李奇と趙吉が日本語教室へ通うスケジュールを表として整理した。W中学校の日本語教室に通うNC生徒の時間割である表3-6と表3-7を次項で述べるT中学校に在籍するNC生徒のものと比較することで、両者の違いはより具体的になる（小さい□は午前を示す）。

（3）T中学校の概況と調査対象者の概要

　X市は関西地域の中で中国人登録者数が最も多い地域の1つである。外国にルーツを持つNC生徒数が最も多く、「国際教室」（T中学校において使われている名称）の歴史が最も長いT中学校が、今回の調査におけるもう1つのフィールドである。

　T中学校のNC生徒数は2013年1月時点で33人であり、学校全体の生徒数（1076人：2012年5月まで）の約3.3％を占める。学校の中に国際教室が設置されているため、日本語の補習が必要なNC生徒は校内の国際教室に通っている。その内訳は表3-8で示している。

　T中学校に在籍しているNC生徒のうち、調査対象とした生徒のプロフィールの一覧を表3-9に示している。

表3-8●T中学校の国際教室に通うNC生徒

国籍別	学年別	性別	滞在期間別
中国：26人	1年生：8人	男子生徒：13人	1年間：4人
韓国：5人	2年生：14人	女子生徒：20人	2年間：1人
ブラジル：2人	3年生：11人		3年間：2人
			4年間：1人
			日本で生まれた生徒：23人
			小学校低学年時に来日した生徒：2人
総計：33人 [12]			

注：2013年1月時点での人数、フィールドノーツより作成

表3-9●T中学校の国際教室に通うNC生徒のプロフィール

対象者	在籍状況	性別	編入時期/学年	来日経緯（父/母が日本人）	家庭言語	所属クラブ	国籍
孫明 [13]	2010年卒業	男	2009.4/中3	中国帰国者 [14]	中国語	国際っ子 [15]	中国
劉研	2010年卒業	男	2009.4/中3	中国帰国者	中国語	国際っ子	中国
孫紅	2010年卒業	女	2006.10/小6	中国帰国者	中国語	国際っ子	日本
仁美	2011年卒業	女	2010.10/中3	国際結婚（父親）	中国語	なし	中国
原秋	2011年卒業	女	2010.4/中3	中国帰国者	中国語	なし	日本
琴英	2011年卒業	女	2010.4/中3	中国帰国者	中国語	国際っ子	日本
趙峰	2011年卒業	男	2007.10/小6	国際結婚（父親）	中国語	ラグビー 国際っ子	日本
張希	2011年卒業	男	2008.4/小6	国際結婚（父親）	中国語	国際っ子	中国
章田	2012年卒業	男	2009.4/中1	国際結婚（母親）	中国語 日本語	国際っ子	中国
新悦	1年	女	2012.4/小6	中国帰国者	中国語	国際っ子	中国
周雪	2年	女	2011.4/小6	中国帰国者	中国語	バドミントン	中国
安志	2年	男	2010.10/小6	中国帰国者	中国語	国際っ子	中国
利香 [16]	3年	女	2012.4/中1	国際結婚（父親）	中国語	国際っ子	中国
史迅	3年	女	2012.4/中3	国際結婚（父親）	中国語	国際っ子 英語	中国
東浩	3年	男	2012.4/中3	国際結婚（父親）	中国語	なし	中国

注：生徒の在籍状況は2013年1月時点での状況である

（4）T中学校の国際教室における補習の概要

　T中学校では、授業の時間割をA週、B週の2つに分けて授業を進めている。全校に計37のクラスがあり、また教員や教室の数が不足していることもあり、

表3－10 趙峰の取り出し授業の時間割

A週	月曜日	火曜日	水曜日	木曜日	金曜日
1	総合	体育	国語[17]	社会	道徳
2	社会	体育	理科	少英2	国語
3	少英2[18]	数学	社会	理科	社会
4	音楽	社会	数学	家庭	少英2
5	国語	技術	特活	数学	美術
6	選択	理科	総合	国語	数学

B週	月曜日	火曜日	水曜日	木曜日	金曜日
1	総合	社会	家庭	理科	道徳
2	理科	理科	数学	少英2	少英2
3	社会	国語	少英2	数学	国語
4	音楽	家庭	社会	社会	美術
5	体育	少英2	特活	国語	社会
6	体育	数学	総合	技術	数学

表3－11 全NC生徒の時間割における取り出し授業の状況

氏名	年組	2月28日（月）					
		1	2	3	4	5	6
居資[19]	3年2組	理科	国語	社会	美術	数学	英語
趙峰	3年4組	理科	数学	英語	体育	社会	技術
傑玉[20]	3年4組	理科	数学	英語	体育	社会	技術
仁美	3年4組	理科	数学	英語	体育	社会	技術
秀美	3年5組	英語	社会	理科	体育	数学	国語
張希	3年6組	国語	理科	体育	英語	数学	社会
原秋	3年7組	家庭	数学	体育	社会	英語	理科
琴英	3年8組	数学	家庭	技術	理科	音楽	英語
映見	3年8組	数学	家庭	技術	理科	音楽	英語
伊織	3年9組	国語	音楽	理科	英語	社会	数学
平純[21]	2年5組	音楽	体育	社会	数学	英語	国語
永明	2年5組	音楽	体育	社会	数学	英語	国語
玲玲	2年7組	数学	家庭	国語	英語	理科	社会
光流	2年7組	数学	家庭	国語	英語	理科	社会
章田	2年7組	数学	家庭	国語	英語	理科	社会
真緒	2年8組	理科	国語	英語	音楽	社会	数学
莉娜	2年10組	体育	国語	音楽	理科	社会	英語

例えば、理科の実験をしなければならない場合は、1つしかない実験室を使用できるようにするため、時間割で授業時間を調整している。

来日初期のNC生徒や日本語補習[22]が必要なNC生徒に対しては取り出し授業や入り込み授業を行っている。毎日特定の科目で生徒を呼び出し、国際教室で日本語の補習や教科目の補習を行っている。来日初期の中国系NC生徒に対しては、中国人の日本語教師が学習支援を担当している。表3－10は調査対象者である趙峰の取り出し授業の時間割を示したものである。

また、全NC生徒の時間割における取り出し授業の状況は表3－11に例示した通りである。

第4節　本章のまとめ

第3章では、まず、本研究で用いる調査方法と分析方法について述べた。中国系NC生徒の学校適応に影響を与える要因を探るため、学校でフィールドワークを行い、生徒や教師をはじめとした様々な立場を異にする当事者の「声」から多様な情報を得るよう試みた。そして、情報の整理と分析のために使用するエスノグラフィーとM-GTA理論の性質をまとめ、それらに基づいた具体的な分析方法を提示した。また、本研究において調査対象とした2つのフィールドと調査対象者17人の基本情報についての説明も行った。

次章より、フィールドワークを通して入手した各種情報の分析をもとに、中国系NC中学生の学校生活の実態を忠実に記述しながら、彼らの学校適応を促す要因を探り、彼らに対する教育支援の充実のために解決すべき課題について言及する。

[注]
（1）理論生成への志向性とは、単なる質的データの分析方法という意味ではなく、その結果に対して「理論」という明確な形を提示している分析方法であるため、結果像との切り離しができないという意味である。
（2）経験的実証性とは、実証主義を基礎にするということではなく、経験主義の立場として捉え、現実を理解するためにデータ化を行うこととその人間による感覚的な理解の重要性を強調することである。
（3）応用が検証の立場とは、分析結果の実践的活用を重視し、そのプロセスが結果の検証になっていくことを意味する。

（4）Glaser, B. G. & Strauss, A. L.（後藤他訳 1996：30）は「比較分析は理論産出のための戦略的方法である」と述べている。
（5）本研究では、フィールドノーツの略称としてFNという記号を使用する。その後ろはデータ番号である。本研究では、インタビューの略称としてINという記号を使用する。その後ろはデータ番号である。
（6）Y市の中国出身の子どもたちの集い。子どもたちを一堂に集めて楽しい時間を過ごすという趣旨の「いっしょにいよう」と中国の子ども向けの進路説明会であり、先輩たちとの交流も行えるという趣旨の「先輩・後輩交流会」は年に一度開催され、中国出身の中学生生徒を対象に行っている。生徒の在籍する学校の校長、担任、日本語教師、先輩も一緒に参加する。なお、個人情報保護のため、本書で使われている活動の名称はすべて仮名である。
（7）K中学校とU中学校はそれぞれ中国系NC生徒である趙吉と李奇の在籍学校である。
（8）記述式アンケート調査とは、調査対象の個人的な事情により、録音ができない場合に採用した調査法である。事前に用意した質問に対し、論述式回答という形で調査を進めた。本調査の調査対象者の状況に応じて採用した調査法である。
（9）「日本語教室」「日本語学級」「国際教室」などNC生徒が日本語の学習を行う空間の名称は学校ごとに異なる。本調査の対象校であるW中学校は「日本語教室」、T中学校は「日本語学級」と呼んでいる。T中学校の場合、日本語学級をNC生徒のみならず日本人生徒も利用できるようにして、日本語教室を日本人生徒とNC生徒との相互理解・交流を深める場として位置付けようという趣旨のもと、2010年4月からその名称を「国際教室」に変更した。改名を行う際に、筆者も日本語教師らとの話し合いに積極的に参加した。その結果、グローバル化・国際化という社会状況を見据えて、多様な国籍の子が補習のみならず、各種活動への参加もできるよう「国際教室」という名前を採用することにした。本書の第3節「フィールドの概況」ではNC生徒が日本語の学習を行う空間を調査対象校それぞれの名称を使って紹介しているが、第4章からは、混乱を避けるため、調査の中心をなすT中学校において使用されている「国際教室」という名称に統一する。
（10）W中学校の日本語教室は日本語補習の教材として『みんなの日本語』（出版社：スリーエーネットワーク）を使用している。
（11）表の見方を説明すると、例えば、李奇は6月2日火曜日の午前は在籍学校の授業を受けずに、直接W中学校の日本語教室へ行って日本語の補習を受けることから始まる。在籍学校へは日本語教室でお昼を食べた後に戻る。
（12）この合計人数はT中学校における外国の国籍を持った学生の総数である。日本国籍者や在日朝鮮人生徒も数に含めると、外国にルーツがある生徒の総数は50人前後になる。
（13）個人情報保護のため、本書で使われている名前（例えば、趙峰、劉研など）は、すべて仮名である。
（14）中国帰国者とは、「第二次世界大戦時あるいはそれ以前に中華民国、関東州および『満州国』に居住し、ほとんどの日本人が敗戦直後の集団引き揚げで日本に引き揚げた後も、約30年以上にわたってそこに『残留』し、日本と中華人民共和国が国交を回復する1972年（昭和47年）以降に、中国から日本に『帰国』してきた『日本人』およびその家族」「つまり、中国帰国者とは、1970年代以降に中国から日本に『帰国』してきた『中国残留日本人孤児』や『中国残留日本婦人』とその家族のこと」である（蘭 2000：1-2；趙2010：9）。
（15）「国際っ子クラブ」とはT中学校にある人権サークルの名称である。活動は主に国際教室で行われ、活動の内容は、「運動会の外国語放送」「獅子舞」「創作舞踊」「中国切り絵」「ハングル学習会」「朝鮮文化に親しむ子どもの集い見学」などである。2010年10月までの入部生は中国人生徒のみであったが、10月から日本人女子生徒2人が入部して、「国際っ子クラブ」に新しい交流の可能性が付与された（日本人生徒の入部に関する具体的な経緯

については第7章で詳述する)。学校の文化祭や学校・地域のフェスティバルなどに出演する機会が多数あるため、国際教室では「国際っ子クラブ」部員による中国の伝統的な踊り等の練習が絶えず行われている。「国際っ子クラブ」の説明や活動の内容等がT中学校国際教室通信『われら国際っ子』によって紹介され、新学年の初めに「国際っ子クラブ」のことを新入生にアピールする機会がある。その内容とは、「T中学校には『国際教室』があります。国際教室は様々な国の文化に触れることができる教室です。また、国際教室では日本に来たばかりの生徒の日本語習得の手助けや、勉強に使う言葉が難しい生徒の勉強の手助けもしています。今、T中学校には、中国、韓国、朝鮮、ブラジル、フィリピン、アメリカといった、世界の様々な国にルーツのある生徒が日本の生徒たちと共に学校生活を送っています。T中学校に通うみんなには、いろんな国のいろんなことに興味・関心を持ってほしいと思います。その第一歩として、今日は『同じところ』と『ちがうところ』を発見してみてください」というようなものである。

(16) NC生徒利香は中学1年生のとき中国の学校から千葉県内の中学校へ転校したが、家庭の事情で1年間ほど中国に帰っていた。そして、再び来日した後、半年後に再び中国へ帰国した。2012年4月からT中学校に編入学した。

(17) アミ掛けの科目枠は取り出し授業を示す。表3-11も同様である。

(18) T中学校は生徒の学力の格差を縮めるため、科目によっては、少人数で授業を行っている。「少英」という表示は少人数で行う英語の授業を意味する。成績が良くない生徒が「少英」の授業を受ける。

(19) NC生徒居資は中国にルーツを持っているが、国際教室に行くことをあまり好まない。このような生徒に対して、国際教室ではその学級への在籍を認めはするが、実際に教室で取り出し授業の補習を行わない場合もある。

(20) 2年生になって、家や学校の周囲の社会人と仲良くなり、学校に遅刻したり、来なくなったりするようになった。学校に来る際も濃い目の化粧をしたり、スカートを短くしたりしてほぼ毎日服装指導などを受けていた。中学3年の後半になると、学校に来なくなった。

(21) NC生徒居資と同じ状況である。

(22) 日本語補習を行う際に使用する教材は中国語版の『中日交流標準日本語』(人民教育出版社 1988)である。

第4章
公立中学校を生きる来日初期⁽¹⁾の中国系ニューカマー生徒の学校適応
——自発的選択行為に着目して

　日本の学校では急激に増えているNC生徒に対して、「日本語指導」と「適応指導」という二本の柱でNC生徒に対する教育・適応支援を行っている。しかしながら、これらの支援は結局のところ、NC生徒を受け入れることによって日本の学校が変質してしまうことを防ぐことを目的とした日本人のための営みに過ぎないのではないか（太田 2000）と指摘されている。本調査においても、NC生徒の中学校での生活について「みんなと一緒」ということを教員たちは強調しており、NC生徒に対する扱い方も「特別扱いをしない」というインタビューの語りから、やはり、NC生徒が日本人生徒と同じように行動することや日本のルールに従うことを期待していることが窺い知れる。しかし、成育、教育背景に異質性を持つNC生徒にとって、みんなと一緒に行動することは容易なことではない。そういう状況下において、集団行動という重圧環境下に置かれたNC生徒は彼らなりの適応法を考え出している。

　第2章でも言及したように、先行研究では日本の学校文化が有する強い同化圧力に対してNC生徒が多様な反応を見せているという点が指摘されている。児島（2006）は「日系ブラジル人生徒が学校に浸透する予想された規範や価値とはしばしば矛盾するような仕方で達成する、彼らなりの『適応』のあり方を、抵抗の観点から描き出」（児島 2006：137）し、ブラジル人生徒の抵抗戦術として「学校で過ごす時間や空間の自律的なコントロール、『教師—生徒』関係に彼らなりの意味を付与することによる新たな関係性の創出、違反物の持ち込み、教師が極力回避している話題をあえて口にする」（児島 2006：163-164）といったことを挙げている。そして、この抵抗行為を「協調的抵抗」⁽²⁾、「拒絶的抵抗」⁽³⁾、「創造的抵抗」⁽⁴⁾という3つのタイプに分け、ブラジル人生徒の抵抗行為の多くは「協調的抵抗」と「拒絶的抵抗」に分類されると指摘してい

る（児島 2006：164-165）。ブラジル人生徒の抵抗行為に焦点をあて日本の学校文化の変革の方向性を見出そうとするこの研究の視点は斬新ではあるが、抵抗行為の背景にあるブラジル人生徒の考えを考察していないという点は改善すべき課題だと言える。例えば、ブラジル人生徒の無断欠席、遅刻、早退という時間割を無視する行為は「日本の学校が重視する時間観や学習スケジュールへの挑戦」（児島 2006：145）であり、「ブラジル人生徒の自律性を確保する点」（児島 2006：146）であると解釈しているが、その行為がどのような考えに基づいたものなのか、行為自体が日本の学校文化への対抗措置として有効なものだとブラジル人生徒は認識しているのかといった行動様式の性質を理解するために必要な要素が検証されていない。この検証作業は生徒の行動様式を理解するための文化的・意識的な根拠となり、また、生徒に対する教育支援の方向性をいっそう明確化することができるという点からも必要なものである。この先行研究の課題に留意しながら、本章では4年間にわたるフィールド調査で得たデータを通して、来日初期の中国系NC生徒の学校文化への適応過程について詳述する。観察されたNC生徒の学習をめぐる方式・空間・内容の選択をはじめ、人間関係を乗り越えるための戦略の選択、「自己保護」の方法の選択というNC生徒の採用する日本の学校生活への独特な適応法の様相を提示する。また、NC生徒の自発的選択行為という視点から、NC生徒の学校適応に影響を与える要因の考察を試みる。

第1節　学習をめぐる方式・空間・内容の選択

　来日初期のNC生徒にとって、第二言語としての日本語が日本の学校文化に適応していくための大きな障壁であると考えることができる。しかしながら、来日初期の中国系NC生徒は「特別枠」[5]という進学制度を利用することができるため、高校に進学する際に、必ずしも日本語で受験しなければならないわけではない。NC生徒はいかにスムーズに日本の中学校生活を過ごすのか、いかに順調に中学校を卒業し、高校へ進学するのかという大きな課題に直面していると言ってもよい。中学校を卒業するために、NC生徒は日本人生徒と同様に在籍学級での授業を受けざるを得ないこと、技術の授業で行うものづくり、

教科学習のドリルをひたすら写さなければならないなど、多種多様な課題に対処しなければならないのが現状である。このような教育・学習の内容を含んだ中学校生活においての失敗により、成績は減点され、高校進学にも影響が出るのである。そうなると、NC生徒は日本語の補習、授業科目の補習に追われるほか、今までとは違った教育方式に順応していくことも彼らにとって喫緊の課題となる。様々な問題に直面するNC生徒は日本の学校生活を平穏に過ごすために、彼ら自らの判断・認識を重視し、自分自身に合った独自の方法を選別し、用いている。本節では日本人生徒のみならず、NC生徒の学校生活においても欠かすことのできない学習の場、即ち在籍学級での授業の過ごし方に焦点を当て、彼らの学習の様相を浮き彫りにする。そして、彼らが直面する高校進学あるいは中学校生活の課題を明確にしていく。まず、来日初期のNC生徒の「分からない授業」での過ごし方について述べる。

　来日初期のNC生徒は日本語が分からない場合でも、日本人生徒と同じ在籍学級で授業に参加しなければならない。彼らはどのように授業時間を過ごしているのだろうか。被調査校の校長、教頭、担任、各教科の教員の許可を得て、入り込み授業という形式で授業参観を行った。本節では、授業を観察して得たNC生徒の在籍学級での授業時間の過ごし方や生徒が自らの意志で学習内容を選択する行為に関する記述を通して、来日初期のNC生徒が見せる学習の様子を描く。

（1）ニューカマー生徒の在籍学級での「分からない授業」の過ごし方

　NC生徒にとって、授業の内容が理解できないということは当然のことではあるが、分かる、分からないにかかわらず、教室で授業を受け、椅子に座っていなければならないということは学校生活の基本である。授業中のNC生徒を観察した結果、NC生徒は自分なりの戦略で分からない授業をやり過ごしていることが分かった。

　　事 例 [6] NC生徒趙峰が社会の授業中に見せた言動
　　　社会の授業は、外国人生徒にとって相当難しい授業である。最初、趙峰は黒板の書き込みをまじめにノートに写していたが、15分くらい過ぎて

から国際教室で習う教材を出し、単語を暗記し始めた。時間がしばらく経ってから趙峰は周りの日本人生徒と小声で話すようになった。授業が終わった後、趙峰に話を聞いた。

　筆者：授業の内容はどれくらい分かるの？

　趙峰：うん、20％くらい。武士や戦争等は漢字を見たら分かります。ノートを書き終えてからはほとんどこの本を読みました［手に持っている『標準日本語』を指しながら］。1時間の授業のほとんどは、この本を読んでいました。
　　　　　　　　　　　　　【T中学校FN[7] data4-1：2009/7/6】

　趙峰は漢字が分かるという能力を活かして授業内容を理解したり、授業中に授業と関係のない本を読んだりして、在籍学級での「分からない授業」での時間を過ごした。今回の調査対象者全てが「国語と社会が分からない」と語り、同じような問題で苦労している。そのうちの1人、NC生徒趙吉の教科学習状況について担任は「趙吉は小学校の時中国にいてたんで、日本史は全く分からない状態で、だから、そういう言葉もそうですし、勉強していない面でも例えば、国語の勉強苦手なところもあるみたい」と語った[8]。

　主に数学や物理学で用いられる社会や文化の壁を越えて理解が可能な「抽象的学習言語」と国語や社会（特に歴史）で頻繁に用いられる「故事来歴、文学、神話、芸術等に由来する意味を含んだ言葉」即ち「歴史文化言語」において、比較的通文化的な普遍性を有する前者と異なり、後者では出身文化の違いがより直接に関係する（宮島 1999：146-147）。子どもの出身文化と日本の歴史や文化、伝統との距離のあり方によって、理解の程度は大きく異なる。同じ「漢字圏」の文化を持つとはいえ、中国で小学校教育を受けた趙吉や趙吉以外のNC生徒も同様で、日本の中学校での社会や国語等の授業についていけず、それらの理解が困難であることは当然と言えるであろう。

　しかし、日本語と中国語の台詞が共に使われているビデオを見る授業や英語の授業は、全く理解できないわけではないにもかかわらず、3年生の孫明と劉研が授業中に授業と関係のない本を読んでいる様子が授業観察で確認された。

　他方、何事にも関心を示さず、いつも無口で学校生活を過ごしていた生徒の姿も観察された。次に提示する事例はNC生徒周雪の家庭科の授業での様子で

ある。

> **事例** NC生徒周雪が1年生の時に家庭科の授業中に見せた様子
> 授業中、日本人男子が隣に座っている男子の背中を叩いた。叩かれた男子生徒が「何や」と反応したため、「蚊がおる」と叩いた男子生徒が説明した。教員は「信じてくれたらいいね」と言った。叩いた男子生徒は「信じてくれないとやらないから。ほんまにおります。周雪に聞いて」と周雪の方を向いて言った。しかし、周雪は全く反応しなかった。
>
> 【T中学校FN data 4-3：2011/7/6】

　クラスの日本人生徒は周雪に同意を求めたが、周雪は相変わらず無言のままであった。周雪は在籍学級では言葉を話さず、日本人生徒の話に反応することもなかった。彼女は教員の質問に対しても、とにかく無表情・無反応であった。家庭科の授業中に教員の問いかけに対して反応を見せない周雪の姿も観察された。「家庭科の授業中、教員は歩き回りながら授業の内容を説明した。周雪のところにもきた。『分かる？』って小声で聞いたが周雪は返答しなかった。だが、教員は『ここ、ここを囲む』と指さしながら教えた。授業が終わって、筆者が周雪のところへ行って中国語で『授業の内容が分かった？』と聞いたが、周雪は返答もなく、表情も変えず、机を片付けてから国際教室へ補習を受けに行った」[9]。彼女が在籍学級にいる時間を無表情・無反応で過ごす理由については追跡調査で明らかになったが、その具体的な記述は(2)のa.「人間関係に対応する戦略の選択」で行う。在籍学級にいる時間を静かに過ごす生徒は周雪だけではなかった。張希も授業中ずっと静かであった。張希の授業中の様子を彼の担任は「『シーン』としている。要らんことしてることでもないし」と述べた[10]。筆者の授業観察においても張希が授業中にシーンとした状態で過ごす様子は観察された。社会と理科の授業中に寝たり、漫画を描いたりして、周りの生徒の言動にも無関心な素振りを見せていた張希の様子である[11]。
　NC生徒の大部分は在籍学級で行われる分からない授業の時間を上で示した事例のように過ごしている。本を読んだり、絵を描いたり、寝たりというように授業と関係のないことをしたり、授業や日本人生徒の言動に興味を示さない

でいたりという態度を選択していることが分かる。しかし、「理科の授業中、張希はノートとか綺麗にとって、テスト見たら、なかなか解ってないんですけど、書いてあることはビシーっと綺麗にとってたんで。で、クラスでこれするとか学活で話し合うとかいう時は『ハイハイ』『運動会』とか、『ハイハイ』ま、分かってないこともありましたけど」(12)と張希の担任教員が述べているように、ノートをきれいに整理する生徒もいることから、きちんとした学習態度を示している生徒もいることが読み取れる。また、本調査対象者のうち、授業中にガムを嚙む等のルール違反を行う事例も確認された。

「マスクをしてるんですけどね、ガムかんでます。風邪の予防でね、受験の時に風邪ひいたらいけないので、マスクをする習慣の子が多いんです。だからその流れに乗ってやってるんだけど、彼女、『取ってみ』って言ったら、よくお菓子食べてます。授業中も結構お菓子食べてるとか、雑誌読んだりしてて。やっぱ聞いても分からないから、退屈なんだろうと思うんですけどね」　　　【H教員へのインタビューIN data4-8：2011/3/14】

「ガムをかんだり」「雑誌を読んだり」という教室の規則に違反する行為を通して「分からない授業」での時間をつぶそうとする実状に対して、NC生徒仁美の担任は「授業が分からなくて、退屈なのだろう」と解釈し、理解も示していることが窺える。しかし、「その辺でちょっと、他の子たちを注意してそっちを注意しないってなったら、『いいのか』みたいな感じで他の子が思ってたりとか。じゃ、注意して、で、まだ次の日もまた同じようなことをするとか」(13)という語りから、仁美の担任からはルール違反を行った言葉が通じない彼女に対する指導を躊躇する様子が観察されたほか、その指導が意味を成していないことも明らかになった。このような現状を単に「言葉が通じない」「分からない」という理由に求めていいのかどうか判断しづらい。一方、「コミュニケーション取れない中で、勉強どうして教えてあげていったらいいのか、その辺が私もずっと迷ってたんで。漢字書いたら、なんとなく分かるんですね。例えば、光合成の「葉緑体」って書くと意味は大体分かってくれるんですけど、中国語での言い方と違うので。で、その意味を捉えたら、テストでは中国語の言

葉書いてしまったりとかね、やっぱりするんですね」[14]と言うように、言葉が通じない状況において、教員とNC生徒間の基本的なコミュニケーションも取れないため、授業内容をどう教えたらいいのかという点が教員を悩ませていることが分かる。

(2) 在籍学級の「無秩序」に対応した学習空間の選択

　学校を学習コミュニティとして構築していくためには、生徒や生徒相互の主体的な学びを支え促す教職員の存在、学習空間の整備などが不可欠になる。学習空間が生徒の学習の場として保障されなければならない。中学生の学習空間としてはまず在籍学級が挙げられる。来日初期のNC生徒も知識を獲得する場として日本人生徒と一緒に在籍学級で授業を受ける。しかし、本調査において、NC生徒の中には在籍学級という学習空間の環境に違和感を持っている者が多く、そのため自ら学習空間を変更するケースもみられた。一体どのような違和感を感じ取り、どのように学習空間を変更したのかを事例を通して考察する。

　事例　NC生徒劉研、ビデオの授業

　　6限、教室でビデオを観る。ビデオのタイトルは『遙かなる絆』である。全6回で、1回は60分である。筆者は最終回を3年3組劉研の教室で生徒と一緒に観た。

　　ビデオを観る途中、劉研は中国語の絵本を出した。ペラペラとめくった。2、3分も経たず、またビデオを観始めた。中国語の台詞も交ざっているので、日本語の台詞のみのビデオよりずいぶん分かりやすいだろうと思って確かめた。

　　筆者：日本語のビデオだけど、中国語の台詞もあるから、分かりやすいでしょう？
　　劉研：はい。しかも、日本語の台詞も時々ちょっと分かります。
　　筆者：授業より分かりやすいでしょう？
　　劉研：いいえ、面白くないから。
　　筆者：どうして？
　　劉研：授業なら、何か学習できる、ま、これも良かった。

60分のビデオで劉研は計4回高校入試のパンフレットを見たり、中国語の絵本を読んだりした。授業が終わると直ちに席を離れ、周りの生徒と全く接触せずに、国際教室へ向かって行った。

【T中学校FN data 4-11：2009/10/6】

事例 NC生徒孫明、英語の授業

中国で中3の授業を半年ぐらい受けたので、少し余裕があるようにみえる。英語教員の話は分からないが、授業の内容はだいたい分かる。クラスのほかの生徒と同時に教員の指示通りに練習をやったり、自習したりできる。今回の授業では教員の指示通りにしない場面が見られた。

T中学校の英語教員：CDを聞いてから、先生と一緒に単語を読みましょう。Once, Yet....

孫明：Once, Yet....

しかし、孫明は英語教員と他の日本人生徒と一緒に英語の単語を声に出して読んでいなかった。

筆者：どうして一緒に読まないの？

孫明：読むなんて、今日先生[15]が来たから、クラスメートは英語教員と一緒に読んだけど、普段は誰も声を出しません。先生1人で読む。もし、私が声を出したら、きっとみんなに見られます。

結局、最後まで全く読まなかった。そして、授業中リスニングの練習をした。CDを聞いて、T（正）あるいはF（誤）を書く。孫明も書いた。3問のうち2問間違ったが、テストを繰り返し読んで間違った原因が分かった。

筆者：授業はどう？

孫明：毎回、授業では我慢しています。先生は授業中秩序の維持ばかりに気を取られているから、授業がちょっとしか進まない。

【T中学校FNdata 4-12：2009/10/6】

「授業なら、何か学習できる」「毎回、授業では我慢している。先生は授業中秩序の維持ばかりに気を取られているから、授業がちょっとしか進まない」と

いう劉研と孫明の語りから、彼らは授業内容に知的好奇心を示しているが、在籍学級での授業は、彼らの知的要求を満たすものではないことも読み取れる。このような状況では、在籍学級からは彼らが期待したような知識を獲得しようとする学習空間としての意義を見いだせない可能性があると言えよう。在籍学級での授業中の秩序の維持に関してNC生徒史迅は孫明の意見に同意する。

事例 授業中の秩序の維持に関するNC生徒史迅の不満

　３限の授業が終わって、休み時間に史迅が国際教室に来た。「先生（R教員[16]のこと［筆者注］）、うっとうしいよ。クラスメートの女子生徒３人のことは本当に耐えられないよ！　英語の先生に『出て行け、出て行け』っていうんですよ。授業中にあまりにも騒いだから、授業に行くのが嫌だよ」とR教員に言った。「それは無視した方がいいよ。先生の方がもっと大変だから、そう考えるとちょっとでも楽になるよ」と慰めた。

【T中学校FNdata 4-13：2012/9/13】

　NC生徒が在籍学級で授業を過ごす方法は様々である。既に来日半年の劉研にとってビデオの授業は「日本語の台詞も時々ちょっと分かる」状態というが、関係のない本を読んで授業時間を過ごす。また、孫明にとって、英語の授業は、中国の中学校で習った内容であるため、教員が話している日本語は分からないが、「国語、社会の授業より分かる」[17]状態である。しかし、英語教員の指示に従って単語を読まなかったり、ビンゴゲームに当たったにもかかわらず景品をもらいに行かなかったりしている。一方、あまりにも騒がしい授業中の様子に驚いて、ショックを受けている史迅は「中国では成績が優秀で、学年（１学年の生徒数が計300名くらい）で20位程度の順位であった。よく話すタイプで、性格は明朗である。しかし、日本に来てから、勉強を怠けている。日本語の文法等の理解力はあるが、時間を見つけて勉強する態度ではない」[18]と日本語教師に評価されている。ここで、特筆すべき点がある。それは即ち、国際教室での日本語の授業において３人がそれぞれ違う様子を見せたという点である。筆者は国際教室で日本語教師の補助として３人に日本語を教えていた。３人は筆者が説明した日本語の文法を理解することも速く、残った宿題も真剣に

やっていた。また、授業が始まる前の単語テストも劉研が8、9割ほど正解し、孫明も少なくとも7割ほどの正解率であった。しかも、日本語を教える際に、しばしば筆者に質問していた。以下は国際教室の日本語学習の時間に観察された劉研と史迅の事例である。

事例　国際教室での日本語学習時のNC生徒劉研の様子
　『標準日本語』第26課の単語を一通り読みながら説明した後、筆者は「何か質問がある？」と劉研に聞いた。すると、彼は
　①「先生、『めっちゃ』ってどんな意味ですか？」
　②「『楽しみ』は形容詞プラス『み』で名詞になるが、他の形容詞『高い』とかも同じように変化しますか？」と質問した。
　『標準日本語（上）』の勉強が終わった後、本の後ろに日本語能力試験4級の模擬問題があり、テストしてみた。わずかしか間違わなかった。間違った原因も納得できるまで確認した。　【T中学校FNdata 4-16：2009/10/6】

事例　国際教室での日本語学習時のNC生徒史迅の様子
　4限の授業も史迅の日本語の補習であった。『文化初級日本語Ⅱ』[19]の第23課の続きを学習した。史迅は知らない単語をノートに記録し、発音と中国語の意味もメモした。文法リストを教員（筆者のこと）の説明に沿って、きれいにノートに記入した。
　授業が終わって、史迅は「先生、プールの先生は私の日本語が上達になったよと褒めてくれた」と教えてくれた。そして、そばにいるR教員は「同じ時期に来ているのに、東浩（NC生徒のこと［筆者注］）は『標準日本語』の6課まで、史迅は一冊全部終わったよ。しかも、ずいぶん吸収している。学習の進み具合が全然違うね」と筆者に述べた。

【T中学校FNdata 4-17：2012/9/13】

　NC生徒孫明、劉研、史迅の国際教室での学習意欲・学習態度と、在籍学級でのそれとは大いに違う。その理由を、劉研はビデオの授業が「面白くないから」「授業なら、何か学習できる」と述べる。孫明は英語の授業では、「普段は

誰も声を出さない。先生1人で読む」「毎回、授業では我慢している。先生は授業中秩序の維持ばかりに気をとられている」[20]と語った。石川がNC高校生のインタビュー調査によって得た結論と同様に、NC中学生が「無秩序」[21]の環境に置かれることは、「彼らの学習アスピレーションを冷却している」(石川 2008：158) と言えるかもしれない。そういう環境の中で、彼らは在籍学級のことや、周りの生徒に関心を示さず、授業が終わると「直ちに席を離れ、周りの生徒と全く接触せずに、国際教室へ向かって行った」というような動きを見せた。このことから、劉研、孫明、史迅も在籍学級から離れて、国際教室を選択することで、自分なりの学校生活への適応法を探し求めているということが分かる。

　前述した孫明、劉研、史迅の3人の生徒は国際教室で昼食を食べたいと言わずに[22]、在籍学級で食べるが、3人とも常に昼食時間が始まってから5分も経たずに国際教室へ行く[23]。そして、次の授業が始まる時間ぎりぎりまでそこで過ごす。劉研の学校での様子について、担任は「笑顔を絶やさず、周りの様子をみて行動する」[24]、「でも明るい子だったんで、すごく素直で明るくて、一生懸命聞こうとしてくれてたんで、こっちが、分からんなりにも喋ったら、『ふんふん』とちゃんと答えてくれて」[25]と語っているが、彼の学校生活への適応に関する課題としては、「もっとクラスの子に話しかけ、昼食を一緒に食べる」ことだと述べた。担任の語りからも分かるように、劉研のみならず、他のNC生徒も言葉が通じない中で、授業中は「お客さん」状態で過ごし、周囲とのやりとりはとりあえず「笑顔」で乗り切っている。彼らの学校での「孤立」は日本語能力が不足していることに起因しており、日本語でコミュニケーションすることができないため、周囲の日本人の教員や生徒と接触することに面倒くささを感じているためであるといえる。

（3）ニューカマー生徒自らの意志による学習内容の選択

　来日初期のNC生徒は在籍学級での授業についていくことが容易ではない。しかし、学校生活のみならず、日本社会への適応にもつながる日々の交流に欠かせないツールとしての日本語の学習に追われるのは当然である。また、「日本語ができたら何でも手に入れられるようになる。日本語ができると安定した

仕事に就けるし、仲の良い友達も作れるようになり、互いに緊密につながっていけるので、日本語が一番重要だ」[26] という語りから、日本語がいかに重要であるかをNC生徒自身も強く認識していることが分かる。本調査においてNC生徒が自らの意志で日本語のみを勉強する様子が観察された。以下はNC生徒仁美が日本語のみを勉強する様子について観察された事例とそのことに関するT中学校の日本語教師F教員の語りである。

> **事例** 日本語の勉強のみに取り組むNC生徒仁美
> 　勉強にはついていけないが、日本語の勉強は一生懸命やっている。日本語のみ勉強したいと仁美は国際教室で日本語教師に何度も強調した。
> 　　　　　　　　　　　　　　　【T中学校FNdata 4-20：2010/12/17】

> 「日本語がね、仁美は、なんやろう、興味がないことは、自分は必要ないともうバサッと切り捨てることができるので、なのでもう日本語がある程度身についたらたぶん学校には行かないでしょう！　と思います。なんとか、高校でいろんな友だちができたりとか、先生にひっぱってもらって、頑張って行ってくれたらいいんやけどね」
> 　　　　　　　　　　　　　【F教員へのインタビュー INdata4-21：2011/3/23】

　生徒仁美は中学校に編入学してから日本語のみ勉強するという相当明確な姿勢を示した。彼女にとって目の前に必要とするものが日本語のみであるため、それだけに目を向け、他の「興味がないことは、バサッと切り捨てることができる」態度をとっていると日本語教師も言う。一方、NC生徒劉研は学校生活の中で一番の問題は「日本語」だと認識し、学習内容の重点を自ら調整して日本語の勉強を中心にするようになった。T中学校R教員によると、「驚くことに、劉研は重要であるかどうか自分で仕分けすることができる。もし彼が大切ではないように思うと、相当適当で、全く気にしない様子。日本の学校の豊富な学習内容があって、とても良いのだが、彼ら（孫明、劉研のこと）の願望は集中して日本語の授業を国際教室で受ける」[27] ことである。
　また、NC生徒が直面する障壁は学習のみではなかった。彼らにとって学校

での人間関係はもう1つ重要な問題として認識されている。次節ではNC生徒が関わる人間関係の問題について詳述する。

第2節　人間関係を円滑にするためのストラテジーの選択

　NC生徒の増加に伴って、学習支援、アイデンティティの形成、進路等の側面に焦点を当てた研究が盛んに行われているが、中国系NC生徒が日本の学校で日本人生徒とどのような友人関係を築いているのかについて検討した研究はきわめて少ない。工藤（2003b）は、在日留学生と在豪日本人留学生に実施した面接調査の結果を通して、「異文化友人関係の形成過程モデル」（図4-1）および「異文化友情形成における留学生のコミュニケーション能力モデル」（工藤 2003b：22）というホストとの友情形成における留学生のコミュニケーション能力の構成要素と獲得過程についての仮説モデルを提示した。

　工藤の「異文化友人関係の形成過程モデル」（図4-1）では、4つの段階に分けて友人関係の発展段階を論じた。第1段階は、物理的・機能的・社会的近接性によってホストとの最初の接触が起こると同時に、連続する複数の時間的・空間的コンテクストにおいて接触が続く可能性が生じる状態であり、留学生とホストとの関係が親密になる過程では近接性の維持が不可欠であるとしている。第2段階は、友人関係への期待とルール（友人観）、相性・性格の合致度を、断続的な接触と自己開示を通して意識的・無意識的に確かめ合う段階である。第2段階では意図の有無にかかわらず友人観と相性（性格）の合致を知るための共行動や自己開示が多く見られるとされる。第3段階では、留学生は断続的な接触（娯楽体験や支援行動等）と自己開示を通して友人観と相性の合うホストとの間に「関係的アイデンティティ」を形成する。そして最後の第4段階では、留学生は断続的な接触を通して友人との間の関係的アイデンティティを強化するとしている（工藤 2003b：18-20）。

　異文化間の友人関係構築に関する理論を提示する研究がきわめて少ない中で、工藤が提示したモデルは高く評価される。しかし、このモデルは先行研究から導き出されたモデルであるため、先行研究で取り上げられていない項目はモデルに入っていない（佐々木ら 2012：106）。しかも、留学生を対象とする理

図4−1●異文化友人関係の形成過程モデル（工藤2003b：19より）

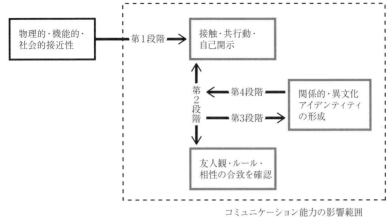

　論構築であるため、NC生徒に適用できるかどうかを検証する必要があろう。そこで本節では、経験者の体験的な語りを通して、中国系NC生徒は日本人生徒との友人関係をめぐってどのような体験をしているのかについて明らかにすることを課題とし、異文化間の友人関係構築に関する現象の構造とプロセスを提示することを目的とする。まず、中国系NC生徒は中学校において日本人生徒とどのような人間関係を築いているのかを参与観察とNC生徒、学校関係者へのインタビューを通して明らかにする。

（1）ニューカマー生徒と日本人生徒との人間関係の様相
　文化的背景が異なるNC生徒と日本人生徒間の人間関係の形成は決して容易なことではない。ここでは日本の中学校でNC生徒と日本人生徒との間にどのような人間関係が構築されているのか、接触しているうちにどのような葛藤が生じているのか、その葛藤の原因は何なのか、解決する方策はあるのかという一連の問題意識について検討したい。

　a．日本人生徒との葛藤の様相
　来日初期のNC生徒は日本の学校で日本人生徒との人間関係構築という問題と直面しなければならない。日本語で交流することさえも難しいNC生徒にと

って、日本人生徒との友人関係の構築が容易ではないことは想像に難くない。また、文化、行動様式、生活習慣などの違いで日中生徒間に誤解が生じるケースも少なくない。NC生徒は一体どのような人間関係を持っており、日本人生徒との友人関係に関してどのような意識を持っているのであろうか。「日本語が分かるから友達が作れる」「日本語が上達するにつれ人間関係がうまくいく」などの考えもあるが、現実はそうでもないようである。W中学校の日本語教師は人間関係の難しさについて以下のように語った。

　　筆者：日本語学習以外に問題は何でしょうか？
　　W中学校M教員：ま、やっぱり、日本の学校の生活に慣れないというか。家庭の問題と学校生活の堅苦しさ、（中略）友達ができにくいというようなことでしょうね。中学生の考え方が違いますから、遠慮したりとか、相手に気を遣うとか、その辺の感覚はちょっと微妙なところがあって、なかなか分かりにくいと思います。
　　　　　　　　　　【W中学校M教員へのインタビュー INdata4-23：2009/8/3】

「学校生活の堅苦しさ」という側面を指摘する一方、「遠慮したりとか、相手に気を遣うとかの感覚はちょっと微妙なところがあって、分かりにくい」という中学生の考え方や人との接し方について言及した。文化的背景、考え、認識の差異が生じることで、問題がより複雑になっていることも事実である。本調査において、来日初期のNC生徒と日本人生徒間に誤解が生じた事例がT中学校とW中学校いずれの調査対象校においても観察された。

　事例　NC生徒琴英の学校での出来事
　　筆者が国際教室を訪ねたのが3限の授業の前だった。教室に入ったとたん、固まった雰囲気にびっくりした。琴英が教室の端に立って、泣いている。R教員は隣で彼女を慰めているようであった。周りの生徒は誰も一言も発せず、琴英の涙ながらの訴えを静かに聞いている。「友人である原秋（NC生徒のこと［筆者注］）のクラスから在籍学級に戻ろうと思って、自分のクラスの入り口に着いたところで、後ろから来た2人の生徒が私のスカ

ートを捲った。ちょうど休み時間だし、廊下やクラスの入り口のところに生徒は大勢いた。とても怒ったよ。元々今日は調子があまり良くなく、先生に休みをもらいたいと思って、帰宅したかった。今はなおさら在籍学級に戻りたくなくなった。家に帰りたい」「今日帰っても、明日も来るでしょう。だから、帰ったらあかん」とR教員が琴英に言い、「担任の先生のとこに行こう」と言いながら、琴英を職員室へ連れて行った。

【T中学校FN data 4-24：2010/6/21】

　八島（2004）は、異文化接触とは、具体的な場面で具体的な他者と相互作用を行うことにほかならないと指摘した。そのため、すでに異文化に送り込まれ、日々異文化接触の葛藤のさなかにあるNC生徒には、当該文化における問題解決的なアプローチが求められる。例えば、対人行動の調整といっても具体的にはどのような行動をどう調整するのかといった問題や、現地語を使う上での技術的な問題など言語文化的な状況に即して対処しなければならない。異文化接触に関わる要因は誰が、どこでどの言語を使って誰と出会うのかによって大きく変わるのである（八島 2004：15）。学校教育全体の中で普遍的な異文化対応力、例えば「偏見のない心、異質なものを受け入れる心」（八島 2004：15）というような異文化涵養を目指した学習をどう実践するかについて時間をかけて議論していくことは重要であるが、個別の状況に対応した異文化対応のアプローチをじっくりと検討していく必要もあると言えよう。NC生徒琴英と日本人生徒の間に揉め事が起こり、琴英は「家に帰りたい」という問題回避の意図を表したが、R教員は「今日帰っても、明日も来るでしょう。だから、帰ったらあかん」と明言し、問題解決への姿勢を示した。琴英と日本人生徒間の葛藤の原因が日本語能力の低さでも、文化の中でうまく機能できないかぎり、問題が起こる際に逃げ出すことは推奨できないということである。

　また、授業中に日本人生徒の理解できない行動に対して言葉で解決できないため、手が出てしまったケースもあった。言葉が通じないことで、友人関係を構築することが難しく、最初からそういう輪に入りにくいという状況である。以下はNC生徒章田が在籍学級の日本人生徒と揉めたことに関する章田の担任の語りである。

筆者：中国の文化が分からないから、お互いに誤解が生じたというようなことですか？

　Y教員：ま、そりゃもちろんそうなんですけど、通じへんから言うて、章田が結局輪に入れなかったとかね。なんかチーム決める時も、章田喋れないからどっちもお互い声かけずに章田が1人でポツンとなってるとかいうことがちょいちょいありました。

【Y教員へのインタビュー INdata4-25：2011/3/18】

　揉め事があってから章田は在籍学級で1人ぽっちになってしまった。その様子に関して「今は、トラブルはないんですけど、ただ、章田はクラスの中ではお弁当もまだ1人で食べてるしね。結局喋る子っていうのは、鈴鈴[28]しかやっぱし喋れてないちゃうかな。また、（体育の授業で）なかなかチームでやるスポーツやったら章田も入りにくいと思ってたり、遠慮しがちなところもあって、見学することが多かった」[29]と彼の担任は語った。また、章田だけではなく、NC生徒李奇も来日1年後独りぼっちの状態になってしまった。

　事例　来日1年後のNC生徒李奇の交友関係

　李奇は無事に高校へ進学することができた。しかし、日本語のアウトプットのチャンスが少ないため、日本語能力が落ちているようだ。「ある時期、日本語が上達したこともあったが、その時期を過ぎてから、落ちていった」とW中学校の日本語教師は語った。エスニック仲間は1人いるが、日本人の友達はほとんどおらず、しかも、あまり外へ出ないタイプであるため、日本語を使うチャンスは当然少なくなる。

【W中学校 FNdata 4-27：2010/3/10】

　清水（2006）は、公立学校におけるブラジル系NC生徒と日本人生徒の関係を検討し、NC生徒の多くが、言語の問題や身体的特徴でからかわれた経験があると指摘している。このからかいは、学校での居場所探しを行うかぎり続き、学校からドロップアウトすることでしか終了させることができないと述べている。本研究で得たデータが示す「集団で同じ事を同じようにする」「通じ

ひんから、章田が結局輪に入れなかった」「からかわれる」「独りぼっち」という要素もNC生徒と日本人生徒間に円滑な人間関係が保てていないというメッセージを伝えている。新藤ら（2008）は、群馬県・愛知県・静岡県の小・中学校に在籍するブラジル人生徒214人を対象に、人的要因、文化的要因がいかなる形でブラジル人生徒と日本人生徒の双方の交流を規定しているのかをアンケート調査を通して明らかにした。そこで得た結果の1つは、学校文化への適応度が高いと捉えられる学校の委員会や部活などでの役員経験を持つブラジル人生徒は積極的に交流しているが、これ以上の交流は望んでいない、即ち、現在の交流を活発にすることにとどまっている。この現象に関して、T中学校のR教員が、「言葉が通じないから、より深く交流することができず、相当長い間ずっと表面上にとどまっていることで、徐々に、周りの人の生徒琴英に対する好奇心や新鮮感が薄くなる一方だ」[30]と述べているように、NC生徒と日本人生徒の交流は表面上にとどまっていることが分かる。一方で、「いつも彼女を笑いものにする人が多くいる。どうして笑われているのかよく分からないし、彼女にとってとてもストレスになる」[31]という身体的な特徴によりからかわれることや「中学生の考え方が違いますから、遠慮したりとか、相手に気を遣うとか、その辺の感覚はちょっと微妙なところがあって、なかなか分かりにくい」という中学生なりの考え方の分かりにくさなどがNC生徒と日本人生徒間に誤解を生む原因となると言えよう。

b．ニューカマー生徒が経験する排除の様相

　本研究において、「人間関係がうまくいかない」「友達が作れない」「クラスメートにいじめられた」「日本人生徒のやりかたが理解できない。私たちの考えも分かってくれない」などの声がよく聞かれた。W中学校の日本語教師が述べたように「友達ができにくい」ということが言語を越えてNC生徒にとってもう1つの重要な問題となっている。

　日本の「学校文化」の問題性は、彼らNC生徒の学校不適応や不就学の問題と関係づけて論じられてきた。日本の学校文化は、「一斉共同体主義」（恒吉1996）、「モノカルチャリズム」（太田2000）と名付けられ、批判がなされてきた。NCの子どもたちは、画一的で単一的な学校文化のもとで、「適応」とい

う名の同化圧力にさらされ、もしその同化的指導を受け入れなければ、排除されてしまうのである。本研究でも、最初のころは親近感や関心を持たれていたが、徐々にある種の原因で「排除」された経験があるというNC生徒がいることが分かった。まず、W中学校の国際教室に通うNC生徒李奇の経験である。

　　「学校に来たころ、クラスメートは私のことに興味津々だった。授業が終わったら近寄ってきてあれこれ聞かれた。話していることが分からないが、愉快だった。しかし、だんだん私の存在に慣れてきて、もう誰も近づいてくれなくなった」　　　【李奇へのインタビュー INdata4-30：2009/10/26】

NC生徒李奇の経験に対して、彼女の担任は次のように語った。

　　筆者：時間が経つに伴って、日本人生徒の反応や態度等どんな変化が見られますか？
　　李奇の担任：そうですね。最初、珍しいっていうので、「ニーハオ」とか中国語で話しかけたりとか…。ところが、もう日常になって、李奇が普通になってからは、そんな取り立てて喋りかける子も減ったかな。彼女にとってちょっと寂しかったかなと思うんですけども。
　　　　　　　　【李奇の担任教員へのインタビュー INdata4-31：2009/11/16】

「最初、珍しいっていうので、『ニーハオ』とか中国語で話しかけたりとか」「日常になって、李奇が普通になってからは、そんな取り立てて喋りかける子も減った」と李奇の担任が語ったように、日本人生徒は初期段階においてNC生徒に興味関心を寄せていたが、徐々に彼／彼女らのクラスでの存在が当たり前になっていったことで、興味関心も薄くなった。李奇のみではなく、仁美も同じようなことを経験したことがある。仁美はとても奇麗な少女だと周りの教員や生徒から称賛される。中国で中学3年の前半を終えた時点で日本のT中学校へ転校してきた。中国の民族舞踊を5年間稽古していたことがあるということで踊り手の気質が溢れている。また、目も大きく、身長も高くて、足も長いことから、クラスに編入した最初の頃は、日本語が話せないにもかかわらず、

NC生徒にせよ、在籍学級の日本人生徒にせよ、すごく可愛がられ、彼女は大変関心を持たれた。しかし、1ヶ月程経った後、在籍学級の日本人生徒との関係が悪くなった[32]。

また、T中学校に在籍しているNC生徒趙峰は李奇と仁美と類似した日本人生徒との関係の変化を経験した。

> 趙峰：私に対する親近感や関心が全くなくなりました。しかも、1年の時ものすごい挫折を経験しました。1年の最後もう私のことを誰も相手にしてくれませんでした。
> 筆者：どうして？
> 趙峰：1年の時はよく分かりませんでした。クラスメートとお互いに敵になったような感じでした。最初2人の生徒が私をいじめて、ばかにして、結局我慢できなくなってクラスにも行かなくなってしまいました。
> 筆者：教室へ授業を受けに行かなくなったの？
> 趙峰：はい。とにかく、ここ（国際教室）にいました。昨年。
> 初めは、日本語も話せなかったし、周りの日本人生徒に話かけてもいませんでした。結局私のことを相手にしなくなりました。さらに、いじめられました。1年のとき1人でお昼を食べました。その時すごくショックで、衝撃を受けました。だから、そんな生活もう2度と経験したくありません。
> 【趙峰へのインタビューINdata4-33：2009/7/23】

いじめに関する研究を、その方法の視点から分類するならば、いじめ現象の実証研究と、いじめ現象を素材とする言説研究がある。いじめ現象の実証研究で注目されるのは、森田・清永（1986）のいじめ集団の「四層構造論」であり、学級集団構造の問題としていじめ現象を分析したことにより、それまでの直接的な当事者である加害者・被害者のみでの捉え方を改めさせることになった。こうした研究は、それから、「集団の中で最も弱い者が有するヴァルネラビリティ」に注目した竹川（1993）や、いじめを取り巻く集団の多様な構図の類型化を試みた橋本（1999）等によって精緻化されてきている。いじめ現象を素材とする言説研究では、いじめ言説が、いじめを実体化し、普遍的なものと

してこれを提示するとともに、苦痛を通してこれを定義し問題化するという特徴があることが指摘されている（伊藤 199；山本 1996）。さらに、清水（2003）では、首都圏Z地区の小学校、中学校のNC生徒を対象に、「日本の学校で体験する」と子どもたちが証言するいじめを、当事者自身による現実解釈や意味づけに注目して描きだすことにより、いじめ言説の再編成を試みた（清水 2003：210）。そして、清水（2003：211）は、母国の学校で教育経験があるNC生徒たちが日本の学校でいじめを受けるに至るプロセスを、次のように解釈している。日本人の子どもたちは、NCであるかどうかに限らず、新しい子どもが転校してくると、「みんな興味もあって近寄ってその人がこうだと知ると、離れていく」という行為をとる。つまり、「新規参入者」である転校生を、集団の力関係のなかにどう位置づけるかを知るため、迎える集団はさまざまな「鞘当て」をしかけてくる。こうした日本人生徒の行為を、NC生徒の多くは、「最初、日本人は優しいけど、だんだん離れていく」と語る。つまり、日本人の子どもにとって、NC生徒への接近は、「鞘当て」であるから、その目的が達成されれば、それに応じる「境界の設定」がなされ、一定の距離を保つように変化していく。そうした行為の変化は、NC生徒にとって「優しさから冷たさへの変化」として受けとめられるのである」。清水の解釈に当てはまる現象が本調査においても観察された。

　なぜ、日本の学校の中でこういう現象が存在するのか。竹ノ下（2005：127）は、いじめ現象が存在する日本の学校文化について次のように分析している。「日本の学校文化は、異なる文化、言語、肌の色、生活習慣を有する子どもたちを学校から排除する要素ももっている。異質性に寛容でない日本の学校文化と、そのもとでの子どもたち同士の相互行為のありようは、子どもたちを、日本の学校からはじきだす力をもっている」。

　また、NC生徒の自国の文化習慣や行動様式などの観点から、日本人生徒との関係が円滑に進まないことについて、W中学校の日本語教師は次のように述べた。

　　　「日本と中国の考え方の違いはあると思います。中国の子にしたら友達同士は悪いことも言い合って、駄目というようなことも言い合う中で、ど

んどん仲が良くなっていくのも友達であると。そのようにしたら、日本の子はだいたい引くというようなもんですね。最初何も分からない時は、お客さん。慣れるにしたがって、人間関係がもう言葉関係なく、直接きますから、そこで、文化とか考え方とかの違いで、ぶつかるところがあるという感じがします」　　　　　【M教員へのインタビューINdata4-34：2009/11/16】

「冗談を言いすぎると引いてしまう」「人間関係がもうことば関係なく、直接きます」、W中学校のM教員はNC生徒と日本人生徒との人間関係づくりの難しさを文化と考え方の違いがある上、更に、①接し方、②見た目、③言葉という3つの具体的な側面から説明している。外国人生徒が異質性のため「主役」になることができるのは、来日してしばらくの間だけである。その後は、「お客さん」状態になり、孤立するか、異質性のためにかえっていじめの標的となるかである（棚田 2009：109）。このような状況の中で、NC生徒はクラスの中でさらに居づらく、過ごしにくくなると言える。今回の調査対象者である17人の中で、13人の生徒が教室に居づらい、教室で過ごしにくいというような経験をした。

このように、NC生徒の教室での教育経験は、日本人の子どもの「鞘当てによる境界の設定」（清水 2003：211）の行為との「マッチング」で積み重ねられていく。それは、既存の「人間関係の地図」（清水 2003：211）のどこにいかに自分を位置付けるのかという、教室での「居場所探し」の営みである。そして、彼らの「居場所探し」（清水 2003：211）の実践が、いじめを自らのもとに引き寄せていくことになる。しかしながら、NC生徒は受動的に人間関係の厳しさを経験しているばかりではなく、彼らの能動性を発揮し、在籍学級の日本人生徒との人間関係を円滑にするための独自の戦略を選択する行為を起こしているのである。次項ではその詳細について述べる。

（2）人間関係を円滑にするためのニューカマー生徒の独自の戦略

本研究における人間関係の定義の範疇は、学校・地域におけるNC生徒を主体とする周囲の日本人生徒・教員などとの関係を指すものであり、即ち、地域・学校・在籍学級というような組織・集団の活動空間におけるNC生徒と日

本人生徒との日常的なつながりのことである。そして円滑的な人間関係とは、成員相互の心理的関係にかかわらず、NC生徒が中学卒業まで日本人生徒と争いがなく、仲の良いつながりを保っていく状態である。

　NC生徒は異文化を背景とした複雑な人間関係の中、どのような戦略で周囲の成員とのつながりを保っているのか、円滑な人間関係を維持するためにどのような戦略を用いているのかを以下で考察していく。

　a．人間関係に対応する戦略の選択

　今回の調査において、NC生徒がいじめを経験した後、人間関係をより重要視し、自分なりの「戦略」を用いて、クラスの日本人生徒との人間関係を円滑に進めている事例が観察された。

　日本語が話せるようになると、人間関係もうまくいくというのが大半のNC生徒の考えである。しかし、来日して1年たった趙峰は、クラスメートの日本人生徒と片言の日本語でしか交流することができないが、彼なりの戦略を考え、用いたことで、「人間関係において一定の成果をおさめた」[33]。以下は国際教室での日本人生徒と趙峰との関わりに関する事例である。

> **事例**　NC生徒趙峰の友達が国際教室へやってくる
>
> 　日本語で流暢に交流できないが、日本人生徒が国際教室に来る時、中国の伝統的な道具（ハンカチ、将棋、コマ回しなど）で遊びながら、"チョウ、チョウ"って日本語のカタカナの発音で趙峰を呼んでいる。国際教室に来る日本人生徒が全員趙峰の知り合いだそうだ。
>
> 【T中学校FN data 4-36：2009/4/23】

　生徒趙峰がいじめを経験した後、周りの教員や両親、エスニック仲間などとの交流で、いじめをどうやって克服できたのか、具体的にどういった「戦略」で日本の学校生活をタフに生き抜いているのか、その実態を描きだすことにする。さらに、学校への適応、人間関係を円滑にし、いじめから立ち直らせる要因について考察する。次の語りは趙峰が日本人生徒との人間関係を円滑に進めるため、具体的に取った「戦略」についてのものである。

「クラスの中で人気のある男の子が3、4人くらいで、私はそのうちの1人です。男の子の中でも上位ランキングを占めています。男子生徒は2つの大きいグループに分かれているんです。もう1つ、小さいグループもあるんですけど、無視していいくらいで、相手にしなくてもいい。そして、2つの大きいグループにおいても自分の位置があるんです。即ち1つのグループだけに近づいたらだめです。そうすればクラスのみんなと仲良くなれないから。だから、私は、2つのグループとも、クラスの他のみんな（男子生徒を指す）とも仲良くしています。男子生徒と仲良くなるのは簡単になりました。もし、次の新学期になったら、1週間で十分男子生徒と仲良くなれると思います。原則は1番目にならないことです。1番目になるとみんなの的になるから、3番、4番でも十分です。そして、みんなは私のことを面白く感じているからいいのです。中国人だし、中国人の子が日本で1番になろうとしても無理です。彼らが時々やっていることを私はとても理解できないし、私たちがやったことを彼らが理解することも不可能だから。こういうことをよく、常に考えます。仲良くならないとクラスにいられないから。ぶつかる問題は心理上の問題が一番重要だと思います。せめて心を打ち明けることができたら日本人と交流できるようになるので、一緒に遊べます。しかも、現在の私は心が開放的になりました」

【趙峰へのインタビューINdata4-37：2009/7/23】

　NC生徒趙峰は独自の戦略でクラスに溶け込んだことが分かる。彼の担任は「掃除はみんなと一生懸命やってくれるし。運動会とか、文化祭とか。運動会の組立て体操で、すごく一番しんどい場所を任されて、がんばってました。馬を作ってその上をトコトコ歩いていた時も、上を歩いていく子を支える係だったんです。大活躍です。あの上走る子は1回も落ちなかったです。趙君のおかげで」というような趙峰とクラスメートとのやり取りのエピソードを語った[34]。

　Fisher, R. & Brown, S. (1989) は、自分1人からでも人間関係を変えることは十分可能であると述べる。彼らの思想は、もし片方が変わるなら、相手も変わるというものである。FisherとBrownは人間関係を改善するために実行す

べき詳細なアドバイス[35]を提供している。そのうちの1つは、つき合う相手の態度が受容的か否かにかかわらず、受容的な態度を取ることである。

「自分1人からでも人間関係を変えることは十分可能である、片方が変わるなら、相手も変わる」というFisherとBrownの思想を趙峰は具現化している。趙峰が周りの日本人生徒との人間関係を円滑にするために用いた戦略、即ち「せめて心を打ち明けることができたら日本人と交流できるようになるので、一緒に遊べる」ということと、FisherとBrownの提示した「受容的な態度」を取るというアドバイスとの間に類似性がみられる。つまり、この「受容的な態度」が趙峰にとって、周りの人間関係を円滑にすることができるかできないかの重要な要因だと言える。

また、清水はNC生徒が経験したいじめを彼らの「居場所探り」のやり方によって4つに分類した。①いじめられ続ける者たち、②いじめられる者からいじめる者への転換、③教室以外での「居場所」の確保、④いじめにあわない例外の経験である（清水 2003：210-211）。本研究において、趙峰の場合、清水によって分類された4つのどれにも当てはまらず、新しく分類項目を立てることができる。即ち、⑤世界観を変えて、人間関係を重要視するようになることである。NC生徒の日本の中学校生活への適応のプロセスにおいて、いじめにあわないことも例外的ではあるが、相互作用に満ちた学校生活の中で、人間関係のあつれきはいくら避けようとしても避けられないことである。

いじめられた経験は趙峰にとって相当衝撃だったようである。彼は恐怖感を持ち、いつか再びいじめられることを怖がっている。いじめの経験はNC生徒と日本の学校文化との葛藤の諸相の1つだと見ることができる。しかし、本研究において、趙峰のようにいじめを体験した後、立ち直るNC生徒のケースも見られた。立ち直る要因としては、①家族の支え、②学校側が仲介し両方の親同士に話をさせること、③担任の教員を介し生徒同士が話をすること、④生徒自身の強さで乗り越えること、⑤受験勉強などの行事があるため、3年生になってからいじめが少なくなるというようにまとめられる。

趙峰は入学当初成績がよかった。中学校1年の1学期の成績は数学96点、英語88点だったが、2年になってから、成績が急激に落ちてしまった。ちなみに、2年1学期の成績は数学59点、英語11点だった[36]。趙峰本人の話によ

ると、いじめられて、勉強する意欲が全くなくなったから、成績が落ちた。いったん落ちてしまったら、再び成績を上げようとしても難しい。現在、趙峰はクラスの人間関係を重視することで、クラスメートと仲良くしているが、彼自身も成績が悪いということに相当悩んでいる。

　学業達成の低さはもっぱら本人の「やる気」「努力」の欠如に帰してしまいがちだが、個人的なものよりむしろ集団的なものに最も注目すべきである。趙峰の事例からみると、彼は自分の成績よりまずクラスのみんなと仲良くすることが一番重要だといじめられた後に認識した。いくら時間をかけても、どのような方式を用いても、とにかくクラスメートと仲良くしなければ、クラスにいられないと考えたのである。彼の認識の中で、「個」より「集団」が最も重要だということが分かった。たとえ進学を希望したとしても、「それを実現するのは大変困難であると言える背景には、『個人の問題』に還元できない構造上の問題が横たわっていることをきちんと認識する必要があるだろう」（児島2006：173）。言い換えれば、日本の中学校生活への適応には「集団」という認識も相当重要であると言えるだろう。

　複雑な人間関係に直面した趙峰以外の他のNC生徒も各自の対処戦略を用いて、学校生活を強く生き抜いていることが次の事例から読み取ることができるであろう。

　「喋れないというのは、やっぱりかなりしんどいとは思うんですけど、劉研、一番最初に他の日本語の子どもたちが馴染み易かったのは、笑顔がすごくよかったんですね。みんなが『笑ってばっかしや』とかそんなことは一切聞いたことないですし、もう『先生、いつも劉研笑顔がええなぁ』っていうのは、何人もの子から聞きましたけど。言葉通じなかったらやっぱり、笑顔というのはすごくありがたいなと思いますね。『笑顔』と、『できるだけ積極的に近づいて行く』それが一番大事違うかなと思います。また、日本語で話しかけていっても人の話を『聞こう』とする態度とかが、すごくいいなぁと思いました。その辺が、すごく、2人ともね、孫明も劉研も、一生懸命人の話を『聞こう！』という姿勢があったんで、それは対教員だけじゃなくて、同じクラスの子とかでも、すごく『聞かなあかん

な、聞いていこう』という様子が見れたんで、『それはすごいな』と思いますね」
【N教員へのインタビュー INdata4-40：2011/3/18】

　NC生徒劉研の担任教員は劉研の日本人生徒と接する際に示している笑顔を相当肯定的に評価した。それに、「笑顔」と「できるだけ積極的に近づいていく」ことが他の子どもに近づけるコツと指摘する。生徒劉研はこのようなコツを用いることにより、日本人生徒と和んだ関係を築いていることが分かる。また、異文化状況におかれたNC生徒は相当な不安を抱いているため、現実に対処するための戦略が見つかるまで無口で過ごしたという事例も観察された。筆者はNC生徒周雪が1年生の時から日本語補習の授業を担当した。その時の周雪は国際教室でも一言も話さなかった。初めのころ、R教員は話せないのかと疑って、周雪の母親に連絡した。「家でよく話す」という母親の返事であった。しかし、学校では、R教員やエスニック仲間がいかに話しかけても返答せず、そのまま中1の生活を終えた。授業観察においても、無口な周雪の姿が確認された。

　事例　周雪の国際教室での様子
　「先生、周雪は話すことができますか」と他のNC生徒がR教員に何回も尋ねたことがあった。筆者もR教員に「周雪と話したことがありますか。あるいは、彼女の話した様子を見たことがありますか」と聞いたところ、「私も彼女が話せないのかなと思ったが、母親に尋ねたら、とても喋るタイプだって。逆に『どうしたの？』と聞かれた」とR教員は返答しながら、「彼女が自ら口を開くまで待つしかないね」と仕様がないという表情であった。
【T中学校 FN data 4-41：2011/7/6】

　周雪の担任、授業の担当教員、在籍学級の日本人クラスメートなども周雪が無口であることに関して同様の疑問を持ち続けていたようである。

　事例　周雪の在籍学級での様子
　授業の担当教員：クラスの子から「周雪喋るの？」と聞かれて、ていう

かクラスで全然喋らないから。

　日本人日本語教師：そうですね、クラスの中では全く駄目ですね。去年ここでも喋りませんでしたもんね。彼女の声を聞いたことがなかった。

【T中学校FN data 4-42：2012/9/20】

　筆者が周雪の学習補習を行う際に、彼女が話すようになったことを日本語教師から聞いており、授業中でも確かめることもできた。しかも、単に授業中の補習問題に関することを話すだけではなく、自分が思っていることや困っていることも明確に述べた。更に、周雪が自主的に話すことができるようになったことで、彼女が黙っていた原因についても徐々に尋ねることができた。以下はその会話の再現である。

事例　NC生徒周雪の在籍学級での様子

「次の授業は周雪をお願いします」と日本人日本語教師が筆者に指示した。

「周雪は喋らない子ですよね」と筆者が確認した。

「周雪はいつのまにか口を開いたよ。しかも、よく喋るよ」と日本語教師とR教員は興奮した表情で話した。

　教員の言う通り、授業中に何点か課題の確認をしたが、きちんと回答した。

　筆者：「クラスで日本人の友達がいる？」

　周雪：「同じ小学校の子が2人くらいいるから、同じクラスなので、お昼は一緒に食べています」

　筆者：「じゃ、彼女たちと日本語で話すのね」

　周雪：「いいえ、私はクラスにいる時ずっと黙っているよ。1年生の時も喋らなかったし、今も喋らないよ」

　筆者：「どうして？」

　周雪：「もし誰かと何かを喋ったら、続いて何かを聞かれると、分からないかもしれないので、会話が中断しそうだからです。あまり良くないなと感じます。だからずっと黙っています。時間が経つと、私が話さない子だって皆に知られて、もう慣れてきたので、話しに来なくなった。だから、クラスで一言も話さない」

【T中学校FN data 4-43：2012/7/3】

「続いて何かを聞かれると、分からないかもしれないので、会話が中断するとあまり良くないと思って、ずっと黙っていた」という周雪の語りから、クラスメートとの交流が中断するのを心配しているため、彼女は在籍クラスでの人間関係において沈黙するという戦略を用いていることが分かる。しかし、気楽に黙っていることもできなかった。沈黙に関して本人はどう意識しているのであろうか。次の彼女の語りから沈黙という戦略を用いていることの不本意とそのつらさが読み取れる。

　　周雪：「中１の時丸々１年間無口でしたし、今年を加えると２年になります。内心耐えられない。誰にでも話しかけたいくらい。でも、今までずっと無口だったので、口を開きにくくなってしまっています。だから、これからもそういうふりをしなければいけません。最後まで。でも、３年になるとクラスの入れ替えがあるから、その時には、絶対喋ります。たとえ以前のクラスメートがいても無視して話します。もう我慢したくない、しかももう我慢できない。うつ病になりそうです」
　　筆者：「中１の時にどうして国際教室でも話さなかったの？」
　　周雪：「その時は女の子が少なすぎたし、友達もいませんでした。だから、家に帰って大声で叫んだり、母と妹と思い切り話したりしました。来たばかりの時、友達もいませんでしたし、私のそばについていたのは宿題だけでした」
　　　　　　　　　　　　　　【周雪へのインタビューINdata4-44：2012/9/13】

生徒周雪は「実はぺらぺら喋る子。想像もつかないくらい」[37]とF教員は筆者に告げた。しかし、周雪は在籍学級での沈黙を約２年間続けた。２年間続けた結果を、彼女は「内心耐えられない」と訴えている。周雪が述べたように沈黙は「会話が中断しそうだから、あまり良くない」と感じて、自らの意思で選択した行為である。しかし、この沈黙は周雪の本意ではなかった。彼女は直面する言葉の壁によって周囲の教員や生徒との交流が中断するという心配と「性格」[38]という要因によって選択したものである。観察された事例からNC生徒たちは複雑な人間関係に直面して、それぞれ、ニコニコと笑顔で乗り切る、一生懸命聞こうという姿勢を示す、無口で過ごす等の方法を取って学校生活を生

き抜いていることが分かる。しかし、複雑な人間関係を生徒の戦略だけで乗り切っているわけではなかった。「孫明、劉研二人一緒でできるだけ教室に居るように、声をかけたりとか、他のクラスも、段峰[39]と孫紅以外の子に『ちょっと声かけてあげて』っていうようなことをできるだけ言って。移動教室で音楽とか体育とか行くときも声掛けてくれました」[40]という語りから、NC生徒の担任教員はクラスの日本人生徒ばかりではなく、他のクラスのNC生徒への呼びかけも心がけていることが分かる。このような教員の工夫がNC生徒と日本人生徒との交流が緊密になるように機能して、NC生徒がより早く学校生活に慣れるよう促進することにつながったと言える。対人関係を形成していく中で、葛藤や誤解は避けては通れない現象であり、そのような揉め事を経験することは異文化接触の体験を通して新たな文化と出会う際に役立つ能力の育成につながる。大事なのは積極的に問題を解決する態度を示すことである。

b．交友範囲を広げるための方法の選択
　藤井（2002）はコラージュ[41]という臨床的な技法を学校場面に導入し、生徒の心理の理解と発達援助を目的とした研究を行った。中学生の5つの事例を取り上げ、そのコラージュに現れている思春期の特徴的な表現を整理し、発達心理学的側面から検討した。その結果、第二次性徴、自己像の表面と内面の二重構造による葛藤、視線恐怖傾向、自信の欠如、自尊心の高さ、自己コントロール不可能なはみ出す自我、安定基盤の希求などといった思春期特有の心理的な発達特徴が現れていることが明らかとなった（藤井 2002：143）。本調査対象者である趙峰が示した異性への関心、そしてもっと幅広い出会いへの希求は思春期の変化の特徴の1つとして取り上げることができる。趙峰にとってクラスメートとの友人関係は男子生徒にとどまらず、女子生徒とも友達になろうという姿勢を示した。しかし、女子生徒との付き合い方が未だ分からないということが趙峰には相当悩みのようである。日本人女子生徒との付き合いの姿勢や態度について趙峰本人は以下のように語った。

　　趙峰：クラスの男子生徒と仲良く付き合っています。更に、男子生徒と
　　　仲良くしてから、女子生徒とも仲良くしないといけないと思って、やって

みましたが、ショックを受けました。女子生徒との付き合いに対する自信を段々と失っています。

　筆者：ということは、クラスの女子生徒と交流する必要もあるの？

　趙峰：私に好感を持つ同級生の女子生徒がいるのですから、ずっと話さないというのは駄目です。話さないとせっかくの好感度が徐々になくなるので、勝ち取らないといけません。

【趙峰へのインタビューINdata4-47：2009/7/23】

また、趙峰がある女子生徒に告白したというエピソードを彼の担任が語ってくれた。

「1年、2年生かな、の時に同じクラスだった子でずっとずっと想ってたらしくて。なんか、第2のボタンを『持っといてくれ』って渡したらしくて、そしたらその女の子が、『こんなんもらっても困る』って感じで泣いちゃって。趙峰は2年生の時の担任教員に好きなことを言っていたので。だから、なんか『卒業式の日に言う』って言ってて。『お前まだずっと好きやったんか』っていう話になって。その先生が言うには、女の子が困ってたって。『あらま残念』。なんか、そういうことにも注意力を向けてますね」

【H教員へのインタビューINdata4-48：2011/3/14】

趙峰はある時期、特に人間関係や異性との交際ということにも関心を向けたことで、学習に集中できない様子を見せた。

　事例　学習状況を心配する様子

　E教員[42]は趙峰の隣に座っている。三角の和を求める説明と練習問題を行っている。教員は説明が終わってから「じゃ、ここの練習問題をやってみて」と指示した。ちょっとしてから、「はい、できました」と趙峰は言った。「そう、正解！　できるじゃないの？」と教員は褒めてあげた。「でも、その場では分かるけど、すぐ忘れます。何回も何回も繰り返しても忘れる」と趙峰は教員に言っている[43]。また、「中1、中2の時に、人

間関係や部活動の練習などにとても精力と時間を使ってしまい、あまり勉強したくなくなりました。今は部活も辞めたし、勉強したいですが、なかなか勉強に気が向かなくなってしまいました」と趙峰は語った。

【T中学校FN data4-50：2010/12/17】

　思春期は、精神発達上、激動の転換点といえる。藤井（2002）がBuhler, C.（1967）を引用しながら述べるように、思春期にはまず、第二次性徴という生物学的な変化が起こり、それに伴って主体・客体としての自己の分化に代表されるような精神的な成熟が生じる。外面と内面の２つの世界を跨ぐ二重生活に陥ったり、周囲の人間関係に変化が生じたりする。「最近一番悩むことはクラスの女子生徒とうまく話せないことだ。女子生徒との付き合いに対する自信を段々と失っている」ことや、「好きな子に告白をしたが、ふられた」こと、「高校進学の学習への心配」や、「エスニック仲間との関係悪化」という趙峰の悩みは思春期の変化を遥かに越えた課題ではあるが、彼が直面する問題は思春期の変化に起因するものの一種であることも否定できない。Spranger, E.（1963）の「青年期ほど、人が理解されたいという強い要求を持つ時期はない。ただ深い理解によってのみ、青年は救われるかのようである。ところが多くの事情が絡み合って、こうした理解を困難にしたり、それどころか妨げさえしている。それに青年自身、周囲に対して、彼の内面の微妙なひだを用心深く隠している。心の目覚めを告げさせるもっとも明らかな特徴は、開放ではなくて、隠蔽である」（訳は藤井 2002：144による）という言葉に象徴されるように、自らの思考や感情を冷静に把握し、的確に表現する力がまだ十分に発達しきっていない思春期こそ、周囲からの深い理解が必要である。趙峰は「２年生の時の担任教員に好きなこと（好きな女子生徒のこと［筆者注］）を言っていたので」という語りから、単に趙峰が内心の「秘密」を担任に自ら打ち明けたのではなく、普段の生活においても担任が自分のことを理解してくれているから打ち明ける気になったという合図を読み取れる。思春期の微妙な心の動きを（大人である）担任教員に伝えるのは、担任が彼にとって自分を理解してくれ、信頼できる存在と考えられるからである。そして、こうした信頼できる教員の存在が趙峰の心を開放的にし、ひいては趙峰と日本人生徒との間に円滑な人間関係が

保たれていることにもつながっていると言えよう。

　ｃ．ニューカマー生徒の日本社会へ溶け込もうとする意識
　Ｔ中学校の国際教室ではよく日本人生徒が「チョウ、チョウ」と趙峰に呼びかける光景が見られるため、趙峰の日本人生徒との友人関係について日本人日本語教師に尋ねた。「彼なりにものすごくクラスの方へ溶け込もうと頑張って、一定の成果を修めたと思います」と高く評価している。しかし、趙峰本人はどう意識しているのであろうか。インタビュー調査で彼は意外な考えを語った。

　　「でも、卒業したら日本人は各自がばらばらになってしまうことが分かっているから、別に特別な感情はありません。百年たっても慣れないと思う。つまり日本社会に溶け込むのは不可能です。日本社会の外側にくっつけたら十分。入り込むことは無理です」
　　　　　　　　　　　　　　【趙峰へのインタビューINdata4-51：2009/7/23】

　一見趙峰は日本人生徒と親密そうな関係を保っているようだが、言葉以外にもう一面の壁が心にあることが分かった。趙峰の日本人生徒との友人関係について彼の担任に聞いた。

　　「あの、何人かね、１年生の時に仲のいいというか、ラグビー部の子だと思うんですけど、その子とくっつけてくださいって言ってたんだけれども、その子と趙君をくっつけるはずだったのが、くっつけれなくなったんですよ、ある理由があって。ちょっと色々な複雑な人間関係があって」
　　　　　　　　　　　　　　【H教員へのインタビューINdata4-52：2011/3/14】

　NC生徒趙峰の担任教員は彼の日本人生徒との接触の様子や生徒間の複雑な人間関係の様相を語った。また、日本の社会に深く溶け込めないでいる点に関して、趙峰本人だけではなく、彼の母親、担任教員も意識しているようである。

「日本のいろんなところが好きみたいですけど、自分と年齢相応の日本の子と接触するのがあまり好きじゃないようです。でも部活の子なら、一緒にラグビーをしたり、一緒に頑張ったり、その集団に溶け込めるようですが、普段遊ぶことはあまり好きじゃないようです。彼は日本の子はがらりと態度を変えると言います。一体どう考えているのかよく分からないようです。同じ部活の子で、ずっと一緒にいたから、とても縁があります。その子はよく家に来て一緒に遊んだりしました。でも、いつの間にかその子は自分が分からないうちに他の子と仲良くなって、しかも、自分のことをからかうようになった。それからその子とは縁が切れてしまいました。傷ついたみたいです。彼が自分で言ってたんですけど」

【趙峰の母親へのインタビューINdata4-53：2011/3/23】

趙峰の学校での態度や様子について、「どちらかというと、その他の子とか合わせても、全体の中でもとてもまじめな子です。一生懸命やるし、学校の行事なんかも熱心に、リーダーシップをとるまでにはいかないですけど、積極的なグループに入ってます」と彼の担任は肯定的に評価している。しかしながら、「なんとなくみんなとはやるけれども、特に仲のいい子は誰かと言われたら、思いつかないですね」という点を指摘し、更に彼に対して、「一部の何人かの子と関わって平和に暮らしていくんかなっていう感じなので、私としたら、クラスの中で積極的にもっとおってくれたらよかったんやけれども」[44]との期待を表した。

棲み分け、使い分けることで、「平和」を保っている趙峰の中学校生活への適応方法はそのまま日本社会へ溶け込むために活かされる可能性があると思われるが、彼自身は、いくら人間関係を円滑なものにしたとしても、日本社会との違和感を自覚しており、溶け込みにくいと認識している。比嘉（2008）は、NC高校生の人間関係構築の特徴を考察するため、インタビュー調査の対象となった41人の生徒に人間関係のネットワークマップを作図させた。そうして得た結果の1つは「排除された経験あり」の生徒は「排除経験なし」の生徒より人間関係が薄くなっていることである。「排除経験があると答えた生徒は、直接に問題があった日本人との関係だけではなく、また、直接に問題が発生し

た学校内だけの関係だけではなく、全体的に人間関係があまり築かれない傾向にある」（比嘉 2008：176）と述べ、この結果から、「同年代の日本人との関係から排除された経験を語る者が、人間関係一般から距離をとっている様子を推測することができる」（比嘉 2008：176）と指摘した。趙峰の場合はこういった「排除」を経験した後、自らの努力で日本人生徒と友人関係を築くことができたが、彼は内面において日本人生徒および日本社会から距離をすでにとっていることが分かる。本研究におけるNC生徒の日本人生徒との人間関係の様相からみると、「独りぼっち」「笑われた」ということを経験した生徒が調査対象者の大半を占める。趙峰の心にある距離感を「排除」や「いじめ」を経験した多くのNC生徒は多かれ少なかれ持っている。それは、NC生徒にとって最も越えがたい壁になるかもしれない。

　d．共同活動による自己表現および遊びを媒介として深まる交流
　共同というのは「１つの目的のために複数の人が力を合わせること」（『大辞林』第三版）である。そして１つの目的のために複数の人が力を合わせてともに活動することが共同活動である。１つの目標を達成するために、活動参加の構成員が互いに話し合うプロセスにおいて、互いの立場や考えや事情を交換する機会を提供される。そして、役割を分担することにより個々の長所を発揮することができ、自己表現の場が与えられる。NC生徒は日本の中学校において参加できる活動がきわめて少ない。しかし、その数少ない活動を通してNC生徒の普段の生活においてほとんど見せない一面を垣間みることができる。

　　「特に文化祭の時に、物を作る係やったんですね。クラス発表で、その劇で必要な大道具とか小道具を作ったんですね。その時に、剣を作ったりとか、大道具で、シンデレラの座る椅子を作ったんですね。その時にも色々と率先して劉研がやってくれたみたいで『先生、劉研こんな器用と思わへんかったわ』とかね」【N教員へのインタビューINdata4-55：2011/3/18】

　共同活動において、生徒劉研は「率先してやってくれた」と言われるほど積極的な参加の姿勢を示しており、活動への参加に高い熱意を持っていたことが

分かる。また、活動中に劉研と関わっていた日本人生徒が「劉研こんなこと言うてたで」というように劉研の活動中の様子などを担任に報告したことから、劉研への関心を持ったことが分かる。そして、「先生、劉研こんな器用と思わへんかったわ」という語りから、劉研が普段の生活において表現できなかった側面を日本人生徒の前で表すことができたということが明らかに分かる。このような活動を実践していく中で、劉研と日本人生徒との関わりが緊密になり、日本人生徒が劉研に対して更なる関心を寄せるようになった。そして、その交流の流れは「『どんな勉強が好きやった？』とか『兄弟は何人いてるか？』とか『おじいちゃんおばあちゃんとかは中国にいてるんか？』」というようないわゆる「劉研の身辺調査」から始まり、段々会話の内容が広がっていき、「『これは中国語何ていうねん？』って聞いてる子もいてました。例えば『筆箱、中国語で何ていうねん？』」というような中国語での物の呼び方にまで発展している[45]。

　また、「球技大会で馴染めたのと、３年生入って運動会や、修学旅行もあった」[46]という活動の列挙から、劉研は学校に在籍している間に色々な行事での活動に恵まれ、在籍学級のクラスメートとの交流の機会が増えたことが分かる。こういった数々の活動に参加することにより、劉研は「２年の最初に来た時よりも全然、表情も柔らかくなりましたし、最初は笑顔しててもやっぱ怖いと思いますやん。だんだん、教室にも入りやすい雰囲気に、すごく馴染んでくれてたんで」[47]という明らかな変化を見せ続けた。そして、活動を通してNC生徒と日本人生徒との交流が緊密になったことの効果についてN教員は以下のように述べた。

　　筆者：やっぱりそういうお互いの理解をするためには、なんらかの活動を通して、もっと理解を深めることができそうですか？
　　N教員：そうですね。なんか活動するのが一番交流しやすいとは思います。結構、身体動かしたりとかみんなで何か作ったりとかすると、あまり言葉の壁はなくて、お互いのジェスチャーとか、お互い分かり合わない言葉で喋っても、心と心が通じ合うものがあるんで、はい、それが、何か作業をするということが大事なんちゃうかと思いますね。遊びもすごく大きいと思います。
　　　　　　　　　　　　　　【N教員へのインタビューINdata4-59：2011/3/18】

「そういう行事ごとにますます深まっていった」「行事があったら特に話しやすい、何かしやすい」という活動を通してのNC生徒と日本人生徒との交流効果をN教員は肯定的に評価した。また、N教員の指示で孫明、劉研の面倒をみることや、修学旅行中に皆とドッジボールすることなど、N教員が意図的に工夫した活動を通して、彼らが日本人クラスメートとのやり取りを緊密化させていったことが分かった。更に、このような共同活動の効果についても「お互いわかり合わない言葉で喋っても、心と心が通じ合うものがある」「ある意味では馴染みやすい」「遊びもすごく大きい」と明言した。古城（2003：176）は、遊ぶことは人が現実的に遊ぶという行為のその過程を状態として静的に捉えた言い方であるが、スポーツを遊びの範疇でみる見方も存在すると述べる。古城の研究では大学生を対象に行った遊びに関する印象調査[48]の結果として、大学生らは大衆的スポーツ[49]を遊びの範疇で捉えたことが分かった。このような種目の遊びを媒介として、遊び手たちが自己の身体的表現を感覚・知覚し合う形で交流し合う。また、古城（2003：184）は、「遊び手は遊ぶことの価値を知っているから『遊ぶ』のではなく、それらの議論とは関係なく、遊ぶことが楽しさや面白さという感情をもたらすことを経験的に知っているから、楽しい時間を過ごそうとして『遊ぶ』のであり、その結果として多くの富を得る」としており、「遊び手たちは『遊ぶ』において相互のコミュニケーションを成立させることができ、それによって人間関係を深める」と指摘する。本調査では遊びを媒介として来日まもないNC生徒東浩が日本人クラスメートとの友人関係を築いている事例が観察された。東浩は2012年4月にT中学校の3年に編入してから日本人生徒と良い関係を保っている。これは今まで転入してきたNC生徒の中でも大変珍しい例である。東浩が日本人生徒との良い関係を保つことができるのは、やはり「活動」と「遊び」を通して得たものがあるからだと言えよう。

事例 NC生徒東浩の学校での様子

2012年4月に来日したばかりで、日本語は分からないが、在籍学級に溶け込んでいるようである。授業中の休み時間も国際教室で過ごすのではなく、日本人のクラスメートとサッカーをしたり、野球をしたりする。

「彼はすごい、クラスに溶け込んでいる。交流ができなくても、仲良く遊んだりする。ずっと在籍学級にいるし、お昼も一緒に食べる。学習は駄目だが、交流がうまい！　性格が明るいからかな」と日本人日本語教師が言う。また、「東浩は日本語があまり分からないが、クラスメートの名前をすべて覚えたよ。誰に教わったことでも、すぐに受け入れる。とても明朗だよ」とR教員は言った。　　　　　【T中学校FN data 4-60：2012/9/6】

　古城（2004：188）は、遊戯がもつ媒介機能は遊び手の自己確証をもたらすとともに、遊び手と対象を必然的関係として結び付けるという働きを内包するとし、楽しさ・面白さは、手段としての遊戯が要求する行動様式の下で合目的的に活動する遊び手の心理に生じる人間的感情であり、その感情の基底には、『遊ぶ』ことで生じる状況を自分にとって意味・価値のあるものとして捉えること、遊戯に媒介されて自己を表現し、それを他者と交流することで自己確証をするなどが存在していると指摘した。東浩が同じクラスの日本人生徒との良好な仲間関係をいつまで続けることができるのかは分からないが、現時点までの観察段階においては順調に溶け込んでいる。授業の休み時間や昼休みに東浩は日本人生徒とサッカーをしに行ったり、野球をしに行ったりする。東浩の事例からは「遊び」を媒介として日本人生徒との交流を深めることができるという効果を確かめることができた。彼にとっての「遊び」の意味・価値は、自己表現を行うプロセスにおいて、在籍学級の日本人生徒との交流を深めるにつれ、彼自身の学級での位置付けを確認することができたということではないかと考える。また、活動を通して交流が深まる事例は他にも観察されたが、この点に関しては第7章第4節の（1）「地域活動をきっかけとして深まった日中生徒間の交流」で更に詳しく論述していきたい。

　e．心理的支えとしてのエスニック仲間
　本研究では、同じ中学校に自身と同じエスニック生徒がいるというだけでNC生徒の心理に肯定的影響を与えている事例が観察された。調査対象者である李奇はクラスの中に同じエスニック生徒がいることから、来日当初学校生活を楽しく過ごしていた。しかし、ある日、その中国人生徒が病気で学校を休む

ことになった際、彼女は強い寂しさを感じたという。以下の語りからエスニック生徒の存在を大切にしている李奇の考えを読み解くことができる。

> 「クラスで仲のいい友達がいる。たくさん助けてくれた。彼女は生まれてからまもなく日本へ来たから中国語が話せない。彼女がいる時はとても楽しかった。ことばが通じないが、絵を描いたりして交流した。でも、ある日彼女が病気のため、学校へ来なかった。その時、この世界には私一人しかいないようになったような気がして、1人で教室に探しに行ったり、1人でお昼を食べたりした。元々4人並びの机で、他の3人は集まっていて、私1人になった。彼女が病気の間、一言も喋らなかった。『孤独』『寂しい』って何だっていうことを実感した。私は泣いた」

【李奇へのインタビューINdata4-61：2009/10/26】

2012年4月にT中学校に転校してきたばかりのNC生徒史迅も、李奇と同じような思いを感じたことがあるという。

事例 エスニック仲間への思い

　史迅：利香⁽⁵⁰⁾はいないから、お昼は1人で食べているよ。今は何をしてもただ1人で、とてもつまらないよ。
　筆者：利香がいると、お昼を一緒に食べる時、喋ったりすることができるよね。
　史迅：先生、思い出させないで。もう泣きそうになる。利香のことを何度も考えるから、本当に早く帰って来てほしい。

【T中学校FN data 4-62：2012/9/6】

一方で、趙峰にとって、孫明、劉研は彼の大事な仲間である。彼らがY高校へ進学したため、趙峰もそれを目標にして、Y高校へ進学できるよう頑張っている。孫明、劉研は趙峰より1年早く進学したので、普段会えるチャンスが少なくなった。NC生徒がよく参加する毎年定番の地域活動に行くと会えるが、趙峰は部活の試合に参加しなければならず、地域活動の会場へ行くことができ

なかった。それがとても悔しい様子であった。学校の中のエスニック仲間の存在がNC生徒の学校適応を促進する要素となる。しかし、エスニック仲間に依存しすぎると、学校生活への適応に否定的な影響も出る。

> 「クラスの適応の話なんですけども、小学校からの引き継ぎで、琴英と鈴鈴は、仲が良いというか、お互い支え合ってるから。琴英は鈴鈴と中国語で喋ってしまったら日本語でコミュニケーション取る機会がなくて済むんで、授業は黙ってればいいし。だから結局、休み時間とか、他の時間は全部鈴鈴にべったりで、何でも一緒がいいみたいな。僕はあんまり、それを続けてても、全く伸びてる気がしないんです、日本語能力に関しては」
> 【S教員へのインタビューINdata4-63：2011/7/1】

「休み時間とか、他の時間は全部鈴鈴にべったりで、何でも一緒」にすると、「日本語能力に関しては全く伸びてる気がしない」、また、「琴英と鈴鈴がずっと2人で『べったり』というので、周囲の日本人生徒にも2人で何とかやっていけるという印象を与えたようで、特に配慮しようという気配が薄くなってしまい、交流もあんまり生まれない」という担任の語りから、在籍学級に2人以上、特に2人のNC生徒がいる場合は、2人の世界を作ってしまい、限定した対象との交流あるいは特定の行動範囲内での行動を行おうとすることが窺い知れる。田中・高木（1997）の「女子は親友に対して、関心・受容要求と助力要求を主に抱えている」[51]との指摘からも、琴英の示す常にもう1人のNC生徒に対する依存的態度は相手からの関心、そして彼女に対する受容的な要求であると言えよう。特に直接的な助力が得られなくても、ただ単に一緒にいるだけで、琴英にとって安心して在籍学級にいることができる。これはいわゆる心理的依存要求であると考える。こういった心理的依存要求を満たすため、NC生徒はエスニック仲間の大切さをよく認識している。エスニック仲間の存在意義に関して、生徒周雪は自分のことを少し「犠牲」にすべきことがあったとしても、エスニック仲間を確保しようという思いを持っていることが以下の事例から分かる。

事 例 NC生徒周雪のエスニック仲間を確保する方法

今日は黄麗（NC生徒のこと［筆者注］）と一緒に帰るよ。黄と一緒に帰る時は遠回りするんですよ。10分くらい遅れて帰る。でも、仲間がほしいから、「友達のため、ちょっと『犠牲』があってもいいや」と言った。

【T中学校FN data 4-64：2012/9/6】

日本の中学校で孤独や孤立を経験した生徒たちにとっては、多くの仲間（同じエスニシティや経験を有する生徒）の存在そのものが、貴重なリソースとなってくる。李奇、趙吉のように自分の中学校以外の学校（即ち、W中学校の国際教室）に通う外国人生徒たちにとって、W中学校での活動や外国人生徒が集まる催しは、「楽しい、良い思い出」となる。彼らにとって、母語でコミュニケーションを取ることのできる友達の存在やエスニック集団、同じ経験を有する仲間は大きな助けであると言える。こういったエスニック仲間の大切さを認識しているため、周雪は自分のことをちょっと「犠牲」にしても、エスニック仲間を確保しようという思いを持っていることが分かる。

（3）ニューカマー生徒との接触における日本人生徒の意識および課題

このような人間関係をめぐって、新たに転校してきた生徒に対して周りの日本人生徒はどのような反応を見せているのか、T中学校の教員に話を聞いた。

筆者：周りの日本人生徒は違う国から転校してきたNC生徒に対してどのような反応を示していますか。NC生徒の適応に対して、重要なポイントとは何ですか。

N教員：そうですね。たぶんね、日本の子っていうのは、日本の文化を受け入れて欲しいっていう部分がすごくあると思うんですよね。特に大阪の子なんか、大阪のことを知ってもらう、コミュニケーションを取っていく中で、中国のことを知りたくなる、というふうになっていかないと、先に中国のことをバーっと教えたりとか、文化とか教えたりすると、かえって拒否するんじゃないかなと思います。

【N教員へのインタビューINdata4-65：2011/3/18】

N教員は日本人生徒の異文化に対する受け入れ態度について、「大阪のことを知ってもらう、コミュニケーションを取っていく中で、中国のことを知りたくなる」「先に中国のことをバーっと教えたりとか、かえって拒否する」と語った。また、日本人生徒のNC生徒に示す関心について、「接してみたい、常に関心はもっている。『傑玉が』とか『段さんが』とかよう見てます」[52]と述べた。しかし、NC生徒は言葉の壁を持つため、日本語で日本人生徒に話しかけたり、交流を行ったりすることは難しく、日本人生徒にしても、日本語が分からないNC生徒との交流をどのように行えばいいのか、どのようなことを話題にしたらいいのか、「それがやっぱ、子どもたちの一番ネックやったみたいですね。いろいろ喋りたいけど、何を言うていいか分からない」[53]というような問題を抱えている。教員の語りから、教員も日本人生徒も交流の仕方に苦労していることが分かる。

　教員たちの語りから、日本人生徒は「関心は持っている」「接してみたい」という外国人生徒への興味を持っていることが分かる。しかし、その受け入れ方としてはやはり先に外国人生徒が「日本の文化を受け入れてほしい」という願望をもっており、接していく中で、徐々に中国の文化や慣習などを受容しようという構えをとっていることが分かる。義永・潘・中橋（2012）では、日・中・米３ヵ国における計1385名の中学１年生が持つ異文化理解・異文化接触意識に関する国際比較調査を実施した。そこで得た結果の１つとしては、外国から来た転校生に対しては３ヵ国とも総じて好意的であったが、トラブル発生時に自分から働きかけて事態を改善しようとする意欲は、米中よりも日本の方が低く示されており、外国からの転校生に言語を学ぶ努力を求める度合いも日本が最も低いことから、自発的に働きかけないと同時に相手への要求も少ない「傍観者的態度」[54]が窺えた。本調査対象校のT中学校は校内に国際理解教室を設置して外国人教員を加配しており、異文化教育の歴史が相対的に長いという特徴を有する。そのため、T中学校に在籍している日本人生徒は外国人や外国文化への拒否感を示しておらず、逆に関心や興味を持っているようである。「先に日本の文化を受け入れてほしい」といった態度から、T中学校の日本人生徒が完全に「傍観者的態度」を取っているとは言えないが、積極的に接してみようという姿勢でもないことが窺い知れる。即ち、交流相手であるNC生徒が

先に自国（日本、特に大阪）の文化や生活習慣などに興味を示した方が、日本人生徒にとってNC生徒の存在をより受け入れやすくなるということであろう。

本研究で行った学校の教員への聞き取り調査から「周りの日本人生徒への教育が必要」[55]といった意見や、「日本人生徒の理解も欠かせない」[56]という日本人生徒への教育の大切さを十分意識していることが分かった。異文化共生のためには、互いに理解し合うことが欠かせないのである。今日までに、NC生徒を対象とした日本の学校文化への理解や日本の学校生活への適応の支援などが重要視されてきたが、日本人生徒により具体的に日本語が分からないNC生徒との交流の仕方や相互理解の要点なども１つの教育の内容として教える価値が十分にあるように思われる。

第３節 「自己保護」[57]という戦略の選択

（１）逸脱した言動による自己顕示

青年期[58]が社会の歴史の中で新しく誕生した発達時期であることを考えると、子どもは大人に移行する者と考えることができる。新井ら（2009：27）は、「大人になることへの学びには、広義と狭義の学びがある。広義の学びは、社会の中で生きる大人の考え方や行動の学習であり、人間関係や、仕事や趣味、その他の大人の生き方を学んでいく。狭義の学びは主に学校で取り上げるような知識や技能の学習で、大人になって生活の糧を得るための職業生活を送る際に役立つ学びである。これらの両方の学びが着実に進めば、有能感（コンピテンス）をもち、社会に出ていく自分に自信をもち人生を前向きにとらえることができるが、反対にどちらかもしくは両方ともうまくいかない時は、現在および将来の自分に自信をもつことができず自暴自棄的な人生の捉え方につながっていく」と述べ、「子どもの非行は中学の時期に現れやすい」ともいう。特に、その時分から子どもの体と心は大きな変化をみせ始める（図４－２）。

思春期の時から、体の外と内の両方[59]において変化が現れ、体が大人に変容していくと同時に、親や他の大人、仲間などとの距離をつくり始める。NC生徒張希は学校生活において当初は受動的あるいは世話される立場として過ごしてきたが、学年が上がるにつれ張希の思春期の心的変化は顕著になりつつある。

図4-2●子どもの思春期の心の変化

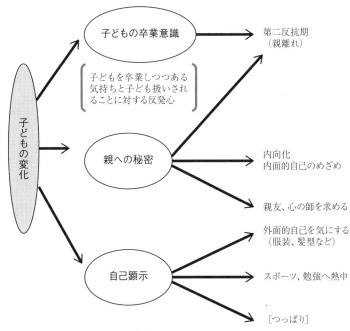

出所：新井ら（2009：29）に基づき筆者作成

　筆者：張希って、3年生から結構変わりましたでしょう？
　S教員：変わったですね。2年生、3年生の最後と最初比べたらだいぶ変わったかなぁってのは思いますけど。ジワジワですわ。そんなガーンと変わった感じはなかったんで。3年生卒業する時には、自分で結構勉強したりとか、なんか結構言葉が出るようになってたんで。
　　　　　　　　　　　　　　【S教員へのインタビューIN data4-70：2011/7/1】

　NC生徒張希は趙峰とクラスが別になってから、自力でクラスのメンバーや在籍学級での各種活動に対処しなければならなくなった。それを境に、彼の性格は明るくなり、勉強にも前向きな姿勢を見せるという変化が見られた。しかし、その変化は明るい変化だけではなかった。授業中の激しい振る舞いや以前とは違う髪型、制服の着方などの変化としても現れた。このような変化に関し

てR教員は「張希はクラス替えしてから特に不安とかを表に出していませんが、やんちゃになりましたね。それは自己防御の現れだと思います。自分の中にもう１つの側面が出てきた」と述べた(60)。張希の変化は国際教室のみならず、在籍学級でも見られた。その様子について張希の担任は以下のように述べた。

「機嫌悪い日とかがあって、朝からもうブスっとしとって。で、なんかのきっかけでドアをガーンって蹴って、バターンってドア倒れてもうたりとかして。体育の後やったかな、教室の鍵が閉まってて開けへんとかで、ガンガンガン、ドーン、とかってやったらしくて」

【S教員へのインタビューINdata4-72：2011/7/1】

事例 NC生徒張希と教育支援者（筆者）との対峙

　授業のベルが鳴った。日本人日本語教師とR教員は教室の前で授業の調整に関して話し合っていた。筆者と張希は教室の後ろ側で、日本語教師と離れているところで授業を始めた。張希は自分で数学の練習問題のプリントを出して、やり始めた。半頁くらいやったところで、日本人日本語教師とR教員の話が終わって、「じゃ、お願いします」と筆者に言ってから、職員室に戻った。扉が閉まった瞬間、張希はすぐ手に持ったペンを机に置いて、椅子に寄りかかって座って、隣の椅子においてあるクッションを投げた。そして、「お腹が痛い」と言って立ち上り、「どこ行くの？」との筆者の問いに、返答ではない言い方で「トイレに行く」と言いながら去って行った。日本語教師２人が出て行った瞬間の張希の変化の速さにびっくりした。誰のためにここで勉強しているの？　教員は怒るから、怖がって控えているけど、筆者は週に１、２回くらいしか来ないため、完全に無視しているの?!　張希の態度があまりにもひどいため、怒りがこみ上げてきた。教室の窓からグラウンドを眺めながら張希の帰りを待っていた。15分後、張希は教室に入ってきた。筆者は向きを変え、髪の毛が濡れて、ワイシャツがズボンの外に広がっている張希の様子をみた。「授業受けるの？　受けるならワイシャツはズボンの中に入れてちゃんと座りなさい。

でないと好きにしろ！」と日常の筆者とは一転した硬い表情で叱った。張希は一瞬固まったが、依然として理解しがたい微笑みを見せた。席に戻り、挑発的な目つきで筆者を見ながら、ベルトを解いて、ワイシャツをズボンの中に入れようとした。しかし、スピードが相当のろくて、わざとゆっくりとベルトを解いていた。きっと、この行為で筆者を驚かせようとしているのではないかと推測しながらも、筆者は無表情でただ怒った目で張希を注視していた。張希はつまらなく感じたようで、心の奥底で何かが響いたかどうかは分らないが、さっとワイシャツをズボンに入れて、座ってから再び数学の問題をやり始めた。　　【T中学校FN data 4-73：2010/7/5】

　張希は自身を子ども扱いすることに対する反発として、学校のルールに反した授業中の振る舞いや服装、髪型などで自己顕示している様子を周囲に発信しているのではないかと考えられる。張希は学生としてあるべき姿である学力や校内外活動での活躍という側面ではなく、やんちゃな言動と外見、即ち、主に「子どもの卒業意識」と「自己顕示」という2つの側面から大きな変化を見せている。藤井（2002：144）は、「思春期の行動は客観的に、観察する側の枠組みでこういった現象を捉えた場合、一見するとそれは逸脱行為や不健康さ、異常なことと映りがちである。しかし、思春期の発達的な特徴を踏まえてみれば、それは発達上必然的に起こりうる一時的に危機的状況であると考えられる。こうした発達的な知見を元にして、青年への理解と発達援助を行う意味は大きいであろう。個人的な治療関係における事後的ケアではなく、誰にでも起こりうる発達的に共通の問題に対する発達援助が必要である」と述べる。張希は日本語教師の前でまじめに勉強をするふりをしたり、教育支援員と対峙して「さっとワイシャツをズボンに入れて、座ってから再び数学の問題をやり始めた」ことからも、彼の乱暴な振る舞いは彼本来の姿ではなく、様々な条件のもとで起きた一時的な変化と言っても良いだろう。彼が非行に走った原因を彼の自己顕示欲あるいは「自己保護」のみに帰結することは難しいと考える。こういう時こそ、周囲の変化への反応や対応の仕方が彼の今後の行動規範につながっていき、影響を与えることから、張希のように異常な振る舞いと映りがちな生徒への発達援助の適宜な実施が求められる。

（2）攻撃的行動と不登校

「平成23年度児童生徒の問題行動等生徒指導上の諸問題に関する調査」[61]によると、公立小・中・高等学校での暴力行為発生件数は3万4018件に及ぶ。暴力行為の加害児童生徒数の内訳をみると、総数3万7186人のうち、中学生が最多で約7割（2万7155人）と圧倒的に多い。この傾向はすべての暴力行為（対教員暴力、生徒間暴力、対人暴力、器物損壊）にあてはまり、発生件数は中学校で際立って多い。このように、発生件数と加害者年齢の観点から見ると、児童生徒の暴力行為は中学生の生徒間暴力と器物損壊が中心的な問題となっていると言える。

NC生徒の逸脱した言動は「子ども卒業意識」と「自己顕示」のみにとどまらない。「手が出てしまう」という暴力行為もみられ、非行に走って不登校になったNC生徒章田と仁美の事例も観察された。

　「音楽の時間、1回友達ともめたことがあったんです。章田のことを後ろからちょっかいかけてたヤツがおって、それで、章田やっぱ通じひんから手が出てしまったいうのがありました」

【Y教員へのインタビュー INdata4-74：2011/3/18】

　「章田は今まで困ったことがあったのは、やっぱり言葉が通じない分、クラスの仲間、男の子とかとうまいことコミュニケーションできずに結構手が出てしまったりとかいうトラブルもあったんですけど」

【F教員へのインタビュー INdata4-75：2011/3/23】

中学生段階で暴力行為の発生率が高いことがNC生徒と日本人生徒の共通の問題となっている。このような傾向を踏まえ、NC生徒にとっての暴力行為には「言葉が通じない」「手が出てしまった」という理由付けをすることができる。しかし、「言葉が通じない」という事項がもたらした不快感はNC生徒のみならず、日本人生徒をも欲求不満にさせる。「ある目標に向かって行動が開始され、目標達成のための努力が開始されたのに、それが途中で妨害された状態という欲求不満状態が、人の攻撃動因（不快な情動的緊張）を高め、攻撃行

動を引き起こす」(新井ら 2009：118)と言えるためである。「言葉が通じない」から「手が出た」という行動様式がNC生徒の情緒的発散の仕方となっていると推測することができる。そして、日本人生徒側は「言葉が通じない」ということが活動の妨害、不快などの嫌悪事象に直面して、怒りの感情が喚起され、怒りを表出しながら相手を攻撃する行動をとったのではないかと考えられる。

　一方、NC生徒仁美は濃い目の化粧やスカートを短くするなどの行為による「自己顕示」が見られたが、彼女は非行に走って不登校になった。仁美の外見的変化について彼女の担任は次のように語る。

> 「仁美は言葉喋れないので、その辺はしんどいと思ったんですけど、(中略) それと、やっぱり派手なんですよ。化粧をぱーっとやったり、それは友だちの影響であるのか、もともとそういうことが好きなのか、分からないけれども、やっぱそっちにはしる子が多いんです」
>
> 【H教員へのインタビュー INdata4-76：2011/3/14】

　仁美は転校して間もない頃に化粧をして指導を受けた際、すぐメイクを落として、授業を受けにいっていた。しかし、学校生活の後半になると、流行しているファッションや化粧などをしてくる子を真似て、指導を受けても聞かなくなり、ついに学校に来なくなった。

事例　卒業式の日のできごと

　3月11日は3年生の卒業式だ。仁美、映見[62]、傑玉も3年生なので、学校の卒業式に参加した。しかし、濃い目の化粧をして、私服で来校した。こういう格好で来たら学校のルール違反になるので、卒業式に参加することはできないため、R教員は3人と体育館の外で、9時45分から11時45分までの間、ずっと「化粧落とし」の指導を行った。しかし、いくら言っても、化粧を落とさなかった。お洒落は命だからという信条を持っているようだ。寒い日に、2時間もR教員はずっと生徒と体育館の外で立って話したが、結局最後まで化粧を落とさず、卒業式も参加せずに終わった。

【T中学校FN data 4-77：2011/3/11】

この点についてT中学校の日本語教師は「ファッションとか流行のメイクにはしる子がいましたよね。普通だったらもう全然どこに自信を持ってたらいいのか分らない子たちがそうすることによって結構後輩にぺこぺこされる。そこで、自己満足っていうか、そういう子がいる」[63]というふうに説明した。T中学校のR教員は2010年度第2学期から仁美を教え始めた。R教員は仁美と「いい関係を築いている」と自己認識していたが、「半年くらいの心を込めた指導も、まだ彼女たちの数日の友情には及ばない。最初の頃、仁美は学校のルールを守って、国際教室へ授業を受けにきたが、映見たちと知り合ってから、お正月休みが終わる頃からほぼ毎日遅刻した。2月3日の高校入学試験が終わってから登校したことはない」[64]。仁美が卒業式に出席しなかったことと不登校になった経緯を彼女の担任は次のように語った。

　　「卒業式も、傑玉と映見は、すごい化粧をいっぱいして私服で、制服着ずに門のところにいました。それまで仁美は映見と離れてたんだけれども、学校にも来てたんです。だけど、急に学校に来なくなって。そしたら、映見たちと仲良くなって。遊んだりしてるみたいですけどね」

【H教員へのインタビュー INdata4-80：2011/3/14】

　仁美は映見と知り合ってから、化粧、遅刻、欠席という生徒らしくない言動を取るようになったと言える。しかし、このような問題の原因を仁美が慎重に友達と付き合えなかったということに求めることはできるのだろうか。新井ら（2009：30）は、「中学生の時期から、多くの子どもが体の変化、能力、性格、異性等の葛藤と悩みを持っている。はじめに、このような悩みは自分だけと自分を特別視し、否定的に捉えがちであるが、友達との交流のなかで秘密を共有し合うことにより、それらの葛藤や悩みをもちつつ生きていくことを受容していくようになる。こうして徐々に自己や外部の人に開かれた柔軟な自我ができていく。他方、それらの葛藤や悩みを自己受容できない場合は、自分の中だけに閉じた狭い自我形成になりがちになり、次の発達課題である自我同一性の形成にブレーキをかける」と指摘している。

　思春期の変化を迎えているNC生徒はこういった変化への葛藤と悩みを持ち

ながら、異文化環境に対処しなければならない。言葉と文化の壁にぶつかることで、彼らは新しい環境の中で友達ができにくく、独りぼっちになることが稀ではない。思春期の葛藤や悩みを友達と共有することが難しくなっており、親との距離も取り始めるため、NC生徒は「自分の中だけに閉じた狭い自我形成」を行う状態になりがちである。仁美の家庭環境は複雑で、親や兄弟との揉め事もあり、彼女がこのような大変な時期に出会った友達が映見である。仁美にとって映見は彼女の秘密を共有し合える心の支え的な存在となっている。張希も、仁美もこういった環境の中で、常識からはずれた振る舞いをすることで「自己顕示」しながら、自らの内面世界で思春期の変化と葛藤している。こういう時こそ、周囲の支援やサポートが大事であるように思われる。悩みを聞いてくれる相手や気が合うエスニック仲間の存在が大きいと考える。仁美は、彼女の秘密を共有し合え、しかも「社会的に有能な行動（向社会的行動、リーダーシップ行動）」（新井ら 2009：158）能力を有する仲間と出会うことができなかったため、数々の逸脱した行動を取ったわけであろう。それゆえ、「言葉が喋れてコミュニケーションが自由に取れたら、もっと社会が広がってもっと崩れていく可能性があったので。だから、とても心配です。どんどん日本語も喋れて、世界が広がると、もっと心配」[65]と仁美の担任が語ったように、一歩学校の外の世界、即ち、相対的に自由が付与される社会へ踏み出すと、NC生徒にとって自己をコントロールできるのかということが大きな課題となると言えよう。また、自由を与えられてからのNC生徒の自己コントロールの課題は彼／彼女のみが抱える問題ではなく、彼／彼女らが徐々に根ざしていく日本社会の不安定化といったことにもつながりかねない問題である。

第4節　本章のまとめ

本章では、来日初期のNC生徒の学校適応の様子を、学習状況、人間関係、中国の学校文化との違い、問題行動という側面から描いた。観察したデータからは、「一枚岩ではない現実の構成」を把握することができた。在籍学級の授業観察で、孫明、劉研、趙峰、張希などのNC生徒はいずれも授業と関係のない本を読んだり、教員の指示よりも自己判断を優先したりする学習態度が観察

された。孫明、劉研、史迅の事例では「無秩序」な授業環境が学習意欲を低下させる要因として働き、結果として在籍学級に対しての無関心と在籍学級の周囲の日本人生徒からの孤立をもたらしたにもかかわらず、自らの校内活動領域を国際教室へ移して中学校生活へ適応する様子が観察された。このことからNC生徒は学校生活に適応する方法を自分で考え選択していることが分かった。

周雪、張希のように日本語での交流がうまくできないため、言葉を発さずに学校生活を過ごした事例も観察された。実は明るくてよく喋るタイプであったが、異文化環境に置かれた時点から不安感や自己を卑下する感情によって周囲に対する警戒心が常に高まっているようである。慎重に考慮した上で日本の学校生活に対応しようとする傍観的姿勢を示したが、そのような生活が1年、2年と長く続くと、自制できなくなり、長期的に抑圧された感情が爆発することで、勉学や活動への参加という生徒らしいアピールの仕方とは違い、周囲の人々にもっとアピールしやすい行動の仕方、即ち、逸脱した行動によって周りの注目を集めようという問題行動を起こすことにつながる可能性が出てくるといえよう。

いじめから立ち直った趙峰の場合は、受容的な態度を示し、人間関係が最も重要であることを認識するようになったからこそ、自分の世界観を変えつつ、日本人生徒との関係を円滑に進めることができた。しかし、卒業したらみんなと離ればなれになるため、日本人生徒に対して特別な感情を持っていないことや日本社会への溶け込みが不可能であると考えるといった消極的な姿勢も持っている。このような考えが趙峰のみならず、仁美、李奇、琴英、章田等の孤立した経験や排除された経験があるNC生徒にとって、もっとも超え難い壁になっていることが明らかになった。この心理的障壁は成人への橋渡しとなるNC生徒の日本社会への溶け込みにも大きな影響を与えるため、今後の教育支援を行う際に、こういった心理的サポートがより重要視されなければならないのではないかと考える。

来日初期のNC生徒の学校適応の調査内容を要約すると、「いじめの体験」「一斉主義」などを経験したNC生徒たちでも、時間の経過によって「周辺化」の位置にいるどころか生徒集団の中心に自らをおくこともあった。日本の学校文化の「圧力」を感じながら、分からない授業であれ、人間関係であれ、自分

なりの「戦略」を考案し、学校生活を力強く生き抜いていることが明らかとなった。しかし、学業達成において自らの存在をアピールできないこと、ホスト社会に溶け込むために心理的障壁を有することなどの問題が本研究においても観察された。

　本書では、中国系NC生徒は自ら学習、人間関係、自己保護という戦略に関して自発的な選択行為により、日本の中学校生活を生き抜こうとしていることが分かった。また、NC生徒の選択行為による学校文化への適応は教育・適応支援が肯定的影響を与えているということも分かった。教育・適応支援があったからこそNC生徒の選択の範囲が広がり、学校生活の空間も増大し、学校適応への可能性をもたらしたからである。児島（2006：173）では、ブラジル人生徒の学校適応を考察する際に、ブラジル人生徒の学校文化からの逸脱や進学の難しさを、教員たちは「本人のやる気」の有無といった「個人の努力」に還元して説明しようとすると指摘した。しかし、NC生徒の学校適応は、彼ら「個人の問題」に還元できるとは限らない。NC生徒の学校適応は、個人の選択と努力にも関係しながら、学校集団という支援のあり方にも大いに関与しており、NC生徒と日本の学校の両者の努力が相まってこそ、その相乗効果が発揮されるということを認識することが重要である。

[注]
（1）本書では来日4年以内の生徒、即ち、小学校6年時に来日し、中学校に進学する生徒を含め、途中から中学校に転校してきた生徒を来日初期の生徒として捉える。
（2）協調的抵抗とは、現行の不平等な待遇への協調を前提として可能になる抵抗行為である。例えば、無断欠席や勝手な遅刻・早退などが可能となることの背景には、そうした行為を「外国人だから仕方ない」と許容する教師たちの実践が存在する。そうした状況に甘んじて逸脱行為を繰り返すことは、彼らを「お客様」として周辺化することで既存の学校文化を維持しようとする不平等な構造の温存に荷担するという結果をもたらす（児島2006：164）。
（3）拒絶的適応とは、学校文化の圧力に対する単純な反作用としての拒否の身振りである。ブラジル人生徒のポルトガル語による壁づくりはその代表例といえる。状況への積極的な関与は控え、仲間うちだけの世界に閉じこもることから、「集団的引きこもり」と呼んでもよいかもしれない。この種の抵抗行為は、本来ならば連帯すべき相手までも無視してしまう結果をもたらすことが多く、他者を巻き込んで抑圧的な状況を変革していく原動力とはなりにくい（児島2006：165）。
（4）創造的抵抗とは、他者との積極的なかかわりの中で達成されるものである。かかわりを通じて他者の認識や行為のあり方に影響を及ぼすことによって、自己と他者との関係性を新たに組み替えていこうとする実践であり、肯定的なアイデンティティの形成と新たな

場の創出を同時に可能にする身振である（児島 2006：165）。
（5）第7章第5節「ニューカマー生徒の進路選択に影響を与える場」を参照。
（6）本書で提示する事例はW中学校とT中学校を中心にフィールドワークにおいて観察されたNC生徒の学校生活に関するものである。
（7）本書でのデータの表記法である。第3章の注（5）を参照。また、NC生徒や中国人日本語教師、保護者に対するインタビューは中国語で行った場合もある。本書では、中国語のインタビューデータの原文を省略し、筆者による訳文のみを提示することに統一する。
（8）NC生徒趙吉の担任教員へのインタビュー【INdata4-2：2009/10/20】。
（9）T中学校フィールドノーツ【FN data 4-4：2011/7/6】。
（10）S教員へのインタビュー【INdata4-5：2011/7/1】。
（11）T中学校フィールドノーツ【FN data 4-6：2011/7/6】。
（12）S教員へのインタビュー【INdata4-7：2011/7/1】。
（13）H教員へのインタビュー【INdata4-9：2011/3/14】。
（14）N教員へのインタビュー【IN data4 -10：2011/3/18】。
（15）ここの「先生」は筆者のことを言う。
（16）本調査対象校の国際教室の業務遂行に関わる外国人教員は中国人であるため、中国人日本語教師と名づけた。先行研究では日本語非母語話者（JNNS）教員と称する場合が多いが、本書では先行研究の引用を除き、中国人日本語教師という呼称に統一する。調査対象校T中学校に所属する中国人日本語教師の場合はR教員と称することにする。日本語非母語話者（JNNS）教員に関する考察は第6章第3節（1）「ニューカマー生徒に対する日本語教師の認識と対処」を参照。
（17）NC生徒孫明とのインフォーマルなインタビュー【INdata4-14：2009/7/6】。
（18）T中学校フィールドノーツ【FN data 4-15：2012/9/6】。
（19）文化外国語専門学校発行で、『文化初級日本語』（1987）凡人社。来日初期のNC生徒に対する日本語の補習には決まった教材はなく、また、生徒ごとに学習歴、学習レベル、学習の進度が違うため、日本語教師が各生徒のレベルに応じて適宜必要な教材を選択している。
（20）T中学校の在籍学級で授業を参観し、授業中の状態に筆者は大変驚いた。もちろん教員の講義を聞いて、黒板に書いている板書をメモする生徒もいるが、それは確実に少数である。大部分の生徒が小声で話したり、寝たりしており、教室を動き回る生徒さえいた。生徒たちの座り方も多種多様である。まっすぐに座る生徒は一人も観察できなかった。教員が行き過ぎた生徒に注意しても無駄である。このような環境の中で、教員の授業が続いている。このような授業の環境は劉研、孫明のクラスのみならず、趙峰とその他のNC生徒のクラスにおいても同様であった。更に、W中学校の国際教室に通う趙吉と李奇も彼らの在籍学級の「無秩序」ぶりについての話をした。
（21）石川（2008）は、57名のNC高校生に対してインタビューを行い、彼らの小・中学校の経験を振り返り、思い出としての経験を語らせた。調査を通じて、中国出身の生徒は、日本の中学校に入って「日本の先生はやさしい」「勉強しなくてもよい」「自由な雰囲気」という学校文化を感じることが圧倒的に多い。このことから、石川（2008：158）は日本の小・中学校は彼らの学習アスピレーションを冷却している環境であると言えると指摘した。本調査における中学校の授業中の環境を、来日初期の調査対象者であるNC生徒の大半が「無秩序」という言葉を使って言い表した。
（22）筆者が調査を行っている学校では、昼食はみんなが一緒に在籍学級で食べるように決めている。しかし、NC生徒の中には、昼食時間になると、在籍学級へ行かず、日本語教師にお願いして、どうしても国際教室で食べたいと言う子もいる。しかし、学校の規則であるため、お願いされても日本語教師は毎回生徒を在籍学級に行かせることにしている。

在籍学級で昼食を食べたくない原因については「みんな話しているのに、自分が話せない」「無言で食べるから、楽しくない」などと述べている。この点については第5章第1節（2）「在籍学級で昼食をとることへの抵抗」で更に事例を取り上げながら論じる。
(23) T中学校の国際教室での観察。2009年4月から2013年現在まで筆者が中学校へ行っている間、生徒はできるだけ教室で昼食を食べている。在籍学級で昼食を食べる生徒でもほぼ5分も経たずに国際教室へ行っている。在籍学級で昼食を食べにくい生徒は、食べずに国際教室へ行っている。中国人同士で話をしたり、将棋をしたりする。この点についても第5章第1節（2）で詳しく論じる。
(24) NC生徒劉研の担任教員に対する自由回答式アンケート調査。2009年10月17日実施。
(25) N教員へのインタビュー【INdata4-18：2011/3/18】。
(26) NC生徒劉研へのインタビュー【INdata4-19：2009/7/23】。
(27) R教員へのインタビュー【INdata4-22：2009/7/23】。
(28) 鈴鈴はT中学校の生徒であり、日本生まれで中国にルーツを持つ女子生徒である。T中学校の国際教室で国語と英語などの教科の補習を受けている。
(29) NC生徒章田の担任教員へのインタビュー【INdata4-26：2011/3/18】。
(30) T中学校フィールドノーツ【FN data 4-28：2010/6/28】。
(31) R教員へのインフォーマルなインタビュー【INdata4-29：2010/6/28】。
(32) NC生徒仁美の担任H教員へのインタビューデータに基づいて筆者がまとめたものである。H教員へのインタビュー【INdata4-32：2011/3/14】。
(33) F教員へのインタビュー【INdata4-35：2011/3/23】。
(34) H教員へのインタビュー【INdata4-38：2011/3/14】。
(35) Fisher, R. & Brown, S. (1989) は人間関係を改善するために実行すべき詳細なアドバイスを全部で6つあげた。本文に言及した1つのアドバイス以外に更に、①相手がどのような態度を取っても合理的な態度を保つ、②相手の自分に対する理解力の程度にかかわらず、相手を理解しようと心がける、③相手の聞く能力にかかわらず、よい聞き手になる、④相手が信頼できる人物か否かにかかわらず、自分は常に信頼される人物になれるように努力する、⑤相手がいかに強制的な態度をとっても、非強制的な態度を保つという具体的なアドバイスを提示している。
(36) T中学校フィールドノーツ【FN data 4-39：2009/10/6】。
(37) T中学校フィールドノーツ【FN data 4-45：2012/9/20】。
(38) 第5章第1節（2）を参照。この節でNC生徒周雪は自分の性格をエスニック生徒に話している。
(39) NC生徒段峰は同じT中学校に在籍する日本で生まれた生徒である。
(40) N教員へのインタビュー【INdata4-46：2011/3/18】。
(41) コラージュ（collage）とは、もともとは"coller"というフランス語に由来する語で、「糊で貼る」という意味がある。第一次大戦中のヨーロッパに起こった貼り絵技法をもとに、写真や絵、商品のカタログ類といった印刷文化の産物を素材として組み合わせ、表現を試みたものである。文字通り、超現実的な絵画作品を生み出し、現代芸術に広範な影響を及ぼした。1940年代後半以降、臨床心理学領域において心理療法として応用的に導入されて現在に至っている（藤井 2002：143）。
(42) E教員はT中学校の数学の教員である。NC生徒の「取り出し授業」の時に教科の授業——例えば数学、国語の授業を国際教室で補習を行う際に、学校の教科の教員が国際教室へ行ってNC生徒に教科補習を行う。
(43) T中学校フィールドノーツ【FN data 4-49：2010/6/21】。
(44) H教員へのインタビュー【INdata4-54：2011/3/14】。
(45) N教員へのインタビュー【INdata4-56：2011/3/18】。

(46) N教員へのインタビュー【INdata4-57：2011/3/18】。
(47) N教員へのインタビュー【INdata4-58：2011/3/18】。
(48) 古城（2003）では、大学生32名を対象に遊びに関する印象調査を行った。調査は、遊びという言葉から連想するもの・ことを自由記述するという方法で行った。調査質問紙に鬼ごっこ、カンケリ、かくれんぼなどのほか、野球、サッカー、ドッジボール、テニスなどのスポーツ種目があげられている。調査終了後、学生たちに確認したところ、彼らは競技スポーツ（競技者は競技力を維持し高めるために必要なトレーニングや、それを支える諸条件［時間・指導者・組織等々］の所有を不可欠とし、さらに勝利こそスポーツの価値とする見方のもとで日常的な競争を強いられている）ではなく、日常生活の中で行う娯楽としてのスポーツを連想して回答したということである。つまり、彼らはいわゆる大衆的スポーツを遊びの範疇で捉えたことになる（古城 2003：176）。
(49) スポーツ行動のあり方は、主体の意志や意欲、競技団体所属の有無、活動に専念するための諸条件などの違いによって、高度に競技化したスポーツから草野球に象徴される大衆的スポーツまで多様な現象形態をとる。その中で、スポーツ人口の観点からみた時、大衆的スポーツは高度化スポーツに比べ圧倒的に多くの愛好者をもつ。また国民一般の日常的娯楽として、あるいは健康維持活動の1つとして重要な役割を果たしている。こう考えた時、大衆的スポーツとしてのスポーツを遊びの範疇で捉えることは積極的な意義を持つ（古城 2003：176-177）。
(50) NC生徒利香は夏休みに一時帰国して、8月28日に日本に戻る予定だったが、家庭の事情で、9月20日に変更したという。史迅と同じクラスで、1学期は、常に2人で一緒に行動した。利香が帰国したため、史迅は学校生活を1人で過ごすようになり、エスニック仲間の存在を強く考えるようになった。
(51) 田中・高木（1997）では、中学校1年生201名（男子108名、女子93名）を調査対象とし、中学生の社会的依存要求の特徴を究明した。考察の内容は4つの側面から構成される。①依存対象ごとの社会的依存要求の構造を「依存要求内構造」として明らかにし、②依存要求内構造を構成する依存要求を「対象内依存要求」として、対象内でのそれらの相対的強度を明らかにした。③対象間での対象内依存要求の質的類似性を示す関連構造を「依存要求間構造」として明らかにした。④いずれの分析においても、これら①、②および③についての性差を明らかにしようとした。
(52) S教員へのインタビュー【INdata4-66：2011/7/1】。
(53) N教員へのインタビュー【INdata4-67：2011/3/18】。
(54) 安達（2010）は愛知県内の中学1年生を対象にアンケート調査を実施し、異なる文化の人々の存在を認めつつも、積極的に関係を取り結ぼうとはしない傍観者的要素が大きいこと、外国人の印象や多様性評価が異文化受容態度と強く相関していることを指摘した。また、義永ら（2012）の日・中・米3カ国の中学生の国際理解意識調査において浮び上がった日本人生徒の姿は、安達（2010）の調査において指摘した「傍観者的態度」に通じるものであるといえる。
(55) Y教員へのインタビュー【INdata4-68：2011/3/18】。
(56) F教員へのインタビュー【INdata4-69：2011/3/23】。
(57) 「自己保護」は自ら自分を守るという意味の、筆者の造語である。本書においては、NC生徒が自分の置かれている環境に適すると思われる守り方を自分なりに取捨選択し、周囲の状況に調和していこうということである。
(58) 第1章第3節「本研究の目的」注（26）を参照。
(59) 体の外と内の両方の変化というのは、子どもの身体と意識という2つの側面において起きた変化のことである。身体の変化は主に、第二次性徴、例えば身体スタイル等の体の変化で、意識の変化は主として異性への関心、能力、性格等の変化である（新井ら 2009：

29-30)。
(60) T中学校フィールドノーツ【FN data 4-71：2010/6/28】。
(61) 文部科学省初等中等教育局児童生徒課「平成23年度児童生徒の問題行動等生徒指導上の諸問題に関する調査」について（2012/9/11）、アクセス日：2013/5/2、Http://www.mext.go.jp/b_menu/houdou/24/09/icsdiles/afieldfile/2012/09/11/1325751_01.pdf.
(62) 映見は小学校低学年時に転校してきた生徒であるため、仁美と中国語での交流を行うことができる。
(63) R教員へのインタビュー【INdata4-78：2011/3/23】。
(64) T中学校フィールドノーツ【FN data 4-79：2011/3/11】。
(65) H教員へのインタビュー【INdata4-81：2011/3/14】。

第**5**章

日中学校文化⁽¹⁾の差異がニューカマー生徒にもたらす学校適応への影響

　日中学校文化の差異は、学校体系、教育課程、教育理念、儀礼と活動など多岐にわたる。本研究ではNC生徒と教員、そして筆者が認識している日中学校文化の差異を中心に言及する。NC生徒が認識する日中学校文化の差異は在籍学級における昼食、水泳の授業、教科の扱われ方、部活動がある。そして、日中学校文化の差異に関して、教員は「体操服の着替え、プール、お弁当等」⁽²⁾をNC生徒が直面している問題項目として挙げている。本研究では学校文化を、①学校を取り巻く環境、②教育内容と理念、③モデルパーソン、④儀礼と活動、⑤歴史・コミュニケーションネットワークという5つの要素を構成要素として形成されるものであると規定した⁽³⁾。「ルールを守ることを学ばせる」ことが調査対象校の教育指針である。生徒は学校のルールを守ることを基本としている。そのため、日本人生徒であれ、NC生徒であれ、昼食は在籍学級でとるという学校のルールに従わなければならない。これは、学校のあるべきビジョンを指す教育方針と校則によって示される教育内容と理念（項目②）である。また、部活などの生徒会活動は校内で組織的かつ定期的に行われる活動であるため、NC生徒が認識するもう1つの差異は項目④儀礼と活動に帰納することができる。それゆえ、本章では日中学校文化の差異として主にNC生徒と教員が共通の認識を持つ、項目②と④を中心に検討する。これらの項目に加え、学校文化の差異がもたらすNC生徒の学校適応への影響を検討するためには、学校を取り巻く環境に対する考察も避けて通れない。そのため、NC生徒が学校で直面する現実にどのように対処するのかといった問題を踏まえつつ、調査対象校の教育理念、儀礼と活動について考察する。

第1節 「ルールを守る」という教育理念の尊重

　日本は2005年7月に食育基本法[4]を実施し、2006年には食育推進基本計画を制定して、「子どもたちが食に関する正しい知識と望ましい食習慣を身に付けることができるよう、学校においても積極的に食育に取り組んでいくこと」を強調している。小中学校に栄養教諭を配置したり、給食を通しての学習を行ったり様々な食育政策を実施している。文部科学省の実施した2011年度の調査[5]によると、2010年度全国の公立小学校の完全給食率は98.1％であり、中学校の完全給食率は76.9％である。しかし、大阪府における公立中学校の完全給食実施率は、生徒数ベースで17.8％[6]に過ぎないのが現状である。本調査対象校は給食を実施する地域ではないため、生徒は弁当を持参する。日本では、弁当は食生活の一部といえ、毎日持参することが一般的となっている。それに加えて近年、健康志向により食材に気を遣う人や、キャラ弁（キャラクター弁当のこと）などこだわりを持って弁当を作る人が増えている（小谷ら2010：204-205）。この弁当作りは母国で弁当の習慣がなかったNC生徒の保護者にとっては負担となっている。また、NC生徒も弁当を持参することや在籍学級で昼食をとることには慣れないようである。しかし、「ルールを守ることを学習させることや、ルールを守る習慣を身に付ける」[7]ことが学校の指導方針となっているため、教室で昼食をとることは学校のルールとして守らなければならない。本節では、集団で弁当を食べる文化に馴染んでいないNC生徒の昼食時間の過ごし方を示す。

（1）ニューカマー生徒の在籍学級での昼食時間の様相

　筆者が調査を行った学校では、昼食はみんなが一緒に在籍学級で食べるように決められている。NC生徒の中には、昼食の時間になると、在籍学級へ行かず、日本語教師に願いでて、どうしても国際教室で食べたいと言う子もいる。しかし、学校の規則であるため、日本語教師は毎回生徒を在籍学級に行かせることにしている。在籍学級でお昼を食べたくない理由についてNC生徒は「みんな話しているのに、自分は話せない」[8]、「グループに入れなくて、お昼は

なおさら食べにくい」[9]などと述べている。調査対象者である李奇に関する事項であるが、来日当初、日中間の食文化の差異が原因でクラスメートが驚いた出来事があったという。下記は、李奇の担任教員による運動会の日に起こった出来事の語りである。

> 「運動会の日だったんです。みんなで教室へ戻って、ご飯を食べようとなった時に、クラスがすごく騒いでいるんです。どうしたのかなと思って、話を聞いたら、李奇はウインナーを袋ごと持ってきたんです。彼女は袋を開けてウインナーを食べ出したんです。周りの子が『あかん』と袋を取って止めたんです。で、彼女『ええ？』ってなって、『何でお弁当を取られるの？』という感じになって……。これ文化の違いやなってクラスで話をして。彼女もすごくびっくりしたと思うんです」
>
> 【李奇の担任教員へのインタビュー INdata5-5：2009/11/16】

「中国では袋に入ったウインナーをそのまま食べる」のに対して、「日本ではみんな焼くとかゆでる」という生活様式の差異が表れているほか、「弁当という習慣が向こう（中国）はなかった」という文化の違いも明らかになった。弁当作りの苦労についてR教員は「私たちはお弁当を作る習慣がないでしょう。毎日作るものですから、すごく苦になります」[10]と述べている。NC生徒が日本式の弁当ではなく、中国式の弁当を持参することで、周りの日本人教員や生徒に衝撃を与えた様子が窺える。それを起因にして、相互の理解や交流が円滑に行えない場合は、トラブルが発生してしまう可能性も出てくる。NC生徒も徐々に中国式の弁当を出すことを否定的に捉え、昼食の時間が過ごしづらくなったと言える。このように、NC生徒は周囲の環境が変化する中で、不慣れな様子を見せ始めた。以下はT中学校のNC生徒の昼食時の様子に関する担任の語りである。

> 「うん、ずーっと、お昼は教室で1人で食べてます。章田は一応、ある意味強い部分だと思います。1人でもちゃんと食べて、食べてからもうパッと、国際教室に下りるんですけど、そこは守ってる。教室で食べなあか

んっていうのは守って、1人でもちゃんと食べてる。そこは偉いなと思います」
【Y教員へのインタビューINdata5-7：2011/3/18】

「パッと国際教室に下りる」という語りから、NC生徒が昼食の時間を在籍学級で過ごそうとしない様子が窺える。また、「1人で食べる」「黙々と食べる」というのが何人かのNC生徒の共通した昼食時の過ごし方である。「いづらいが、ちゃんとそこ（ルール）を守って在籍学級で食べて偉い」という評価を得た一方で、なかなか日本人生徒の輪に入ることができず、孤独に昼食時間を過ごしているということも述べられている。この時間帯にNC生徒自身はどのような行動をして昼食時間をつぶそうとしているのかを次節で詳述する。

（2）在籍学級で昼食をとることへの抵抗

「皆喋るのに、自分だけ喋れない」という言葉の障壁で昼食の時間において日本人生徒と交流できないNC生徒が「1人で黙々と昼食をする」際、その場にいることに息苦しさを感じる。そのような状況でNC生徒は昼食の楽しさを全く感じておらず、結果として徐々に昼食をとらなくなる事例が観察された。

> **事例** 昼食の時間をつぶしているNC生徒の様子
> 4限の授業が終わって、国際教室に来た。「お弁当を持ってきた？」とR教員に聞かれた。「持ってきたけど、食べたくない」と生徒安志が言った。時間をつぶしている様子であった。「安志、早くクラスに戻って、今はどこにいるべき？」とR教員が言った。「もう、みんなは食べ始めたんじゃない」と筆者が確認したが、「彼はもう食べないようにしている。お昼の15分は、どんなに過ごしにくいだろうか」とR教員が言う。
> 【T中学校FNdata5-8：2012/9/20】

NC生徒安志はお弁当を「持ってきたけど、食べたくない」と言いながら、わざと国際教室で時間をつぶそうとした。国際教室のR教員は「早くクラスに戻って、今はどこにいるべき？」と叱ったものの、「お昼の15分は、どんなに過ごしにくいだろうか」という同情の意も表した。一方で、NC生徒の昼食時

間の過ごし方に特例が認められる様子も観察された。新悦は担任教員と話し合い、転校してきた最初の1ヶ月間は昼食を国際教室で食べることになった。国際教室で食べた1ヶ月間は自然に何の支障もなく昼食の時間を過ごすことができた。しかし、1ヶ月が過ぎて在籍学級で食べるようになってから昼食をだんだんと食べなくなってしまった。以下はその様子を記述する事例である。

事例 NC生徒新悦の昼の過ごし方
　プールの授業の後、授業が2限連続ということで、4限の授業が終わっても髪の毛が濡れたままの新悦が国際教室に来た。「お昼に行きましょう！」と日本人日本語教師は促したが、「食べません」と新悦が言った。
　新悦は在籍学級には戻ったが、5分もたたず再び国際教室に来た。
　「もう、食べ終わった？」とR教員が聞いた。
　「いいえ」と回答した。R教員はそれ以上何も言わなかった。
【T中学校FNdata5-9：2012/9/13】

体育の授業の後なのでお腹が空くはずだが、「食べません」と強調するばかりであった。新悦の昼食時間の過ごし方をめぐってNC生徒間で議論が行われた。

事例 エスニック仲間による昼食時間の過ごし方についての助言
　昼休み、筆者は国際教室に戻ってきた新悦に「食べた？」と聞いたが、「いいえ」と返答した。
　筆者：在籍学級で何をしたの？
　新悦：本を読んだ。
　そして、その場にいる史迅と周雪の対話が始まった。
　史迅：彼女は食べたくないんだ。
　周雪：食べたくないなんて言わないで。もし、恥ずかしいようであれば少し大きめの弁当箱を買って、そして食べる時に箱の蓋で少し遮って［言いながら遮る動作をした］。
　史迅：恥ずかしいことなんてないよ！

周雪：もちろんあるよ。あなたは理解できないだけだよ。あなたは友達がいるけど、私たちにはいない。1人で黙々と食べると担任も「どうしたんだ」と言いにくるよ。
　史迅：それにしても彼女に昼食を食べさせないとだめでしょう。
　周雪：私たちは性格的には似ているよ。あなたは利香と友達だから、一緒に食べられるけど、私たちは無理。これは性格の問題でもあるよ。
　史迅：担任の先生とちょっと相談してみたら？　例えば、クッキーを持ってきたり。ちょっと可愛いお弁当箱を買って、小熊のクッキーを入れて食べてもいいんじゃない？
　周雪：これは性格の問題だ。餓えても食べたくないんだ。

【T中学校FNdata5-10：2012/9/20】

　「恥ずかしいようであれば、少し大きめの弁当箱を買って、そして食べる時に箱の蓋で少し遮って」「可愛いお弁当箱を買って、小熊のクッキーを入れて食べてもいいんじゃない？」というエスニック仲間からの助言があった。しかし、いくら、誰が助言しても、新悦は同じようなことを繰り返していた。「これは性格の問題だよ。餓えても食べたくないんだ」と周雪は解釈した。新悦はしばらくの間昼食を食べない時期が続いた結果、だんだんと頭が痛い、胃が痛いと補習の授業中にもよく訴えるようになった。
　昼食に関するもう1つの事例である生徒琴英が在籍学級で昼食を食べなくなった経緯について提示する。

事例　在籍学級で昼食を食べづらくなった
　「もうお昼だよ、早く教室に戻って」と日本語教師たちが促している。
　「今日お昼を持ってきたよ」と琴英は言った。
　「お！　えらい！　すごい久しぶりに持ってきたでしょう⁈　じゃ、早く教室に戻って食べてきて」と日本語教師が言う。
　そして、琴英が教室に戻った。
　15分も立たずに琴英が再び国際教室に戻ってきた。
　「早いな！」と筆者が言った。

「食べてない」と琴英が言った。
　「どうして食べなかったの？」と筆者と日本語教師は口をそろえて言った。
　「しばらく在籍学級で昼食を食べなかったので、持ってきても恥ずかしくて食べられなかった」と琴英が言った。【T中学校FNdata5-11：2010/6/7】

　NC生徒琴英は入学当初、しばらくの間昼食を在籍学級でとった。しかし、長く続かなかった。そして、だんだんとお弁当を持ってこなくなり、持ってきても食べないようにしていた。琴英が徐々に陥りそうになっている状況に関して、R教員は琴英に「みんなと良い関係を保つことが何よりも重要なこと。テストの成績はペーパーだけじゃないから。だから、いくら困難だとはいえ、できるだけ在籍学級でクラスメートと一緒に食事をしよう」[11]と説教をし、彼女がとるべき日本の学校生活への適応の姿勢についてアドバイスした。
　しかし、いくらR教員から説教されても、NC生徒は快く在籍学級で食べることができなかった。筆者が中学校へ行っている4年の間、生徒は入れ替わったにもかかわらず、毎年新しく転校してくるNC生徒は誰もが昼食の問題に直面していることが観察された。NC生徒はできるだけ教室で昼食を食べるが、在籍学級で昼食を食べる生徒もほぼ5分も経たずに国際教室へ行く。在籍学級で昼食を食べずに国際教室へ行く生徒もいる。以下の事例とインタビューデータを通してNC生徒の在籍学級での給食時間の過ごし方を説明する。

　事例　昼食の時間を教室の外で待つことに
　　仁美は授業以外では全く在籍学級にいないようにした。授業が終わったら、直ちに国際教室に行った。昼食も持参しなかった。昼食の時間になるともう1人の生徒琴英と一緒にずっと国際教室の外で待つことにしていた[12]。
　　　　　　　　　　　　　　　　【T中学校FNdata5-13：2010/11/12】

　T中学校のR教員は昼食の形式に関して生徒の保護者という立場から心境を語った。

「昼食に弁当を持参することって本当に煩わしいことですよ。うちの子のように1ヶ月に1回だけでも頭が痛いです。でも、持っていかないといけないんです。これは日本文化です。既にここに来たからには、日本の慣習に従わなければなりません」　　　　【T中学校FNdata5-14：2010/6/28】

NC生徒が感じる昼食時間の過ごしにくさや保護者が弁当作りに不慣れなことについて、日本語教師は理解する態度を示している。しかし、学校のルールとしてきちんと守らないといけないということもあり、NC生徒に対して「郷に入っては郷に従え」というような期待を示している。NC生徒は在籍学級で昼食をとることになぜ抵抗感があるのだろうか。その要因として、言葉が通じず、食事中のコミュニケーションの輪に入れないことが挙げられる。もう1つ重要な要因としては、思春期の心身的発達段階の特徴の現れであるということを挙げることができよう。

「学校教育法」第五章「中学校」に関する条文の第四十五条では「中学校は、小学校における教育の基礎の上に、心身の発達に応じて、義務教育として行われる普通教育を施すことを目的とする」[13]とされている。また、「中学校学習指導要領」第1章総則の第1条教育課程編成の一般方針では、「生徒の人間として調和のとれた育成を目指し、地域や学校の実態及び生徒の心身の発達の段階や特性等を十分考慮して、適切な教育課程を編成するものとし、これらに掲げる目標を達成するよう教育を行うものとする」[14]ことが示されている。ここで注目したいのは、これらの条文が中学生に指導を行う際に心身の発達の段階や特性に応じると強調している点である。李（2010）では、児童期から思春期にかけて、「悩みの種類も児童期の単純な悩みから、複雑で自我の中心にかかわる悩みへと変容」し、「自分の気持ちや感情を素直に言葉で表現することが困難な時期」であると述べる（李 2010：55）。中学校段階で転校してきたNC生徒は児童期から思春期にかけての発達途上段階にある。このような思春期固有の特徴に加え、自ら話せない異なった言語で人と交流することはなおさら困難である。昼食の短い時間帯とはいえ、彼らのほとんどは一分一秒をとても長く感じながら過ごしている。思春期の生徒には「他者からの評価を気にし、特に自分の身体的容貌や能力に対しての悩みで落ち込むなど、様々な悩みから自

分自身を過大評価したり過小評価したり」（李 2010：55）するといった変化が伴うことから、自らの心的変化のハードルを乗り越えられないNC生徒は、最後に在籍学級で昼食をとらなくなる選択肢を選んだと言えよう。

　また、Cummings（1980：329）は、日本の小学校を対象にフィールドワークを行い、日本の学校文化の特徴を指摘した。具体的には、①一般大衆の教育に対する関心が高いこと、②児童生徒の成績と動機が平等であること、③成績の平均水準が高いこと、④平等志向の価値観が教育されていること、⑤平等化に向けて社会が変革されてきたこと、⑥社会的機会が平等化されてきたことである。つまり、Cummingsは日本の学校教育の「全人教育」（Cummings 1980：330）と「平等化」を強調している。この「平等化」は生徒全員の教育の機会を均等視すること、学力知力の発達を全員対象に配慮することなどの意味を持った概念だと解釈することができる。「特別扱いはしない」[15]、「みんなと一緒」[16]という調査対象校の教員の語りから、Cummingsの「平等化」に該当する思想が観察される。むろん、このような「平等化」教育は来日初期のNC生徒にも例外なく適用される。そのため、特殊な事例に対処する柔軟性が不足することになる。昼食が良い例であり、NC生徒の背景・特性に応じて柔軟に対応すべき事例が発生する。NC生徒は、ルールを守ることと在籍学級で昼食をとる時の居心地の悪さを乗り越えることの間で葛藤している。やむを得ず、ルールを優先すべき場合は、NC生徒は食べないことを選択した。中学3年時に転校してからほとんど在籍学級で昼食をとらなかった生徒（琴英）もいれば、転校してから1回も昼食をとらなかった生徒（仁美）もいた。この選択は発達段階にある生徒の身体的発達に大いにダメージを与えたと言えよう。このように異文化背景を持つNC生徒がいきなり日本の学校生活全般に融合することは至難の業である。それゆえ、日本の学校生活に慣れるため、過渡期には特別な配慮を行うというような対処策が必要ではないかと考える。このような過渡期に日本語や日本の文化慣習、および日本の学校の行動様式を認識させることが、NC生徒が安定した精神状態を保てることにつながり、学校生活をスムーズに過ごせるための重要な時期となると考える。

第2節　教育内容の相違により生じた葛藤

　中国教育部は、2011年12月、義務教育段階（小学校、初級中学）における言語・文学等の19科目の新教育課程基準（原語：義務教育課程標準【2011年版】）を公表した。今回公表された19科目は、言語・文学、英語、日本語、ロシア語、品徳と生活、品徳と社会、思想品徳、数学、物理、化学、生物、初級中学科学、歴史、地理、歴史と社会、芸術、音楽、美術、体育と健康である。芸術関連科目の実施にあたっては、芸術、音楽、美術の3つから選択する。初級中学の外国語科目では、日本語、ロシア語を第二外国語とする場合もある[17]。一方、日本の中学の課程には、国語、社会（地理、歴史、公民）、数学、理科（物理、化学、生物、地学）、音楽（楽器合奏）、美術、保健体育（体育、保健）、技術・家庭、英語、道徳、総合的な学習の時間が含まれている。科目名において技術・家庭以外は大きな違いがない。しかし、例えば、科目名が同じである体育では授業の具体的な内容には日中双方の差異が大きくみられる。また、中国の教育課程にはない科目、技術・家庭という科目もある。このような教育内容の相違が日本の中学校に転校してきたNC生徒の学校適応に大きな影響を与えていることが観察された。その影響について次に「本格的に実施する体育の授業への戸惑い」と「技術の授業にNC生徒が示す難色」という2つの側面から論述する。

（1）本格的に実施する体育の授業への戸惑い

　日本の義務教育は、すべての子どもに一律に必要な教育を受けさせるために、行政の責任で執り行われている。自立した一個人として成長し、生きていくために必要な知・徳・体を身につけさせるということがその主な内容である。NC生徒は日中の体育の授業に対して「（日本では）体育の授業で結構走ったり、しんどいです。疲れます」[18]というのに対して、「中国では体育の授業はリラクゼーション程度」[19]というようにその差異を明確に認識している。このような相違があるからこそ、中国の教育環境で育ったNC生徒が日本の中学校に転校してくると、その内容に戸惑いを見せるだろうことは容易に想像できる。

　新悦は中国の教育環境で育ったため、日本に来てから学校文化の違いに衝撃

を受けた。彼女の成績は来日初期のNC生徒の中では一番優秀であったのだが、体育の授業への抵抗や生活能力の低さなどの理由で教員に叱られたことが何度もあった。まず、新悦の成績が国際教室で話題になった様子について紹介する。そして、彼女が経験した体操服から制服に着替える際に起こった出来事に関して見ていく。

事例 NC生徒新悦の実力テストの成績が話題に

新悦は5限の授業を国際教室で受ける。授業の途中、その日に担任からもらった実力テストの成績表を筆箱から取り出した。国語46、数学89、英語92、理科6、社会16という成績であった。成績を見た瞬間、筆者は相当驚いた。授業が終わってから直ちに国語46点という成績を日本人日本語教師に見せたら「間違ってないのか」と驚いた。本人は「辞書で調べて解答したし、選択問題がよく当たった」と答えた。そして、その場にいたR教員は「運じゃない。頑張ったからだよ。驕らずもっと頑張って!」と励ました。国際教室に来た史迅や周雪らが話を聞きつけ、「何? 何?」と聞きにきた。「刺激になるかもしれないから、皆にも見せようか」とR教員は日本人日本語教師に言いながら成績表を回した。

「すご〜い! 中1に戻りたい!」と史迅は感嘆の声を上げた。

「英語92点! 私いつ英語で92点を取れるのだろう?!」と周雪が言った。エスニック仲間の間で新悦の成績が話題になった。

【T中学校FNdata5-19:2012/9/6】

新悦の成績はよく、学習能力は高いが、彼女の生活能力や運動能力の低さという側面を以下の事例から読み取ることができる。中国で「勉強だけでいい」という家庭教育環境の下で育った彼女は、勉強が一番重要であると認識して育ってきた。そのため、彼女は日本の学校生活において多くの衝撃を受けた。

事例 NC生徒新悦の体育の授業後の着替えでの出来事

新悦は体育の着替えが遅れたことでR教員に怒られてポロポロと涙をこぼしていた。隣のクラスに着替えに行った際に、そのまま制服を置いてお

けばよかったのに、男子生徒の着替えの場である自分のクラスに置きに行ったせいで、休み時間に着替える機会を失ってしまった。そろそろ授業が始まるため、トイレで着替えるようにR教員に言われた。しかし、彼女はトイレでの着替えの仕方が分からない。スカートの裾が床に付くのではないかと思っていたようであった。R教員は丁寧に着替えの仕方を教えたが、鞄を置くところがないというような言い訳をして、結局着替えることができなかった。

【T中学校FNdata5-20：2012/9/20】

　新悦がうまく着替えることができなかったことに関して、T中学校の日本語教師は「やりたくないっていうか、本当に分からない、彼女は。どうしたらいいのか分からない。で、自分で考えなさいと言われたので、ボロボロ泣いてて」と述べた。また、「中国では体育はそんなにやってない、リラクゼーション程度、美術とか、息抜きみたいな程度だから、日本に来たらなぜ一生懸命やらなければならないのかが、まずそこから分からない」と述べる。そして、日本と中国の体育科授業の教育内容の違いに言及して、「彼女も勉強以外に何もしなくてもいいよというような家庭環境で育てられたから。やればできるのにね。モチベーションの問題ですね。日本に来てすごく試練の時なんです」[20]と母国での生活環境が新悦の学校生活でぶつかる障壁を生み出す１つの要因になっているのではないかと分析した。新悦のみならず、ほかのNC生徒も同様の問題に直面している。以下はN教員による体育が苦手な孫明と劉研に関する語りである。

　　N教員：国際教室のクラブで、走る時もあったんで。それは確か孫明も劉研もリレーしてたと思います。孫明が先で劉研が次って感じで。２人とも勉強がいけそうですけど、体育は結構苦手っていうか。
　　筆者：そうですね。得意じゃなかったですね。
　　N教員：結構中国も、例えば中学校でその体育の授業を、教科科目に融通されたりとかしますので、彼らも中３に入って全然体育をやってないとか。２人もそんなに体育にも興味を持ってなさそうで。

【N教員へのインタビューINdata5-22：2011/3/18】

もともと走る等の体育競技が苦手な生徒もいれば、人の前で走ることを恥ずかしい、あるいは面倒に思う生徒もいる。次の語りは運動会の時の生徒張希の様子である。

> 「人前でやったりすんのとかを面倒くさがるっていうか。男女混合で、最後張希の番になって、バトンもらっても、笑いながら「テテテ」ってチンタラ走って、予行の時はそれやったんで、R先生に「『全力で走れ』の中国語の発音を聞いてカタカナでメモって、張希の走る前に「張希！　快点？」って言って、「行け〜」って言ったんですけど、チンタラチンタラやった時があったんですけど、そん時はもう、クラスの皆が怒ってくれたんで」
> 【S教員へのインタビューINdata5-23：2011/7/1】

「中学校でその体育の授業を、教科科目に融通されたり」という点が教員の意識する日中の学校の教育内容の差異である。このような差異によってNC生徒の中には「勉強がいけそうですけど、体育は結構苦手」「走りの苦手な人が多い」という現象が起こっている。中国は1980年代から学校教育の普及と充実が同時に進んでいるため、様々な改革が長期的に実施されている。特に、中国教育部が発表した「義務教育課程標準【2011年版】」では、「2001年から実施されている現行基準の特徴である児童・生徒の創造力の育成などを中心とした資質教育[21]を更に強化するとともに、2010年7月に公表された2020年までの教育中長期計画で示された目標を具体的に遂行するため、児童・生徒一人ひとりの能力の育成を重視した内容となっている」[22]。しかし、教師や設備が充実している重点学校[23]に進学するための競争や、一人っ子の増加などの要素が「応試教育」[24]に拍車をかけている。このような状況の中、「素質教育」を取り入れようとする動きがあったものの、学校現場での実施において多大な課題が残っていると言わざるを得ない。このような背景を踏まえ、本研究の対象者である孫明、劉研が体育に興味を示さなかったり、張希が人前で走ることにさえ抵抗感を持ったりしている事実を解釈しなければならない。これは両国の教育制度の差異によりもたらされた生徒の学校適応を困難にする要因の1つと考えられる。

本項の冒頭で言及した「(日本では)体育の授業で結構走ったり、しんどいです」という感想から分かるように、NC生徒は体育の授業に不慣れな一面を示している一方、授業に対してその感情を肯定するための戦略も考え出しつつあった。

　a．ニューカマー生徒が直面する水泳の授業に関する問題
　水泳は「体育」または「保健体育」に含まれる内容として扱われている。水環境の豊かな日本において、水に親しみ、万が一危険にさらされても無事に対応できる能力を持つことは、単なる運動の一種目ではなく、自立した人としての教養基礎であり、まさに「生きる力」である（松井 2004：2）と捉えられている。日本では、昭和30年から40年代にかけて、学校に次々とプールが設置され、子どもの泳力を涵養する場としての役割を果たしてきており、子どもの水泳学習の場としては世界にも類を見ないほど充実した環境を実現してきた。2012年度現在、総務省統計局資料「社会生活統計指標－都道府県の指標－2012」によると、公立学校におけるプールの設置率[25]は、小・中・高校でそれぞれ85.2％、70.5％、64.5％となっている。そのうち、大阪府の公立学校におけるプールの設置率は、小・中・高校でそれぞれ92.3％、91.4％、93.2％となっており、公立学校におけるプールの設置が大変普及していることが分かる。本調査対象校においてもプールが設置され、保健体育科では、毎年、生徒には6月末頃より、週に2、3時間、9月の第1週目まで水泳指導を行っている。その時間の中で、クロール・平泳ぎ・背泳ぎの泳法を系統的に指導しており、少しでも速く、長い距離を泳ぐことを目標とし、基礎体力の向上を目指した指導をする。

　中国では、学校内にプールを設置しているところが大変少なく、水泳の授業を設ける学校も稀である。地域によって違いが出てくるかもしれないが、特に東北地方には泳げない者が多く、全く泳げない者の割合は日本より高いように思われる。民間の水泳学校で訓練を受ける者や、専門学校で習う者を除外すると、そもそも基本さえもできていない者が少なくないと言えよう。しかし、日本の中学校に転校したからには水泳の授業を受けざるを得ない。NC生徒の水泳の授業に対する課題は、泳げるかどうかという技術的なものだけではない。

着替えの仕方や荷物の整理の仕方など、NC生徒にとって全て初めて経験することであり、慣れていない様子が観察された。以下の事例は生徒史迅と利香が水着の着替え方に関してR教員に相談した際の様子である。

> **事例** NC生徒史迅のプールでの着替えに関する相談
> 史迅と利香は次の日にプールでの授業があるため、国際教室でR教員に相談した。
> 史迅：先生、プールの授業には何を持っていったらいいのですか。
> R教員：水着もう買ったでしょう。大きめのバスタオルも必要だよ。
> 史迅：水着を着たままでもいいですか。
> R教員：いいよ。でも、暑くないの？
> 史迅と利香：じゃ、どこで着替えればいいのですか。個室ですか。更衣室はありますか、とR教員に続けて質問した。
> R教員：ないよ、女子生徒は皆一緒に着替えするから、ボタンが付いているバスタオルを買う方がいいよ、とR教員がアドバイスをした。
> 史迅と利香：どうやって着替えるのですか？
> R教員：ボタンが付いているバスタオルを首から被って、水着を脚からはいていく、と説明しながら手順を示した。
> 史迅：制服は脱がないのですか？
> R教員：もちろん脱ぐよと言って、バスタオルをかけて制服を脱いでから水着を身につける動きの手本を示しながら、再び説明した。
> しかし、史迅たちはまだ分からない様子であった。
>
> 【T中学校 FNdata 5-24：2012/7/3】

着替えの仕方や荷物の整理の仕方など、最初から明確に指導を受けなければ、小さなことであっても経験したことがないため、NC生徒はパニックに陥る可能性がある。しかし、中学校に在籍しているNC生徒にはやはり頑張ってほしいと日本語教師はその複雑な心境を次のように語った。

「みんなと一緒に着替えるのも躊躇するのに、水着の着方？　上から着

るのか下から着るのか、服の脱ぎ方？　順番？　脱いだらどうたたんでどう置くまで、で、みんなと違うと、何かその時点で仲間外れになっている。『あれはああしてるで』とか（周りの子に［筆者注］）、その一言でもプールなんか行きたくない、精神力の弱い子はそれに負けて学校を休んだり、逃げたりする」　　　　　　【R教員へのインタビューINdata5-25：2011/3/23】

　水泳の授業があるため、NC生徒たちは必要なものを用意してきた。しかし、必要なものは用意できても、使い方が分からない。使う順番や着替えの場所などに関して不安でいっぱいであった。R教員に何回も聞き、シミュレーションもしたが、来たばかりの生徒にいかに説明しても、経験したことがないため、あまり理解できない様子であった。しかしながら、日本人生徒にとって水着の着替え方や制服のたたみ方などは「常識」である。スリッパをはいていいかどうかというような些細な「常識」を常に質問することは困難である一方、質問しない場合は突然その場に置かれたNC生徒にとって日本人生徒と一律に行動することが不可能となってくる。水泳の授業を受けるにあたり、NC生徒は馴染みがない事柄を多く経験する。このような状況に対して、NC生徒は様々な態度を示していることが観察された。次項ではその内容を述べる。

　b．水泳の授業に対するニューカマー生徒の態度
　学校文化の違いにより、本調査対象者のNC生徒は全員がプールの経験を有しておらず、プールや水泳の授業に全く不慣れな状態であったと言っても過言ではない。水着の着替え方さえも分からないのに、心身ともに変化が現れつつある思春期のNC生徒にとって、鈍い動きを皆の前で披露することはなおさら困難なことである。この状況下で、NC生徒は水泳の授業に対して抵抗感を示し、授業を回避しようと様々な戦略を考え出すのである。

　事例　NC生徒原秋が水泳の授業をさぼる
　　原秋：あの日は水曜日、泳ぎたくなくて、水泳の授業をサボりました。本当に泳ぎたくないのです。泳がないとグラウンドで10周走らないといけないそうです。だから、水泳の授業の日はほとんど行きません。

【T中学校FNdata5-26：2010/7/12】

　NC生徒原秋は「泳ぎたくないから」という理由で水泳の授業になるとよく欠席したことが分かった。体育や運動が苦手な彼女にとって、グラウンドを10周走ることも受け入れることができない現実となっている。水泳の授業を機に丸1日の授業を欠席することになってしまった。一方、水泳の授業を欠席しない生徒も、授業において幾つかの困難を経験する。NC生徒にとって、水泳の授業の障壁は泳ぎ方が分からないということだけではない。皆の前でどのように着替えをしたらいいのか、ボタン付きのバスタオルがどのような役割を果たすのか、着替えたものをどのように片付けたらいいのか、着替え終わったら何をしたらいいのかなど、NC生徒が抱える疑問は多い。このような状況において、生徒新悦は水泳の授業に対して抵抗感を示した。

　事例　NC生徒新悦の水泳の授業への抵抗
　　新悦は水泳の授業に行きたくないとR教員に申し出た。R教員は「行かないと駄目よ」と言った。しかし、新悦はしつこく行きたくないと繰り返した。「じゃ、せめて体操服に着替えないと」とR教員は教えたが、「ない」と新悦は返答した。「水に入らなくても体操服を着るという最低限のルールを知らないの？」と叱り始めた。授業のベルが鳴ったため、R教員は新悦を連れて国際教室から出て外の廊下で説教し続けた。結局プールの授業には遅れたもののプールに行って水に入った。

【T中学校FNdata5-27：2012/9/6】

　水泳の授業に対して抵抗感を示したのは彼女だけではない。プールに入りさえしなければ、グラウンドで10周走ってもいいという生徒もおり、水泳の授業をさぼるために学校自体を休んでしまう子もいる。また、女子生徒のみならず、男子生徒にも抵抗感を示す者がいた。次にそれに関連する事例を取り上げる。

　事例　NC生徒周雪の水泳の授業の過ごし方
　　周雪は来日後2年間、プールに入ったことがない。かわりにずっとグラ

ウンドを走った。1回の走りは計10周である。

【T中学校FNdata5-28：2012/7/3】

　NC生徒数人の水泳の授業中の様子について、T中学校の体育を担当するY教員は次のように語った。

　　Y教員：プールの時期は、中国にルーツのある子たちは結構しんどい思いを、泳げない子が、入りたくない子もいますよね。章田もそうやし。
　　筆者：入ったことありますか？　章田は。
　　Y教員：章田、水着に着替えてくるんですけど、上でただ待ってる時が多かったです。今までほんまに一瞬入ったぐらいで、泳いだりはもう全然してないです。泳げないです。毎年そうですね。張希も、顔浸けるのもダメやって。最初は入ってたんですけど、顔が浸けれない、グッとできない。ずーっと浸かってるだけ、お風呂みたいに、浸かってるだけでした。

【Y教員へのインタビューINdata5-29：2011/3/18】

　「プールの時期は、中国にルーツのある子たちは結構しんどい」という言葉から、NC生徒は水泳の授業を素直に受け入れておらず、水泳への抵抗と彼らなりの抵抗策を見せた。「お風呂みたいに、浸かってるだけ」の授業に対するいい加減な態度や、意識的にプールに入らず、グラウンドで走ったり、更に授業をサボったりして、とにかく、彼らなりの回避行動をとっている。しかしながら、回避行動をとるだけでは問題の解決につながらない。また、日常の体育、美術、音楽などの総合成績が高校受験にも関わってくる。言語の障壁に直面しているNC生徒にとって、このような科目は成績をアップさせる絶好の機会であると言える。逆に、これらで良い成績が獲得できない場合、彼らの高校受験はより不利になると考えられる。不慣れな水泳の授業に対する抵抗がますます強まっているため、調査対象校の日本語教師はそれに対応する解決策を考え始めた。その具体策は次項で詳述する。

c．水泳の授業に関する問題を解決するための日本語教師の戦略

　NC生徒は体育の授業に戸惑いを感じているだけでなく、水泳の授業をサボったり「病欠」したりする。NC生徒が示した水泳の授業への反発に対して、日本語教師らはこのような問題を解決しなければならないと意識し始めた。日本語教師らが考えた方法は、放課後に水泳の授業を補習するというものであった。学校の管理者と連絡をとり、水泳部と交渉した結果、水泳部とプールを共有することとなり、放課後NC生徒を対象とする水泳の補習を行うようになった。しかし、放課後の水泳の補習に対して、NC生徒の示した態度は様々であった。補習の機会を利用して水泳の技術を向上しようとやる気を見せる生徒もいれば、授業や補習にかかわらず水泳に対して強い抵抗感を持ち、補習への参加に興味を示さない生徒もいた。このような状況下で、補習を行うために、人を集めたり、着替えさせることなどがスムーズに進まなかったケースもあった。開始予定時刻が遅れることやNC生徒に着替えを何度も促さなければならないといったこともしばしば起こった。補習が必要なNC生徒全員がプールに着いた時点で、残りの補習時間がわずかしか残っていなかった時もあった。また、自らの意思ではなく、エスニック仲間の強い希望と勧誘で水泳の補習に参加した生徒も観察された。以下はその事例である。

事例　友達のために水泳に行くNC生徒新悦

　今日も皆で水泳を練習する日である。放課後、史迅、東浩、宇航はさっそく国際教室に戻って、着替えをした。新悦は午前中叱られたせいか、なかなか姿を見せなかった。長い間待っていたら練習する時間がなくなるため、R教員が先に行こうと指示したところで、新悦が来た。来たとたん、「絶対に行かない」と明言した。しかし、そばにいた史迅は女の子1人だけなので、寂しいと言って「行こう、行こう、一緒に行って新悦、でないと私1人だけになる」と何回も誘った。筆者も「せっかくだから行こう」と誘った。新悦は悩みながらも皆と一緒に国際教室から出た。そして、プールに近づいてから、史迅から「行こうよ、新悦、でないと私だけだよ」と再び誘われ、筆者もそばで「行こう、行こう」と後押しした。新悦はやっとうなずいて着替えに行った。新悦が着替えている間、R教員は筆者に

「新悦は行きたくないって言ってたけど、友達のために来ましたね。いいですね」と喜びの言葉を発した。　　　　　　【T中学校FNdata5-30：2012/9/6】

　NC生徒新悦は水泳のことでR教員に叱られたため、プールに対する抵抗感が増したと言える。しかし、エスニック仲間に何回も誘われたことで、放課後の水泳の補習に参加した。この事例からはエスニック仲間という要素によって水泳に対する抵抗感が和らいだことが分かる。エスニック仲間との相互補助がNC生徒の学校適応に与える影響については第4章第2節（2）のe.において詳しく論述したとおりである。以下の事例は放課後のNC生徒に対する水泳補習の様子である。

　事例　水泳の補習時の練習の様子
　　準備運動の後、皆プールに入った。日本人日本語教師とR教員がプール沿いで動きのコツを指導した。東浩と宇航は浮き伏せクロールで3～5メートルほど泳ぐことができる。史迅もずいぶん上手になっており、ビート板を使って浮き伏せで3～5メートルほど進むことができる。ただし、膝が曲がっているので、「水があんなに飛び散っているのに、進まないな」と日本人日本語教師は言った。そして、「足をまっすぐに。曲げないようにバタバタして」とアドバイスをした。新悦は水中に顔を浸けることもできず、伏し浮きすることも全くできなかった。「顔が水中に入ると気持ちが悪く、水にむせてしまう」と日本語教師たちに告げた。そして、ずっと補助伏し浮きの練習をした。史迅は新悦にコツを教えてあげようとした。しかし、「先生、うまく説明できない」と日本語教師に伝えてから、新悦がビート板の一端を引っ張って水中で歩き、ビート板を使った顔つけの練習を一緒にした。そろそろ5時になるため、「もう時間だよ、上がって」とR教員が叫んだが、「もうちょっと泳ぎたい」「あ～時間がこんなに速く過ぎたの？」とまだまだ足りない様子であった。最初プールを嫌がっていた新悦も水中で歩いたり、バタ足の練習をしたりして、「もうちょっと泳ぎたい」と日本語教師に頼んだ。　　　　　【T中学校FNdata5-31：2012/9/6】

2012年6月に水泳の授業が始まってから、最初の数回の授業は中国人日本語教師が新悦のそばについて一緒にプールに入ったことで、新悦もプールに入ることができるようになった。そのため、新悦のR教員への依存心は強まり、水泳の授業になると必ず「そばについていてほしい」と要求するようになった。しかし、ずっとそばにいることは不可能であり、また、水泳の補習を行ったことによってNC生徒のプールに対する抵抗感が徐々に弱まっていることもあり、新悦1人で水泳の授業に行かせることにした。

事例　水泳の授業にNC生徒新悦を1人で行かせた
　2限の授業が終わって、新悦が国際教室に来た。R教員に「一緒に行ってほしい」と願い出た。「とても忙しいから、自分で行って」と言ったが、また「お願い」ばかりで、仕方がなくR教員はプール側まで連れて行った。今回のプールの授業ではR教員が新悦のそばにつかず、自分で水に入らせた。その後、R教員は国際教室に戻ってきた。「今日は彼女1人でプールに入るけど、どうなるかな」と心配そうな顔で日本人日本語教師に言った。
　　　　　　　　　　　　　　　　　　【T中学校FNdata5-32：2012/9/13】

　藤原（1994）では、学校教育が持つ多文化化の背景に関して、「国内的、国際的な要因が相乗的に作用している」と指摘した。また、「国内的にはいっそう顕在化傾向を強めつつある民族的、文化的多元主義に、ポジティブに対応しながら調整することが求められる」ことと、「国際的には異文化に対する理解と受容性を広く人々の間に育むことによって、より円滑な国際関係を築きあげる必要性が増大している」ことという2つの課題を挙げながら、多文化教育への期待が高まっている現状を述べている（藤原 1994：2）。ヒト・モノなどが国境を越えて激しく移動する今日では、学校における多文化教育の実施や多文化背景を持つ生徒への対応が喫緊の課題となっている。そのような課題に対処するため、学校既存のカリキュラムや体制の調整と改革が求められる。また、多文化化による学校改革の評価の物差しとしては「学校カリキュラムにあらゆる集団の貢献が反映されている」（藤原 1994：57）点である。つまり、学校カリキュラムは、ホスト側の生徒のためだけに設計したものではないため、学校に

在籍しているNC生徒の文化背景を配慮した要素および調整も取り入れる必要がある。

　本調査において、学校カリキュラムに含まれる水泳の授業は、水泳に不慣れなNC生徒にとって乗り越えがたい学校生活の一つの壁となっていることが観察された。これは教育環境と教育内容の差異により生じた問題である。母国とは異なる教育内容、即ち水泳の授業に対して、NC生徒は1コマの水泳の授業を回避するために、1日休むという強い抵抗を示す事例が観察された。このような問題は解決しなければならない。一方で、問題が解決されたケースもあった。日本語教師の工夫で放課後に水泳部とプールを共用してNC生徒に水泳の補習をさせることで水泳技術を向上させた。補習を通して、プールに入ったことのないNC生徒が次々に泳げるようになり、水泳に対する興味関心を徐々に引きだすことができるようになった。このように徐々にではあるが、NC生徒が直面する問題への配慮および教育内容の差異が引き起こした問題を直視することが、学校の多文化教育課題を解決するための重要な要素ではないかと考える。

（2）技術の授業にニューカマー生徒が示す難色

a．技術の授業に対するニューカマー生徒の態度

　NC生徒が技術の授業においてオリジナルアルバムの製作ができないため、提出せずに済ませたという事例を記述し、日中学校文化の違いがNC生徒の学校生活への適応に与える影響を考察する。

　事例　卒業旅行のオリジナルアルバム作り

　　3年生の劉研、孫明は5月8日から10日まで卒業旅行で沖縄へ行くことになった。そして、旅行後世の中に1つしかないオリジナルアルバムを作らなければならない。内容は10ページ、表紙と裏表紙を付けて、写真や絵やイラスト等5枚まで入れることができる。そのアルバムを教員が評価し、20点満点の成績がつく。内容が10点、きれいさが10点というような配点になる。2人は作り方が分からず、悩んだ表情で国際教室で日本語教師に相談をした。「旅行中に聞いたことや、見たことをそのまま書いてもいいよ」などと日本語教師は教えた。その場で、筆者は孫明、劉研に

「きれいに作れば10点も取れるよ」という冗談を言って笑わせた。しかし、結局孫明、劉研２人ともオリジナルアルバムを作らず、提出しなかった。

【T中学校FNdata5-33：2009/5/18】

中国の学校では、思い出のカードやオリジナルアルバムなどを製作する機会が大変少ない。特に中学校３年生は、すべての時間を主要教科に使うため、美術も音楽の授業も主要教科の授業に振り替えられてしまう。「日本の学校での授業は楽だよ。学習の内容も豊富だし、フルートも習うし、水泳も習うし、中国ならないよ。中国にいた時は、国語、数学ばかりだった。日本の学校では体育の授業も優先する。課外活動が主要科目の時間より優先されることもある、しかも、よく優先される」(26)。日本の学校では、主要教科以外の科目も勉強の１つの内容として取り扱い、重要視されている。NC生徒は、美術や音楽などの宿題に苦しんでおり、これは学校文化の障壁の１つの側面と言えるであろう。３年生は受験を控えており、短期間でこうした能力を上げることは難しい。中国の中学校教育では重要視されていない科目を日本の中学校で主要科目と同じように勉強することは、楽しい側面もある一方、成績として記録されることで苦しむ側面もある。

ｂ．エスニック仲間の助けによる教科課題の解決

前述したように、中国の学校では、国語、数学、英語等の主要科目の授業が重要視され、美術や音楽等の授業は特に中学校３年になると入試のためほとんど行われなくなる場合がある。しかし、日本の学校は、主要科目の成績だけではなく、課外活動や音楽、技術、家庭にも成績があり、しかも、高校入試とも関連がある。この点が、中国の学校制度と大いに違うところであるといえる。本調査において、単独で教科課題の遂行に困難を感じたNC生徒が国際教室へ助けを求めに行って、直面した問題を乗り越えた事例がしばしば観察された。

事例 千羽鶴の製作を国際教室のエスニック仲間に依頼

授業の間の休み時間、劉研、孫明が国際教室に来た。

孫明：先生（R教員［筆者注］）、先生（孫明の担任［筆者注］）が修学旅行

のため、10羽の千羽鶴を折らなければならないって、どうしてですか？うまく折れないけど。

　T中学校の日本語教師：修学旅行の時、記念碑のお墓参りに行く時に使うかもしれないからよ。教えてあげるね。

　そして、日本語教師自ら折り始めた。日本語教師の隣にいた２人のNC女子生徒も一緒に折り始めた。日本語教師は別のことをしに席を立った。大体20分ほどで中国人女子生徒の手伝いで10羽の千羽鶴を折り終え、孫明、劉研の２人は教室に戻って担任に渡した。

【T中学校FNdata5-35：2009/4/21】

　高橋（1968a：7）は、依存性を「道具的な価値ではなく、精神的な助力を求める要求である」と定義し、①依存の対象の数、②依存要求の様式、そして、③依存要求の強度の３点に注目して、「依存構造モデル」に沿って、青年期女子の依存性の発達を検討しようとした。つまり、どのような対象に、どのような方法で、どの程度依存するか、という点に着目し、対象間の依存機能の分化とその進展（構造化）過程によって依存性の発達を検討した。一方で、辻（1969：11）は、依存性を「是認、指示、助力、保証等の源泉として他人を利用ないし頼りにする程度」と定義し、道具的依存と情動的依存の２つの下位尺度からなる「依存性テスト」を提案している。また、関（1982：231）は、依存性が「援助、慰め、是認、注意、接触等を含む、肯定的な考慮、反応を他者に求める傾向であり、人間に対する関心の向け方を記述する１つの概念である」と定義した。辻と関の定義と、高橋の定義には違いがみられる。辻と関は依存の対象が誰であるかという点を特に問題にしないが、高橋はそれを問題にしている。つまり、辻と関は「パーソナリティとしての依存性」を問題にしているが、高橋は「特定の他者との間の対人関係における依存性」を問題としている。このことは、関（1982：233）の依存欲求質問紙の説明の中の「対象が１人に限られないよう、考慮した」という記述や、その注の「高橋の研究との目的の相違による。高橋の研究は、依存の対象を明らかにすることを目的の１つとしていた」（関 1982：243）という記述から読み取れる。高橋の一連の研究について、福田・小川（1988：22）は、高橋の研究が対象間での機能の相補性のみ

に問題を集約させ、青年期における依存機能の対象間での質的差異を考慮していないと批判している（田中・高木 1997：152-153）。

このような指摘を踏まえ、田中・高木（1997）では、中学生を対象として、青年期における4つの依存対象（母親・父親・同性の親友・異性で最も好きな人）に対する中学生の社会的依存要求の特徴を考察した。そこで得た結果の1つとして、男子は主に「道具的依存要求」[27]、女子は「道具的依存要求」に加え、「心理的依存要求」[28]を抱いていることが分かった。また、男子は親友に対しては、支持要求と助力要求とを主に抱くのに対し、女子は親友に対しては、関心・受容要求と助力要求とを主に抱くことが明らかになった（田中・高木 1997：159）。前述した千羽鶴の事例は、孫明のエスニック仲間への依存要求が他者からの個別的あるいは具体的で、直接的な反応や行動により満たされるために起きたことだと言えよう。このような依存要求を満たしてくれるエスニック仲間の存在は、日中学校文化の違いにより生じた日本の中学校への不適応の問題をスムーズに解決する要因として作用していることが分かる。中国系NC生徒にとって、同じエスニシティや経験を有する生徒の存在そのものが適応のための貴重なリソースとなっている。彼らにとって、母語でコミュニケーションを取ることのできる友達の存在、エスニック仲間や同じ経験を有する仲間は大きな助けであるに違いない。国際教室は中国系NC生徒が学校生活をスムーズに過ごすためのサポート手段となっており、NC生徒が直面した学校生活の問題を相談できる相手がいることから、言語・教科学習以外の重要な教育的役割を担っていることが分かる。

第3節　課外活動の本格化

中国や欧米の学校では教科学習を中心に教育課程が構成されているのに対して、日本の学校では運動会、学芸会、遠足、修学旅行などの学校行事や給食、掃除など、いわゆる教科外の活動にも多くの時間が使われている（吉田ら 1993：113-127）。このような教科外活動は日本の学校文化の大きな特徴であると言える。現行の学習指導要領のもとでは教科外活動として、小・中学校では道徳、特別活動、総合的な学習の時間の3つが設けられている。一方、学級活

動（高校ではホームルーム活動）、児童会活動（中学・高校では生徒会活動）、クラブ活動、学校行事等の多岐にわたる内容から構成されている特別活動は、他国にあまり類を見ない（末藤 2008：45）。

「学校での子どもは、価値や知識を既存のままに与えられ受容する存在としてではなく、それらを自ら獲得し内面に形成していく存在として、少なくとも理念的に描かれるはずである。その獲得や形成が子ども自身の参加によってなされるという点が、子ども参加の意義の1つである。また、学校の構成員としての子どもという視点、および社会へ参加する主体と成長する子どもという視点からも、子ども参加の意義は指摘できる」（大日方 2004：223）。NC生徒も言うまでもなく、学校の構成員である。部活動への参加は、NC生徒の価値および知識の獲得や形成にどのような影響をもたらしているのか、NC生徒自身は部活動への参加が学校生活への適応にどのような影響を与えていると認識しているのかという問題意識のもと、本節では、中国系NC生徒の課外活動の経験と課外活動に対する認識を記述する。記述に沿って、課外活動、即ち部活動が生徒の学校生活への適応にどう影響しているのかを考察していきたい。

（1）身体のみならず、意志も鍛えられる部活動

調査対象校で行われる部活動にNC生徒は日本人生徒と共に所属している。NC生徒は、日本語の勉強とその他の科目の勉強で精一杯であるため、部活動に参加する余裕はないと考えていたが、現実にはそうではないことが分かった。

筆者が調査を行った中学校では、部活動が盛んに行われている。毎日6限目の授業が終わって、掃除をしてから、4時頃になると部活動に参加する生徒たちが続々とグラウンドへやって来る。サッカーやラグビー、陸上など活動範囲の広い部活動はグラウンド上で練習し、楽器や歌などの練習は廊下でする。そして、体育館では、バレーボールやテニスなどの練習をする。毎日の部活の練習はほとんど6時までである。本調査対象者のうち、ラグビー部に所属する男子生徒が2人いた。2人とも中学校へ入学してからまもなくラクビー部に入部した。また、バドミントン部に入部した女子生徒が1人いた。日々の厳しい練習にもかかわらず、練習を通して学んだこと、鍛えられたことに彼らは感銘を受けているということが調査によって明らかになった。以下に取り上げるのは

NC生徒の部活動での様子と部活動の意義に対する生徒自身の認識である。まずは趙峰と趙吉の2人のラグビー部での練習に関する事例である。

事例 部活動の練習に励んでいるNC生徒趙吉
　放課後、部活動の練習を始めるため、生徒が続々とグラウンドへ集合した。練習が始まる前、趙吉はみんなと輪を作って、笑いながら話していた。メンバーが集まってから、部活動の教員の指示で4人ずつに分かれ、ボールを投げる練習をし始めた。両端に1人ずつおき、真ん中は2人の形で両サイドを交替しながら走ってボールを投げた。生徒は何かを叫びながら練習を行っていた。趙吉は練習中真剣で、声も大きかった。

【K中学校FNdata5-36：2009/10/20】

事例 部活動の練習に励んでいるNC生徒趙峰
　10月末にある学校の文化祭のため、国際教室を代表して、趙峰は1年生と共同で獅子舞を演じる。今回は2回目であるため、日本語教師によって獅子舞の監督役に任命されたそうである。ラグビー部の練習も通常通りある。今日は4時からラグビー部の練習をして、4時半に国際教室へ戻って、獅子舞の練習をした。教室に戻って来た時には、すでに全身汗でびっしょりだった。タオルで何回も顔を拭いて休憩すると、落ち着いたようであった。まもなく、道具の獅子の頭を被って、踊りの練習をし始めた。練習は5時まで続いた。5時10分ごろ国際教室が閉まってから、またラグビー部の練習に行った。雨のため、教室棟の廊下で、階段に沿って走る練習や腕立て伏せなどをした。部活は毎日6時まで行われる。

【T中学校FNdata5-37：2009/10/6】

　次のインタビューからは、日本と中国の学校文化で大きく違う点、即ち、部活動に対する趙峰の認識を知ることができる。

　　筆者：日本と中国の学校はどこが違うと思う？
　　趙峰：部活。体を鍛えることだけでなく、精神上の成長にも役立ちま

す。(中略)先輩はずっと教えてくれていました。先輩はいい人です。メンバーが少ないから、1人1人大事にしてくれます。また、部活の練習を通して闘志も鍛えられます。しかも、試合が多いから、チャレンジ精神やチームワーク意識などいろいろと成長します。中国では部活なんてありません。こんなに本格的に練習したりしません。

【生徒趙峰へのインタビューINdata5-38：2009/7/23】

　趙峰は日本の学校の部活動をとても本格的であると認識し、自らも練習に励んでいる。趙峰の担任教員は彼の部活動においておさめた成果として「学校は弱いんだけれども、彼はX市の代表の選抜チームに選ばれてたんですよ。選抜メンバーなんですよ。だから、かなりいい選手で」[29]というふうに評価している。
　また、周雪は学校のバドミントン部に入部してから、バドミントンの技術が向上したと感じている。それは部活動に入ったメリットだということをはっきりと認識している。

事例　NC生徒周雪の部活動に対する認識
　中1の冬休みからバドミントン部に入った。バドミントンに興味を持ち、自分で選んだ部活であったが、練習する相手がいないため、練習がしにくい状況[30]になっていた。「ずっと練習相手を待っている感じで、私は余り物みたい」と本人は言う。辞めたいが、母親は「だめ」と言うそうで、無理矢理続けているそうだ。しかし、入部してから体得した一番のメリットは「バドミントンのプレイがうまくなった」ことだという。夏休み中一時帰国した周雪は、母国の故郷においてバドミントンが流行っていることに気付いた。日本の学校で練習したため、「友達の中で私は一番強いよ」と語る際にすごく誇らしげな様子を見せた。

【T中学校FNdata5-40：2012/9/6】

　大久保ら（1997）は、体格と運動能力に関する中学校男子生徒の学年ごとの値を比較調査した結果、運動部のグループが最もすぐれていると結論づけてい

る[31]（大久保・阿部 1997：426）。中国の学校文化と日本の学校文化で大きく違う点の一つが教科外活動である。本調査対象者のうち、3人が中学校の部活動に入部している。部活動の練習を通して「体を鍛えることだけでなく、精神上の成長にも役立つ」「練習が相当きついから、負傷する人が多い」「部活動の練習を通して闘志も鍛えられる」「試合が多いから、チャレンジ精神やチームワーク意識等いろいろと成長させられる」と認識している。また、周雪の事例のように部活動に参加したことで技術が上達し、母国の友人の前で披露できたことを、とても誇らしげに思っている事例も観察された。

渡辺（2007）は、小学校、中学校、高校時代に部・スポーツクラブ活動の経験があるK大学の学生100人に対して、質問紙調査法を用い、外遊びや運動、スポーツ等の身体活動と社会的スキル[32]の獲得、向社会的行動の発達への影響についての調査を行った。その結果、部・スポーツクラブ活動経験は、社会的スキルよりも、向社会的行動の発達度との関連が強く現れ、向社会的行動の発達を促進する効果があることが示された（渡辺 2007：50）。

渡辺（2007）が得た結果と同様に、本調査対象者の趙峰と趙吉の事例からも、彼らがラグビー部の厳しい練習を経て、身体が強健になり、挑戦力、チームワークの精神なども鍛えられたと認識し、積極的な向社会的態度を示していることも読み取ることができる。その促進効果はNC生徒の学校生活への適応にも影響を与えていると言えよう。

福原（2003：57）は学生にとって大切な青春時代における部活動が、対人関係、問題解決能力、生活技術能力など人としての成長、発達を促す出会いの場となると指摘した[33]。本研究においても、部活動に参加することで、周りの日本人生徒との関係の改善が促進される事例が観察された。W中学校の国際教室に通う趙吉もラグビー部に所属している。趙吉の担任はラグビー部に参加することの意義を次のように語った。

「部活に入ったら、クラス、学年だけじゃなくて、縦のつながりができますし、趙吉も学校に馴染んできたりということもあると思うんで。（中略）ラグビー部の先輩らもおるし、普段声をかけられてることもあると思うんで、その場合になったら、本人はラグビー部で頑張ってることを周り

が知ってるし、ありがたいですね、部活というのが」

【趙吉の担任教員へのインタビュー INdata5-41：2009/10/20】

　筆者：もし、先輩に認められたら、周りの生徒との人間関係もよりうまくいくようなことがありますか？
　趙吉のラグビー部の指導教員：ありますね。ラグビー部はしんどいねんけど、趙はあそこで頑張ってるみたいなんで、また上級生に認められるようなとこあるな。

【趙吉の部活動の指導教員へのインタビュー INdata5-42：2009/10/20】

　部活動は、子どもたちの興味が比較的優先され、子どもが自発的、自治的に行うことができる場という性質を持っている。そして、異なる年齢による縦割り集団であることも、部活動の大きな特徴である[34]（葛上 2004：41）。「先輩はずっと教えてくれてたんだ。先輩はいい人だよ」「クラス、学年だけじゃなくて、縦のつながりがある」「趙はあそこで頑張ってるみたいなんで、また上級生に認められるようなとこあるな」という話に見えるように、活動を通して友人ができ、また異なる学年と交わることで様々な対人経験を築いていくよい機会を得ることができ、その中で生徒は社会的スキルを身につけていく。事例からも、インタビューデータからも、NC生徒が部活動で頑張る姿が浮かび上がった。日本の中学校を力強く生き抜くため、これからの日本社会に溶け込むため、生徒たち自身も努力をし、中学校生活、日本の生活に適応しようとしていることが分かる。また、NC生徒の頑張りのみならず、それを認める環境もより大切であるという認識がNC生徒の担任教員や部活動の指導教員の語りから分かる。

(2)「力」で自己アピールできる場、居場所としての空間

　言葉を超えて自己アピールできることが、部活動独自の特徴であると言えよう。言葉を使用せず、練習中でも、試合中でも、頑張る姿を見せることで周りの教員や生徒に認められるという特性について趙吉が所属するラグビー部の指導教員は次のように語った。

「ラグビー部は何を基準にしてこの子を認めるかといったら、こいつ頑張ってるか頑張ってないかっていうことやねん。趙吉も遅いですけど、こいつ最後まで頑張ってるやんけっていうので、当たり試合やったら負ける先輩もいてるんです。そうして、認める。そういうなら、力関係でね、それは教室ではなかなか成立しない、部活動独自のもんやね」
【趙吉の部活動の指導教員へのインタビュー INdata5-43：2009/10/20】

　言葉を介さずに、生徒の普段見せない側面が見られ、それを認めてあげるというのが部活動のもう1つの特徴であると言える。「学年だけじゃなくて、縦のつながり」「学校とは違う姿を見せていける」「部活動をやっているほうがいい」「国籍も関係ない。頑張るやつを認めるんですよ」「力関係でね、それは教室ではなかなか成立しない、部活動の独自なもんやね」などのように、生徒の担任や部活動の指導教員はNC生徒が部活動に参加する意義についての見解を述べた。

　趙吉の中学校において、NC生徒は趙吉1人のみである。W中学校の国際教室に通っているため、そこでマイノリティ仲間の知り合いができ、母語で交流を行い、自分の抱える問題を打ち明け、週に3回ほどしか通わないが、国際教室が趙吉にとって学校外に存在する「居場所」として位置づけられている。一方、趙吉の学校内における「居場所」は「趙吉のここのおり場所は、ラグビー部としたらある」[35]、「趙吉は走ることが遅いですけど、最後まで頑張ってるというので、力もある。そうして、認める」「ほかの学校の子はK中の趙吉はすごいなと言う」という語りから、趙吉はラグビー部を自身の日本語能力にかかわらず自分自身の出せる力を通して自分の頑張りを証明することのできる場、自身を認めてくれる場、自己実現できる場としての「居場所」として位置付けていると考えられる。

第4節　本章のまとめ

　本章では、来日初期のNC生徒の学校適応の様子を、日本と中国の学校文化の差異に着目して描写した。学校文化の違いは、勉強の仕方や授業の受け方、

教員・生徒同士の接し方など様々な側面と関連しているが、本研究では、昼食、水泳、部活動という側面に焦点をしぼって記述した。中国の学校文化と大いに違う昼食、水泳といった学校生活で当然のように経験する事項はNC生徒にとって全く不慣れなことであるため、違和感や抵抗感を強く表出し、昼食の拒否や水泳の授業からの逃避といった行動を見せた。このような行動がNC生徒の学校適応を阻害する要因になっているということを明らかにした。一方、日本語教師が考え出した「NC生徒を対象とする水泳の補習」という戦略を通して、水泳の授業への抵抗感が和らいだことから、学校が持つ多文化教育の課題を直視して問題解決策を探ることの必要性が明らかになった。

技術や美術の授業に馴染みのないNC生徒が、同校のエスニック仲間に助けを求めた事例などから、同じエスニシティや経験を有する仲間の存在がNC生徒の支えとなり、学校生活への適応を促す重要な要素として機能していることが分かった。

また、本章では、中国の学校文化と大きく異なる日本の中学校の教科外活動、即ち部活動はNC生徒の学校生活への適応を促す要因として機能していることを明らかにした。部活動の練習に積極的に参加することによって、NC生徒は日本の中学校での生活を力強く生き抜くため、これからの日本社会へ溶け込めるように、学校生活へ適応しようと努力をしていることが分かった。日々の厳しい練習にもかかわらず、趙峰、趙吉は部活動の練習を経て、身体が強健になり、挑戦力、チームワーク意識なども鍛えられたと認識し、積極的な向社会的態度も示している。また、周雪は部活動への参加を通して向上したバドミントン技術を母国の友人の前で披露することによって自尊心を取り戻すことができたことで、部活動への継続的な参加と学校生活への適応に肯定的な意思を示した。趙吉の事例からは外国人生徒が在籍している学校内に国際教室が設置されていない場合、部活動が「居場所」として位置づけられることも分かった。

次章ではNC生徒の家庭環境と教員との関係性という側面から、彼らの適応過程について考察する。

［注］
（１）本書で言及する日本の学校文化は調査対象校であるＴ中学校とＷ中学校の学校文化であり、中国の学校文化は調査対象者たちが経験した中国での出身校の学校文化を指す。
（２）NC生徒李奇の担任教員へのインタビュー【INdata5-1：2009/11/16】。
（３）第２章第３節「学校文化に関する研究の検討」を参照。
（４）文部科学省「学校における食育の推進・学校給食の充実」http://www.mext.go.jp/a_menu/sports/syokuiku/index.htm、アクセス日：2013/6/5。
（５）文部科学省「学校給食実施状況調査──平成22年度結果の概要」http://www.mext.go.jp/b_menu/toukei/chousa05/kyuushoku/kekka/k_detail/1320912.htm、アクセス日：2013/8/5。
（６）文部科学省「都道府県別学校給食実施状況（公立中学校数）」http://www.e-stat.go.jp/SG1/estat/List.do?bid=000001039009&cycode=0、アクセス日：2013/8/5。
（７）R教員へのインフォーマルなインタビュー【INdata5-2：2012/11/26】。
（８）NC生徒李奇へのインタビュー【INdata5-3：2009/10/26】。
（９）NC生徒趙吉へのインタビュー【INdata5-4：2009/10/26】。
（10）R教員へのインタビュー【INdata5-6：2009/7/23】。
（11）T中学校フィールドノーツ【FNdata5-12：2010/6/28】。
（12）NC生徒は在籍学級で昼食を食べたくないため、昼食時間にはほとんど在籍学級にいない。５分も経たず国際教室へ行っており、弁当を持って来なかった生徒は在籍学級に戻らず、国際教室での補習が終わったらそのまま留まる。日本語教師が毎回時間をかけて極力NC生徒に在籍学級に戻るよう説得するが、あまり効果はなかった。このような現象を避けるため、昼食の時間になると、国際教室のドアを施錠するように決めた。筆者はT中学校の職員ではないため、職員室で昼食をとらず、基本的に国際教室で食べていた。そのため、国際教室からNC生徒は追い出され、筆者は中にいるにもかかわらず錠をかけられたことが何回もあった。それでも、在籍学級に戻らず、国際教室の外で解錠を待つ生徒がいた。冬場で廊下が寒くて、毛布を足にかけて身体を温める生徒もいれば、軽くジャンプして暖をとる生徒もいた。室内にいる筆者の心境は複雑で、極力生徒と視線があわないようにして、教室の後ろ側に座って教室の解錠を生徒と一緒に待っていた。大体15分～20分くらい過ぎてから日本語教師が解錠しにくる。そして、外で待つ生徒も昼食を食べ終わる生徒も一斉に国際教室に入って、遊んだり、話をしたりする。
（13）文部科学省（2008年3月告示）「学校教育法（抄）（昭和二十二年三月三十一日法律第二十六号、一部改正：平成十九年六月二十七日法律第九十六号）」『中学校学習指導要領』7頁。
（14）文部科学省（2008年3月告示）『中学校学習指導要領』15頁。
（15）Y教員へのインタビュー【INdata5-15：2011/3/18】。
（16）S教員へのインタビュー【INdata5-16：2011/7/1】。
（17）文部科学省『諸外国の教育動向2011年度版』（2012）206-207頁、執筆者・新井聡。
（18）Y教員へのインタビュー【INdata5-17：2011/3/18】。
（19）F教員へのインフォーマルなインタビュー【INdata5-18：2012/9/20】。
（20）F教員へのインフォーマルなインタビュー【INdata5-21：2012/9/20】。
（21）「資質教育（原語：素質教育）」は、受験偏重教育を克服し、創造性の育成を重点として子どもの様々な資質を全面的に伸ばす教育として、1990年代半ばから政府が提唱している教育改革の基本方針・理念のこと。資質教育は初等中学教育だけでなく、高等教育、成人教育などすべての教育段階・分野を通じた教育改革の原則として位置づけられている（文部科学省『諸外国の教育動向2011年度版』（2012）207、執筆者・新井聡）。

(22) 文部科学省『諸外国の教育動向2011年度版』(2012) 206、執筆者・新井聡。
(23) 重点学校は中国の教育制度の1つである。学校の成績、規模などに従って、区重点学校、市重点学校、全国重点学校という名誉を名称として付与する。重点学校の中でも、全国重点はどの側面からみても特に優れた評価を受ける学校とされる(潘・義永 2012：20)。
(24) 「応試教育」とは受験に対応した教育のことである。中国は試験のための勉強が盛んな国である。その背景は、役人を試験の成績で登用する科挙制度をとってきたことである。学歴社会の形成に伴い、高等学校への入学試験や、特に大学受験生は、清華大学や北京大学等を目指すので、その競争はきわめて激しいものである(文部科学省『諸外国の教育の動き2007年度版』2008：59、執筆者・藤村和男)。
(25) 総務省統計局資料(社会生活統計指標－都道府県の指標－2012)「公立学校におけるプールの設置率」http：//www.stat.go.jp/data/ssds/5a.htm、アクセス日：2013/7/6。
(26) NC生徒劉研へのインタビュー【INdata5-34：2009/7/23】。
(27) 「道具的依存要求」とは自分の要求が他者からの、個別的あるいは具体で、道具的あるいは直接的な反応や行動により満たされるものを抱いていることをいう(田中・高木 1997：159)。
(28) 「心理的依存要求」とは自分の要求が他者からの、一般的あるいは抽象的で、心理的あるいは間接的な反応や行動により満たされるものである(田中・高木 1997：159)。
(29) H教員へのインタビュー【INdata5-39：2011/3/14】。
(30) 冬休みに入部した時点で、すでに部内メンバーはペアを結成しており、周雪は奇数メンバーになって、誰か休む場合もう1人と一緒に練習したり、教員と練習したりする以外には1人で練習を行わなければならなかった。
(31) 大久保・阿部(1997)は、中学生の体格および運動能力の発育・発達の様相とクラブ活動との関連について、ある中学校に1994年に入学した男子生徒287名を対象に、中1～中3までの3年間にわたり縦断的に観察し、測定した。そして、3年間運動部に所属したグループ152名、3年間文化部に所属したグループ27名、3年生時に無所属だったグループ32名に分類し、それぞれの測定値を比較検討した。無所属には元運動部が24名、元文化部が8名で、3年間無所属であった者は1人もいなかった。測定項目は、体格(身長、体重、胸囲、座高)、運動能力(100m、1500m、走幅跳、ソフトボール投げ、懸垂腕屈伸)である。3グループによる学年ごとの値を比較すると、グループ間による体格差はほとんど見られなかったという。一方、運動能力で学年ごとの値を比較すると、全ての種目で運動部のグループが最もすぐれているとの結論に達した(大久保・阿部 1997：426)。
(32) 社会的スキルとは「対人関係を円滑に進めるための技能」とされ、それは対人経験を訓練することで学習・獲得されるスキルである。菊池(1988)は、この社会的スキルがどの程度身についているかを測定する社会的スキル評価尺度(Kiss-18)を作成し、また、この妥当性を調査するため、どのくらい思いやり行動をとっていたかを測定する向社会的行動尺度との相関関係を検証し、そこで正の相関が得られたため、社会的スキルが高い人は、思いやり行動も取りやすいという傾向があることを示した(菊池 1988：78)。
(33) 福原(2003)は1999年から2003年までの期間に顧問としてある学校のボランティア部の活動に関わりながら、ボランティア部員がどのような活動をし、その中で、部員同士の連帯とともに自己発見と自主性がどのように高められているのかについて、その状況を学生55名のボランティア活動の経験談と学生48名に対するアンケート調査からまとめた。その結果、学生たちにとってはボランティア活動が対人関係、問題解決能力、生活技術など人としての成長、発達を促す出会いの場となると指摘している(福原 2003：49-57)。
(34) 葛上(2004)はある小学校におけるクラブ活動の事例を取り上げながら、それを契機とした学校と地域の事例の関係の変化の過程を明らかにして学校と地域の関係を問い直す

ことが必要であるとし、学校改革の在り方を考察した。調査対象校である小学校では、突破口として、クラブ活動を地域の力で活性化したことをきっかけにして、地域との関係を深めてきたことを示した。そして、地域連携を深め、教育の活性化を図ることのできた要因を、①地域参画をクラブ活動に限定せず、さらにその領域を広げていったこと、②学校の環境を地域の人が訪れやすいように、明るい形に変えたこと、③学校が地域に協力を願う段階から、地域も学校のために何ができるかアイデアを出せる体制づくりが構築されたこと、④地域連携だけではなく、様々な面から学校を改革していくという基盤が確立されていること、⑤地域連携を深めていくために、校内組織を整備すること、という5点にまとめた（葛上 2004：41-46）。

（35）NC生徒趙吉の部活動の指導教員へのインタビュー【INdata5-44：2009/10/20】。

第**6**章

家庭状況と教員の役割が学校文化への適応にもたらす影響

　中国系NC生徒の学校への適応を考察する際に、彼らを取巻く家庭環境の検討は避けて通れない問題である。そして、彼らと密接に関わる学校と地域のあり様も観察する必要がある。学校・家庭・地域などの活動領域における多面的な関係の様相を提示することにより、NC生徒の学校適応に影響を与える要因をよりいっそう明瞭化することができ、学校の教育現場が抱える問題も浮き彫りにすることができると考える。林嵩（2007：73）は「NC生徒のような特に教育的負荷の高い社会的グループに対しては、こうした連携・協力による効果的な教育実践がより必要となる」と指摘する。特に、学校教育に関しては、新教育基本法[1]の第十三条に「学校、家庭及び地域住民等の相互の連携協力」という条文が新設され、「学校、家庭及び地域住民その他の関係者は、教育におけるそれぞれの役割と責任を自覚するとともに、相互の連携及び協力に努めるもの」と規定しており、開かれた学校づくりや市民参加の法的根拠が基本法レベルにまで格上げされた。

　本章では、中国系NC生徒の来日経緯によって生じる教育への影響、保護者の教育観、学校と親の関わり度合い、そして、学校の取り組み、教員の姿勢と工夫という側面を中心にNC生徒を取り巻く家庭・学校の状況を論じる。

第1節　家庭環境によって生じる教育意識の差異

　志水（2005）は学びと家庭の問題を提起している。彼は、教育社会学の観点から、親の階層的地位が子どもの学校の勉強に取り組む姿勢に影響を与えると考え、子どもたちの学力のあり方に対する家庭の影響は圧倒的であり、子どもたちに豊かで確かな学力を身につけさせたいと願うなら、まずは家庭の教育環

境を見直さなければならないと主張する。そのため、NC生徒の学校適応に影響を与える要因を明らかにするためには、子どもを取り巻く家庭環境がどのような性質を持っているのかを考える必要がある。NC生徒の家庭環境を考察する際、まず、彼らの来日経緯を明確化しなければならない。なぜなら、来日経緯によって家庭環境が大いに異なるからである。

　日本に暮らす多くの中国系NCのそもそもの来日経緯が、就労や留学であることは明らかであるが、それらと異なる経緯で来日する者もいる。中国人女性が日本人男性と結婚した国際結婚の家族もあれば、父母とも中国人という中国帰国者の家族もある。このように異なる来日経緯を持った家族は、学歴や働き方、親子が共有する時間の過ごし方などに違いがあり、それがNC生徒の教育環境に大きな影響を与えていると考える。

　ビザの手続きや日本における経済状況に鑑みると、親が子どもと共に来日することは難しく、子どもはいったん本国の親戚に預けられるというパターンが多く見られる。親の海外への出稼ぎや結婚によって、親子が異なる国に居住する現象は近年いっそう顕著になりつつある。本書では、子どもを呼び寄せる前後に2ヶ国間にまたがって家庭・家族が形成、再形成されるということに着目し、親子のグローバルな移動を背景として編成される家族のあり様が、子どもの日本の学校生活や教育意識にどのような影響を与えているのかを検討したい。次項では親の来日経緯別に家族の様相と教育意識の関係について詳述する。

（1）中国帰国者の家族の様相

　中国帰国者は、かつて国策のもとに満州に行き、戦後直ちに日本に帰国できず（蘭 1994）、日中国交回復後日本に引き揚げた残留邦人およびその家族（配偶者、子どもならびに子どもの家庭）のことである（江畑 1996）。日中国交正常化以来、2011年までの中国からの帰国者は6663世帯2万827人[2]である。厚生労働者の中国帰国者生活実態調査によれば、帰国者1人あたりの家族は本人を含め、平均11.1人となっている[3]。定着状況調査[4]による構成比は、残留日本人本人が49.7％、残留日本人配偶者が16.6％、二世が24.7％、二世配偶者が4.2％、三世（配偶者を含む）が4.8％である。現在、呼び寄せ家族とともに日本社会で生活する帰国者は、およそ10万人におよぶと推定される（山田 2006：84）。

中国帰国者特有の歴史的背景ゆえに、本研究の調査対象者世帯のほとんどは中国の東北部の出身者といえる（小川 1995）。中国人全体の生活様式や生活習慣と中国東北部に住む中国人のそれとは多少の差はみられるが、帰国者らの中国における生活様式や生活習慣は東北部の一般的な中国人とほぼ類似していたと考えられる（趙・町田 1999）。中国帰国者は日本に引き揚げてから、言葉のギャップに悩まされ、様々な面においてカルチャー・ショックに見舞われながらも、積極的に日本における生活に馴染もうと努力している。ところが、帰国者自身の力だけでは、解決できない問題も多く存在している。

　趙・町田（1999）では、自治体における中国帰国者向けの政策および施設の充実度の実態を分析し、それらが帰国者の住生活にマイナスの影響を与えていることを明らかにした。また、山田（2006）では、国家賠償請求訴訟における法廷での中国残留孤児らの陳述、インタビュー事例および地域で多数の中国残留孤児や残留婦人らの世話をしてきた身元引受人の帰国者個々人の多様な生活に関する語りを通して、中国帰国者には日本語習得と雇用の問題があることを浮かび上がらせた。この研究で、中国帰国者の日本定住における、日本語学習と就職支援の必要性がよりいっそう明確になった。しかしながら、総じて言えば、中国系NC生徒に関する先行研究には、中国帰国者の生活様式と思春期に日本の学校に転校してきた中学生の学校生活における問題について論じたものが少ない。そこで、本節では、中国帰国者の特有の生活様式と雇用条件が思春期にある子どもにもたらす情緒的影響を考察し、生徒と保護者間の心的交流のギャップについて言及する。

　趙・町田（1999）は、157世帯の中国帰国者「孤児」[5]と「子女」[6]を対象に、住様式と生活習慣についてアンケート調査を行っている。そこで得た結果の1つは、中国帰国者が感じる住生活上の不便な点が「空間が狭い」「大きい声で話せない」ことであった。中国帰国者1世帯あたりの平均同居人数は3.1人、平均居室数は2.6居室であるが、各室は4.5～6畳程度であり、家族のベッドを設置するほどのゆとりがある広さではない。言葉が不自由で孤立的な立場にあり、かつ憂鬱な気持ちでいる帰国者にとって、住空間にゆとりがないことは、とくに不便さを感じさせるものである（趙・町田 1999：525-526）。また、厚生労働省2004年発表の「中国帰国者生活実態調査結果」によれば、中国帰

国者の就労による収入は、夫婦の一方のみが就労している場合、平均13万8000円で、夫婦とも就労している場合は、約2倍の28万8000円となっている。帰国者の平均収入月額が低いのは、就労形態が低賃金のパート労働やアルバイトによるものが多いからである。就労している帰国者の職種では、技能工、採掘、製造、建設、労務作業者が48.8％を占め、残りはサービス業11.5％、専門的・技術的職業従事者8.8％である[7]。本調査での中国系NC生徒の保護者のほとんど（17人のNC生徒の保護者のうち12人）は日本語能力が低いため、工場では言葉を使わない流れ作業に従事している。給料が低いにもかかわらず、月末の勘定で「何らかの原因で減給される場合が多く、全額で支給される保証もない」[8]ということである。金銭的な悩みを持つ家庭環境は、NC生徒の精神面にも影響を与えている。以下は原秋の家庭の現状に関する語りである。

事例 NC生徒原秋の家庭事情
　「父が仕事中の怪我で失明して、現在、家は母1人で維持しています。毎日お金のためやかましく騒いでいます。母もよく『私1人に頼るばかりじゃ、だめ！』と言っています」　　【T中学校FNdata6-2：2010/7/12】

「私1人に頼るばかりじゃ、だめ！」「お金のためやかましく騒いでいる」という語りから、家庭の困窮した経済状況が原秋にとって相当な悩みになっていることが分かる。そして「両親も、妹も、私も訳が分からなく怒りやすくなってしまう。もう子どもではないが、いつも小さなことで怒りだす」という語りから、経済的に不安定な状況によって原秋の心も不安定な状態になっていることが分かる。学校で原秋は何度も筆者に彼女の家庭の事情について話した。原秋は家庭の経済状況を少しでも改善するため、早く仕事に就こうと中学校を退学する考えすら持っている。国際教室で補習を行う際に、日本語教師に仕事を探す方法を聞いたり、現状に関する不満を訴えたりすることで、授業が成立しないことが多々あった。日本語教師は将来のために、辛抱して現状を乗り越え、せめて高校は卒業することが適切な選択であると原秋に言ったが、結局、原秋は退学した。

　原秋の事例は家庭環境がNC生徒の精神面に影響を与えることで、学習のみ

ならず、学校に通う意欲を失わせることもあるということを示している。また、NC生徒映見の事例からは、家庭では学習環境が整っていないため、教科書を家に持って帰らないという行動が観察された。T中学校の日本語教師が「家帰っても勉強する机ないから家では勉強しないみたい言ってたもん。教科書とか、いっぱいためてたやつをね、映見に『夏休み持って帰り』って言ったら、『そんなもん置くとこないから、机もないもん。勉強もできへんからもういいし』みたいな」[9]というふうに映見の境遇を語った。

　NC生徒の学校生活は、生徒だけの力では成り立たない。勉強するためには、文房具を揃えなければならず、また、体育をするためには、体操服を洗って持たせる必要がある。生徒の学習状況を把握して学校での話を聞く必要もある。しかし、残念なことだが、帰国生徒のほとんどがそのような境遇にはない。「教科書を置くとこがない」「机もない」という語りから、NC生徒は言葉の壁による学習の問題のみならず、学習環境の不備による勉強への意欲低下という問題を抱えていると言える。これは経済的状況ともつながるが、親の教育経験と教育観にも関わってくると考えられる。映見の両親は教育を受けた経験が少なく、子どもに対する教育意識も低いため、教育環境作りの重要性を意識することは難しいのである。働くことに精一杯で、映見の学習の面倒をみていないという現状である。教育を放任した結果、映見は地域の不登校の少年たちと知り合って、ついに卒業式にも参加せず[10]中学校を中退してしまった。このような内容は映見の担任教員の次の語りに反映されている。

　　「映見のお母さんも日本語全然喋れないんです。進路の話でね、しないといけないので、『ちょっと通訳して言って』と言っても、『お母さんに言ってもムダ』って。『えっ、なんでムダなん？』いう話から、なんかちょっとバカにしたような『言ってもわからんから』っていうような感じで。ま、なんやろ、お家の人に秘密をたくさん作っているみたい。で、気が付けばもう生活が乱れて学校に来なくなるという子がちょっとやっぱり多いんです」
　　　　　　　　　　　　　　【H教員へのインタビュー INdata6-4：2011/3/14】

「（親を）バカにしたような感じの態度をとってくる」「お家の人に秘密をた

くさん作っている」「気が付けばもう生活が乱れて学校に来なくなる」という語りからは、NC生徒と親の関係が如実に現れているほか、保護者の教育問題に関する無気力さも感じとることができる。このような親の教育的放任行為は次の語りからも確認できる。

　　　筆者：不登校、問題になった子たちは家庭と相当関係があるんですか。
　　　H教員：やっぱりなんか親を乗り越えちゃってるんじゃないかなというのは思います。そういう子たちはみんな、お母さんすごく困ってます。「もうどうしようもできない」っていうか。結局、ほったらかし、みたいな。その辺では、しんどかったですけども。
　　　　　　　　　　【H教員へのインタビュー INdata6-5：2011/3/14】

「親も生活にいっぱい。朝から晩まで頑張って働いて、家帰ってきて疲れているとこに、学校から電話があっても、そんな話されてもなかなかしんどいっていうのがあります」[11]という語りからは、多忙な生活に追われる親の様子を窺い知ることができる。しかし、「もう自分の言うことを聞かない」という逸脱した行動にはしったNC生徒に対して親としての無力感を感じ取る一方で、生活に追われて生徒と向き合うことができないという現状があるようである。このような現状を和らげるため、T中学校のS教員は「保護者とちょっと同じ方向を見るってのがすごい大事だと思います。そこを話して、どっちがどうしたらいいとか。保護者と生徒自身がどうして欲しいっていうのをもっと詰めなあかん」[12]という見解を述べた。しかし、NC生徒の両親は、日本の教育制度や教育事情をほとんど理解していない。そのため、子どもが伝えた情報を正確に把握できない。また、他の日本人児童生徒の保護者と語り合うこともなく、教育に関する外部とのコミュニケーションは皆無である。それが不安感を増大させることにつながっており、子どもの教育を面倒なものであると感じる結果を生んでいると言える。このような時こそ、学校と家庭間の連携をより緊密にする必要がある。外国人教員を媒介して生徒の事情を詳細に伝えることなどの工夫が必要であろう。中国帰国者生徒が直面する家庭事情と教育問題の解決のためには「学校と家庭間の連携・協力による効果的な教育実践がより必要とな

る」（林嵜 2007：73）と言えよう。

（2）国際結婚をした家族の様相

　調査対象者であるNC生徒の親子関係は次の通りである。調査対象である子どもたちは長期にわたって親と離れて暮らした経験を持ち、それ故に再会した（または初対面の）親や兄弟と家族としての心理的絆を日本で再形成し、深めていくことに困難さを感じている。そのため、義理の父親あるいは母親との関係を円滑にすることが難しい。調査対象者のNC生徒はそのほとんどが日本人の義理の父親を持っているが、大半は親子関係が円滑ではない。長期的に片方の親と離れていたため、短時間でその親近感を取り戻すことの困難さを感じており、また、義理の父との関係を円滑に保つことができないなど、NC生徒はその学習や人格形成に影響を与える家庭環境の中で生活している。以下は生徒趙峰と張希の家庭環境が彼らの成長に及ぼす影響に関する教員の考えである。

> 「趙峰は、日本語がなかなか上手くならない。たぶん、それはお父さんの、義理のお父さんやけど、お父さんとの関係があまりよくないからっていうのが一番大きいちゃうんかなと思います。そして、張希の場合は、育ててくれたのは中国のお婆ちゃん。張希は慣れたら何とかなる子です。慣れるまでがものすごい時間かかったから。で、高校の先生にもそこはあの、重々説明して、『張希は慣れたら大丈夫なので、慣れるまで我慢してください』みたいな。でもどうするのかな。将来。ね、心配ですね」
> 　　　　　　　　　　　【F教員へのインタビューINdata6-8：2011/3/23】

　趙峰と義理の父との間にギャップがみられるため、趙峰は「とにかく、来たばかりの時、（義理の父との）交流が全くない、今もないけど、日本語がなおさら喋りたくないんだ」と日本語の学習に対する抵抗感を示している。張希も義理の父との交流がなく、実の母と長年離れていたことで、両親とコミュニケーションをとっておらず、また、学校でも周囲の教員やエスニック生徒との交流も稀にしか行っていない。彼らの内面がこのような複雑な家庭環境の影響を受けて形成されたかどうかは断言できないが、両親ともに中国人である家庭に比

べると、国際結婚の家庭の場合は言語的・文化的葛藤が家庭内においても経験され、日本人／中国人という境界が顕在化することで、日本人の父親と中国人の子どもの信頼関係を構築することが難しくなっていると言える。このような環境では、NC生徒は家庭の温かさを感じ取ることが困難である。趙峰が感じる家でのいづらさは彼の母親の語りから読み取れる。

> 筆者：お家では日本語でご主人と交流しますか？
> 趙峰の母：はい。でも主人は子どもと話しません。一言も話さない。
> 筆者：自ら喋り出したことがないのですか？
> 趙峰の母：ありません。機嫌のいい時に返事をする以外、普通は無反応のままです。夫が帰ってきたら、息子はほとんど自分の部屋を出ないようにしています。出ても、トイレに行くか、冷蔵庫に食べ物や飲み物を探しに行くくらい。　　【趙峰の母親へのインタビュー INdata6-9：2011/3/23】

趙峰と義理の父との関係は帰宅時と外出時の挨拶のみにとどまっている。挨拶程度だとしても、子どもが好きではない義理の父からの返事はめったにかえって来ないのが通常である。趙峰は家に帰ったとたん、自分の部屋に引きこもってしまうと言っても過言ではない。家に気楽にいられないことや、来日後に直面する義理の日本人の父との関係構築などが趙峰の精神面に負担を与え、趙峰は情緒的に不安定になったと自覚した時もあった。

> 筆者：お父さんと日本語で会話するの？
> 趙峰：そうです。彼が私のために中国語を勉強することがありえますか？
> 筆者：よく話すの？
> 趙峰：あまりありません。彼は私に対し、機嫌のいい時はいいとして、不機嫌な時はあら探しをすることが多いです。今月、自分がとても怒りやすくなったと気づくようになりました。
>
> 　　　　　　【趙峰へのインタビュー INdata 6-10：2009/7/23】

趙峰の母は婚姻仲介所を通して日本に来た。子連れでもいいということが唯

一の条件であったが、相手の条件は子どもがいないということであった。仲介業者に騙されたため、仕方のないことではあったが、子どもが来てから家庭の雰囲気はいっそう緊張したものになった。そのため、趙峰の母は「私と息子の生活費を支払う必要はなく、ただ部屋の賃貸料を支払えばいいと約束をしました」[13]と日本人の相手と金銭的約束をして、やっと、息子が日本に滞留することができるようになった。この約束を守るために、趙峰の母は来日後、朝から晩まで工場で働いて生活費を稼いでいる。国際結婚のトランスナショナル家族の場合、別離による心理的距離と現在の親の労働環境に加え、家庭内の文化的葛藤という第三の要因が加わるため、子どもを呼び寄せた後に再形成される家族基盤はより脆弱になりやすい（角替 2010）。「自分がとても怒りやすくなったと気づくようになった」との趙峰の語りが示すように、複雑な家庭環境による抑圧が彼の成長過程に影響を与えている。それは彼が心理的変化を起こした要因の1つと言える。

　趙峰にとって、抑圧、プレッシャーの源は家庭と学校での人間関係のみではない。日本国籍を取得するために、日々の生活において自制心が求められていることも関係している。何らかの原因で日本に滞在する資格がなくなる可能性があるため、彼は同年齢の子と同様に思い切って外へ出て遊ぶことができないということが次の事例から分かる。

　事例　特殊な家庭環境が生徒にもたらす圧力
　　趙峰と章田は夜の10時以降まで外で遊んだようである。R教員はこれを知って趙峰と章田を厳しく叱った。
　　R教員は章田に、「趙峰が日本国籍を取得するためには、赤信号を無視したことが1回でもあると、日本国籍の取得申請が断られる。警察に『もうこんな時間だけど、どうして帰宅していないの』と聞かれるだけで、趙峰は影響を受ける。そして、お母さんにも影響を与える。だから、これは2人に関わってくることなのです」。そして、趙峰に「あなたは知っていますか」と聞いた。
　　趙峰は「先生、私がどんな子どもか分からないのですか。どうして私を信じてくれないのですか。去年のあの出来事からもう1年間近く、遊びに

行ったことがないのです」と反論して、隣にある椅子や机を蹴って強く反発した。

　R教員が「趙も出ていきなさい」と言ったため、趙峰は言葉を発さず、後の席に座って、テーブルに伏せて泣き始めた。それから、約6、7分後、依然として泣いていた。趙峰は泣きながら「どうして日本に来たの。とても辛い。どうしてこの道を選んだの?!　先生は私には気苦労がないように思っていますが、実は学校、家、母からの圧力が大きいんです。友達と一緒に遊びに行くことができなくなってもう1年近くになります。母は私を遊びに行かせますが、結局、自由に遊ぶことができません」

【T中学校FNdata6-12：2010/7/12】

　「子どもが高校に入学する見込みで、これから色々な活動があって、特に出国するのは難しくなる。出国する際に別の子どもと同行できなくて、事前に面倒くさい手続きをして別の出口から通行しなければならないので、子どもは学校で劣等感を感じるのではないかと思う。『子どもさんの入籍申請をしましょう』と勧められたので、申請した。年内に結果が出るかもしれない」[14]という趙峰の母の語りから、趙峰のためを思って日本国籍を取得しようとしていることが分かる。しかし、趙峰の母が趙峰のためを思って選択したライフスタイルは、現時点で趙峰にとって精神的な負担となっている。まだしっかりと定まっていないライフステージにある青少年が異なる言語や価値観をもつ中国から日本に移住してきたため、彼らの精神面は危機的状況に直面し、葛藤を引き起こしたと考えられる。親の来日経緯と複雑な家族構成が中国系NC生徒にもたらしたものは、よりいっそうの抑圧と不安定な情緒変化であった。趙峰自身も自覚する「特に怒りやすく、苛立ちやすくなってしまった」ことや、日本語教師の前で椅子や机を蹴る行為、強い口調で口答えする行為などがその錯綜した心境の変化が具現化したものであると言える。こういう時こそ、趙峰の親であれ、学校の教員であれ、彼の教育問題の解決を手助けすることによって大きな肯定的変化が現れると考える。中国系NC生徒の親と教員の教育参与度合いについては後節で詳述する。

(3) 親の教育意識による学校適応への影響

「子どもに及ぼされる親の影響力は他の社会化のエージェント（仲間、学校、地域、マスコミ等）より大きいものと思われる。子どもへの影響は親の日頃の生活態度を通して子どもが自然に学んでいく場合と、親の意図的しつけによってなされる場合がある。子どもたちは、家庭における父親、母親の生活態度やしつけを通して、行動様式や価値観の基本的部分を学んでいる。学校生活や友人関係を通して学ぶことは、家庭で学んだことを基礎としてそれを強化したものという見方もできる」（清水ら 1981：55）。家庭環境と親の関与度合いが子どもの成長に大いに影響を与えるのだが、調査対象者ごとにそれは異なるため、本調査では多様な事例が観察された。ここではその中から特徴的な2つの事例を取り上げる。まず、保護者が母親として子どもの情緒、適応性などの形成に積極的に関与しようとした趙峰の事例である。

趙峰の母は国際結婚によって来日した半年後に中国へ趙峰を迎えにいった。そして、趙峰の日本での教育の場として中国人教師が配置されている国際教室を持つ学校と、彼が勉強に真摯に取り組むことのできる環境を備えた家を探した。その経緯を趙峰の母は次のように説明する。

> 「初めは条件があまり良くないアパートに住んでいました。古い単身寮で、住環境にびっくりしました。その時は何もなくて、お金もなくて、しかし半月後から私は職場に勤め始めました。半年後、70数万円を貯めました。その中の40万円で部屋を賃借して、30万円を持って子どもを日本に連れてきました。子どもが中国で住んでいたパソコンやおもちゃを置いていた部屋と借りた部屋の大きさが同じなので、その古いアパートに住むと、彼に気持ちの面で悪い影響を与えて、再び帰国しようとしたらどうしようと思い、（趙峰の気持ちを最優先して、3人で住む［筆者注］）マンションを探しました」　【趙峰の母へのインタビューINdata6-14：2011/3/23】

趙峰の母は日本語ができないにもかかわらず、来日わずか半月後から仕事を始めた。そして「古いアパートに住むと、彼に気持ちの面で悪い影響を与えて、再び帰国しようとしたらどうしようと思い、彼のためにマンションを探し

ました」という語りから、息子趙峰のためにわざわざ新しいマンションを探し、息子が日本で安心して生活できるように、また、スムーズに日本の生活に馴染めるように住環境を改善するという強い意欲を持っていたことが分かる。角替（2012）はフィリピン系NC家族の教育戦略のあり方に大きな影響を及ぼす要因の1つに経済状況があると指摘する。また、佐藤（2003：56）はNC生徒の異文化体験は「滞在年数等の属性要因、語学力・対人関係等の個人的要因、母親・父親の教育意識や生活実態といった家族的要因によって規定されている」と指摘し、「家族の文化資本が子どもの異文化体験に大きく影響するとして、特に、子どもに困難が生じたときに家族でサポートする体制がとられていること、家族の構造が安定していること、そして長期的な視野で生活設計を行っていること」が重要な要因として機能すると述べている。趙峰の母は息子に教育やライフチャンスを与えるため、日本人の結婚相手からの経済的独立が大切であると認識して仕事に取り組んでいる。また、日本での生活と中国での生活の違いが息子の感受性に悪い影響を及ばさないように、生活環境の改善や学校への通学環境の選択[15]、思春期である子どもへの言葉遣い、説教の仕方にまで気を配っている。このような「長期的な視野で生活設計を行っている」母親の教育意識や関与度合いは、趙峰の日本の学校生活への適応に影響を与える要因として機能していると考えられる。

　趙峰の母は趙峰の成長につれて心配事が増えている様子である。趙峰の交友関係に関しても「彼は付き合う友達に影響されると思いますが、そのように言ってはいけません。彼の友達がどんな人だか知りませんが、友達と接触させなくてはいけません。彼が何か言った場合は、私は叱らずにただ耳を傾けて、そして、あなたはどう思うのと聞き返します。それから、各自の意見を言って、それで終わりです」。趙峰の母は趙峰と接する際にどんな質問をされても叱らず、とりあえず耳を傾け、趙峰に自身の考えを言わせるように仕向けている。そのような態度で接してはいるが、交友関係に関してとても心配している[16]。その気持ちは趙峰が部活で取り組んでいたラグビーに対しても持っていた。この母親の心配に対して、結局趙峰は高校進学後にラグビーを「スポーツ選手になる可能性もないと思うし、しかも、危険なので、とても心配」[17]という理由でやめる決断を下した。

一方で、趙峰の母は趙峰が高校生活に慣れてきた高校2年時から趙峰に社会経験を積むように勧め始めた。社会経験の蓄積のためにアルバイト募集の情報収集、面接の注意事項の説明、面接の時間などに関して助言を行い、趙峰の社会性の習得に積極的に関与した。これらの行為は次の語りから窺い知れる。

　　筆者：彼は高校生活を楽しんでいますか。
　　趙峰の母：はい。今までいつも勉強のことを主に言っていましたが、現在、私は彼に「アルバイトをしてみない？」と言っています。毎日バイト募集の情報を見て、彼にここに行ってみたらとか、ここにも行くべきだよと伝えました。彼は言う通りに本当に行きました。本当に仕事させるつもりはありませんが、面接って必ず経験したほうがいいと思いました。
　　　　　　　　【趙峰の母親へのインタビュー INdata6-18：2011/3/23】

　母親の趙峰の交友関係、健康、社会経験の蓄積などに積極的に関与しようとする様子を、趙峰は「今は悪くないと感じて、こんなに良い母、探そうとしても見つかりません。私はそれを誇りに感じます」[18]と肯定的に評価していることが分かる。Parsons, T. & Bales, R. F.（1981）は、家族の機能は以前よりも専門化しており、子どもの社会化と大人のパーソナリティの安定化という2つの機能として理解すべきであると指摘している。ここでいう社会化とは、「子どもが自己の生まれついた社会の文化を内面化（internalization）することであるが、家族は、人間のパーソナリティを作り出す『集団』として、重要な役割を担っていると考えられる。さらに、現代社会における家族の規模の縮小に伴い、成長過程における子どもの経験が、自分が属する小さな家族との人間関係に比較的限定されるため、子どもの社会化の一つ一つの段階を以前よりも丁寧に長い時間をかけてたどる必要がある。特にその初期の段階では、子どもが情動的資源のすべてを『投資』し、寄りかかることができる唯一の集団として、家族という存在は大きな意義を持っている」（清矢 2011：150-151）。趙峰は義理の父親とのコミュニケーションを円滑に進められず、複雑な家庭環境に置かれているため、精神的な抑圧感を感じていた。しかし、趙峰の母親が様々な場面においてきめ細かい配慮を行ったため、彼は精神的に安定し、日本の学校生

活において直面した困難を乗り越えることができた。趙峰にとって自身の生活環境や交友関係、精神面に常に気を配ってくれる母親の存在は、精神状態の安定や前向きに物事に取り組む姿勢をもたらした一番の要因だと言えよう。このような要素が趙峰の日本の学校への適応過程において肯定的な影響を及ぼしていると考えられる。

　NC生徒に対する調査を通して見えてくるものは、家族主義・学歴志向という中国文化に染まった親の教育への期待とNC生徒の実際の日本での学校生活との間に生じるギャップである。それにより、NC生徒が日々の生活の中で焦燥感や疎外感を募らせている。「日本での勉強に頑張って取り組まなければいけない」という家族に共有された価値観はあるが、それが様々な障壁の中でNC生徒の現実的な学習行動として現れているとは言い難い。結果として、彼らの成績や日本語力の向上はあまり見られず、学校に行かなくなる事例も観察された。NC生徒の低い学力や反学校的態度は親から伝達される高い教育的期待が、NC生徒の現実的な学習行動とうまく一致していないことの現れとも言える。その理由はNC家族が持つ特有の困難さにあると考えられる。

第2節　異文化理解教育に関する調査対象校の取り組み

　日本の学校に入学する外国人児童生徒の数が著しく増加した今日、「多文化共生社会を実現するための人間理解の教育」（李　2007：26）は現代の教育が担う重要な責務であるため、教育現場では異文化理解や国際理解教育の新たな試みや実践などに積極的に取り組んでいる。本節では、調査対象校であるT中学校が生徒の異文化理解を促進するために、どのような取り組みを行っているのかを記述するとともに、その取り組みの特徴を示す。

（1）校長による異文化理解教育の姿勢と工夫

　名越（1993：229）は、「学校運営における校長等の代表的リーダーシップ」や「学校運営上の意思決定への教員の参加と協働」の重要性を指摘している。また、「意思決定への参加の問題は、経営者や管理者の領域から、次第に組織成員全員の問題に拡大されてきた」（佐藤　1972：181）とも捉えられる。本調査

対象校T中学校の管理者としての校長は自ら中国の文化に興味関心を示すだけではなく、熟知している中国語の励ましの言葉を学校だよりで使用したり、食文化を通して全校規模で異文化接触体験の行事を行ったりするなど、積極的に異文化理解教育を推進している姿勢が次の事例から確認できる。

> **事例** 校長が重視した年に1度の餃子パーティの開催
>
> 　この日は年に1度の餃子大会である。参加者は国際教室によく通った卒業生の中国人生徒だが、授業や部活動が終わってからほかの中国人生徒や日本人生徒が続々と手伝いに来た。「某先生が作った餃子が美味しいよ」と褒めながら、ミンチを作る生徒に「美味しい餃子を作れるよ」と話しかけた。校長は力持ちであるため、いつも生地づくりを行うそうだ。水と混ぜた小麦粉を料理板において揉んだり、時々生地の硬さをチェックしたり、みんなに「やれ！　やれ！」と励ましたり、非常に陽気に周囲を盛り上げた。校長と同じ組の学生にも緊張感がみられず、みんなも気楽に餃子を作り、冗談を言いながらワイワイ楽しみながら餃子を作っていた。
>
> 　そして、うまく包める子が包めない子の指導役を務めた。その中には、中国人生徒のみならず、日本人生徒もいる。包み方を教える時、日本人生徒はそのまま日本語で説明するが、中国人生徒の場合は日本語でうまく説明できずに、「こう、こう」と包み方を見せるのがメインであった。出来上がった餃子を職員1人当たり5個ずつに分ける。すべての職員に手渡してから、学生たちは自分で作った餃子を食べた。「自分はこんなに美味しい餃子を作ったの」と感動しながら美味しそうに食べていた。
>
> 【T中学校FNdata6-20：2010/3/18】

　餃子大会の開催について、T中学校の校長は「ギョーザにはね、ニンニクが入ってるもんやずーっとそう思い込んでたから。だから、実際の中国のギョーザには入ってないと知った時にはもう非常に驚きました。もうそれぐらい、『えー？？』と思いましたよ。(中略) 他の文化を知る上ですごく大切やと思うんです。最初から先入観で見てしまうんじゃなくて」[19]と語った。このような体験型活動では、「教員が生徒に一方的に知識を伝授するのではなく、参加し

ている生徒が相互に学びあうことが重要であり、教員には、1人の参加者として生徒と共に学ぶ姿勢を持つことが求められる」(野中 2007：85)。多文化理解に対する肯定的な考えを有することにより、学校内にNC生徒が馴染みやすい環境を作り出すことができる。このような活動を通して教員が何かに気づき、学んだ時、活動にも新しい展開が生まれ、そのことが生徒の異文化理解、異文化受容意識に変化をもたらすことができる。また、校長は学校だよりでしばしば中国語のメッセージを書くことがあった。

事例 T中だより、校長が書いた中国語の諺

「少年老い易く、学成り難し」という中国の哲学者朱熹の「偶成」という詩を引用し、受験生たちへの励ましの文章を書いた。詩は中国語と日本語の両方で記載している。

文章の最後に「奇跡は起きるものではなく、起こすものだと思います。勉強が苦手とあきらめるのではなく、過ぎゆく時間を惜しみ、謙虚な気持ちで努力を重ね、少しずつ自信を持ち続けることが大切だと思います。やれば、できる!!」と3年生向けに励ました[20]。

(『T中だより』平成22年12月24日発行、発行元：T中学校)

『T中だより』には校長が引用する故事成語が数多く載せられている。このような校長の故事成語の使用は、日常の学習や作法などの生活場面と関連づけながら記述されているだけではなく、生徒の卒業式や、活動の儀式などの場面においても取り入れられている。生徒の学校生活の様々な領域に異文化を浸透させることで身をもって手本を示している。次の事例は2008年度の卒業式の際に孟子の言葉を引用した校長の式辞である。

「『天下の廣居に居り　天下の正位に立つ』とは、世の中をしっかり見渡して、何が正しいか正しくないかをしっかり判断し、我が身を正しい位置におくことです。そして、正しい道を歩まねばなりません。他人に認めてもらえれば良いのですが、もし認められなくても、独りで行う強い決意が必要です。(中略)私はまず授業を大切にしてもらいたいと考えています。

単に学力の向上だけではなく、正しい物の見方や考え方を身に付け、様々な経験を通じて自分の考えを持つことは、これからの多様化する社会においては大切なことだと考えるからです」。[『T中だより』では、孟子の言葉の日本語訳も付録に付けた]

(『T中だより』平成20年4月21日発行、発行元：T中学校)

『T中だより』や卒業式での式辞における故事成語の使用についてT中学校の校長は次のような見解を述べた。

　筆者：どうして学校の通信に中国語を意識的に使われているのですか？
　T中学校校長：僕の思いでは、日本の文化というのが、ほとんどが中国から来ています。例えば「学校」という言葉も孟子の言葉やし、中国の影響をすごく受けてるんです。それはやっぱり大事にしたいなと思ってるんです。だから、ぼくの『T中だより』にも中国のことわざであるとか、いうのを結構入れるように、意識的にしています。当然卒業式の式辞の時にも中国の言葉を入れています。
　　　　　　　　　　　【T中学校校長のインタビューINdata6-22：2011/3/23】

　中留・露口（1997）は、学校改善を規定する学校文化の構成要因に関する校長と教員の意識調査をしている。小中学校の校長148名を対象として、校長による学校改善の現状認識と校長のリーダーシップの主たる領域において、彼らはとるべき理想と現実とのズレ、同じく校長のリーダーシップスタイルの理想と現実とのズレ、また、リーダー行動の阻害要因を明らかにしている。調査の結果、校長自身は現実においても理想においても、研修・研究（校内研修）の分野においてもっともリーダーシップを発揮しているとし、また発揮すべきとも認識しており、現実と理想との間にズレがみられない。このことを、中留・露口（1997：56）は、より多くの校長は学校改善のために、まずは校内研修を活性化させるような文化・風土の醸成に着目しているものと指摘している。しかし、校長の管理技術的リーダーシップ、教育的リーダーシップ、文化的リーダーシップという3つのスタイルの理想において、重点を教育的リーダーシッ

プと管理技術的リーダーシップに置くものの、文化的リーダーシップに置くものは相対的に少ないと述べた（中留・露口 1997：58）。

本調査対象校の校長は、教員と生徒と共同で餃子を作ったり、校内だよりや卒業式の式辞において故事成語を使用したり、学校において韓国語講習・講演会の実施などの異文化理解教育活動に力を注いでいるため、教育上のリーダーシップと管理技術的リーダーシップを発揮しているのみならず、文化的リーダーシップも発揮していると言える。これは、中留・露口（1997：58-59）が示したように校長職としての長期の体験をもつ者および同一校での校長経験年数が長期化した者は、文化的リーダーシップおよび児童・生徒に対する直接的リーダーシップのスタイルを理想とする傾向があり、このような生徒の状況把握と学校の文化を読みとる力は、学校における経験年数と相関しているためと考えられる。

T中学校の校長は校内だよりで中国語のメッセージを書くだけではなく、学校内で中国人生徒に中国語で話しかける姿も見せている。

事例 学校内での校長の中国語の使用

筆者は午前中4限、5限のインタビューを終えて、帰ろうとした。職員室の前を通過した際に、ちょうど校長室から出てきた校長に会った。

「お～，好久不见（おー、久しぶり！）」と校長は中国語で筆者に声をかけた。

「好久不见（お久しぶりです）」と筆者は中国語で返答した。

「你好吗？（元気？）」と再び中国語で聞かれた。

「我很好，校长您呢？（元気です。校長先生は？）」と中国語で聞き返した。

校長は「我很好。（とても元気です！）」と答え、「为什么我总是这么好?!（どうしていつもこんなに元気なの?!）」と冗談も交えて聞き返された。

【T中学校FNdata6-23：2011/3/18】

T中学校の校長は中国語をあらゆる場面において活用している。国際教室へ生徒の様子を視察しにくる時も、廊下で中国人生徒に会った際も中国語で（例えば、「元気？」「どうですか？」等）声をかける。NC生徒は校長の中国語での

挨拶を聞いて微笑んだ表情で照れながら頷いた[21]。校長の元気な声を聞くと、NC生徒の心は温まるため、校長にとって「中国語の使用は一種の異文化理解教育のための資源である」[22]と言えよう。こういった資源の価値は、伝達されるものというより配分されるものである。そして、校長はこの資源の効果を最大限に引き出すことを目指していると判断できる。むろん、周囲の日本人の教員と生徒にこういう資源の価値を伝達・配分することで、中国語を皮切りに、中国文化および異文化への理解と教育が浸透し始めると言える。

（2）異文化理解活動の継続的な実施の重要性

　中学校における異文化理解活動の中でも多くの学校で積極的に行われているのが、地域在住の外国人や民族講師、留学生を学校に招いて交流活動を行うものである。挙げられる活動の一つの様子としては、T中学校の体育館で中学3年生を対象に在日韓国人二世の民族講師による韓国語の講習・講演会の開催である。

　講習会の会場は、最初から盛り上がる雰囲気ではなかった。民族講師が名字という話しやすい話題を皮切りにし、生徒に質問を投げかけた。応答者は少ないものの、「キムチ」という冗談もでた。民族講師は回答である「キムチ」から話題を拡張して、キムチの種類や発祥地に関する質問を投げかけた。そして、キムチ用の唐辛子は意外と日本から伝来したことが生徒の関心を高めた。そして、生徒の関心を集めてから差別の話題に踏み込んだ[23]。

　民族講師は日本人生徒にとって馴染みのある話題を選び、興味を引き出し、交流の第一歩を踏み出したと言える。また、キムチの種類に関する質問の際に、ほぼ全員が参加するようになった。会場の雰囲気が活発なものになり、生徒は冗談まで言い出した。このような交流活動を開催することで、生徒たちは最初関心を示さなかった話題に積極的に参加するようになった。異文化理解や交流活動を展開するためには、こういった機会作りが大事なポイントになると考える。このような講習・講演会を踏まえ、「国際っ子クラブフィールドワーク、コリアンタウン、韓国・朝鮮の文化にふれよう」という活動も企画された。中国人生徒6人、日本人生徒5人、教員5人でコリアンタウンを見学しに行った[24]。

また、授業で3年生を対象に中国残留孤児についてのNHKドラマ「遥かなる絆」を6回に分けクラスで放送した。放送中、生徒たちは普段より静かにしていた。大部分の生徒がビデオの内容に引き込まれ、最後までじっと静かに観ていた。

事例　国際理解教育の授業中の風景
　クラスの中で日本人生徒たちは普段より静かにしている。5、6人くらい寝ている生徒と何かノートに書き込む生徒もいるが、ほとんどがビデオを観ていた。時々、笑ったり、「ええ〜」という声も出た。「感動した」という表現も2回聞こえた。しかし、後半になると、後ろの生徒が大きい声で騒いだりしたが、「静かにして、ほんまに」という注意の声が他の生徒から上がった。大部分の生徒がビデオの内容に引き込まれ、最後までじっと静かに観ていた。
【T中学校FNdata6-28：2009/10/6】

　ドラマを鑑賞した後、生徒に感想文を書かせた。男子生徒と女子生徒が書いた感想文の一部を紹介する。

　「私はこのドラマを通して、家族の大切さ、他国の歴史を知る大切さを教えられた気がします。このドラマをみる前は、あまり日本と中国の歴史のことを知りませんでした。ですが、このドラマを通して、日本が中国にしてきたことを知ることができました。ドラマの中で『日本人は中国のことを分かっていない』と言っていた場面がありました。私は『そういわれても仕方がないな』と心の中で感じていました。そしてこのドラマで1番感じたことは『家族の大切さ』だと思います。玉福のお母さん（中国人）は、川に落とされかけていた玉福を『私が引き取る‼』といっていつも、優しく世話をしていて本当に勇気がいることをしたんだぁとも感じました。また、家族のように仲良く、『日本人だ！』とほかの中国の人に言われても『親友は親友だ！！』と言って一緒に逃げ回ってくれる友達がいたこともすごいなぁと思いました。このドラマはいろいろなテーマがあって、いろいろなことを考えさせてくれるドラマだったなぁと思います」

（3年5組女子生徒より、出典：校内通信『講演会「親子の絆」に向けて——NHKドラマ「遥かなる絆」の原作者・城戸久枝さんとお会いするに当り』2010/1/15）

　偏差値教育と言われた「教え込み・詰め込み」の時代、1990年代の「ゆとり教育」の時代、そして2000年前後の学力低下論争を経て、教育界はいま新しい局面に入っている。その中で、「習得と探究」「教えて考えさせる」といったフレーズが2005年以降、中央教育審議会答申の中で幾度か取り上げられるようになり、2008年3月に告示された学習指導要領にもつながって浸透しつつある（市川 2010：32）。この「習得と探究」の教育精神は学校カリキュラムに編成された教科学習のみに適用されるばかりではなく、異文化理解教育にも応用できると考える。潘・義永（2012）では、中国・上海の中学校で使用している教材およびそれを用いた授業の分析を通して、上海の国際理解教育の現状や特徴を明らかにした。授業の特徴としては、①マルチメディアの利用、②生徒の特性に合わせたストーリーなどの語り、③国際理解教育の中核的な内容（平和、環境保護など）の選択、④情報化時代に合わせた教育内容の設定、⑤生徒の感受性と知識の両方に対する配慮、という5つの項目にまとめたほか、国際理解教育の授業の進行を段階に分けて提示した。授業は主に、①導入とグループ分け、②資料収集の内容の提示と方法の説明、③資料のまとめ、④内容の発表と質疑応答という段階により進行した。

　異文化理解教育において前述した授業の進行段階と同様に、相互理解・相互交流というプロセスは避けては通れないものである。「習得と探究」「教えて考えさせる」という教育精神を踏まえながら、異文化理解教育の進行の段階は、背景説明、接触体験、内省理解の深化、追跡支援という段階に分けるべきだと筆者は提案する。背景説明とは、異文化理解教育の内容を取り上げる直前に教員から説明をしたり、自主活動で事前調査によって内容に関して把握したりする段階である。接触体験とは異文化理解教育には欠かすことのできない大事な要素である。これは見る、聞く、話す、行動するという形式を通して実現することが可能である。内省理解の深化は書くあるいは話すというプロセスを経て、自己の感想と思考を言語化あるいは文章化することが一種の内省の手段だ

と言える。そして、このような一連の活動の補助として、追跡支援を行う必要がある。異文化理解は継続的に行われるものだということを教員として身をもって手本を示したり、生徒に実感させる工夫をしたりして、生徒に異文化理解の重要性を理解させ、身近な生活の場において文化や慣習の差異を見つめさせ、異文化理解への姿勢や心構えを日々育成していくことである。

　本調査対象校のT中学校は異文化理解のため、生徒に中国帰国者のドラマを視聴させる方法を採用した。ここで反省すべきことは、ドラマを視聴させる前にドラマの内容や意義などを説明することなく、突然始めたため「初めはとてもつまらない物語やとばかり思っていました」[25]という先入観を持った生徒もいたことで、生徒に唐突感を与えてしまったことである。しかし、その後、生徒にビデオ鑑賞に関する感想文を書かせるプロセスを経て、生徒のドラマの内容に関する理解を深化させ、ドラマを取り上げる意義などを深く考えさせる機会を提供し、ビデオ鑑賞の半年後には「遥かなる絆」の原作者である城戸久枝氏を学校に招き、2、3年生に向けて講演会を行ったことは、生徒の異文化理解に肯定的な影響を与えることとして評価できる。講演の後、中国の生徒は国際教室で城戸氏との交流会を実施した。

事例　ドラマ「遥かなる絆」の原作者を学校へ招待

　授業中に「遥かなる絆」の放送が終了してから半年後、2010年1月18日に「遥かなる絆」の原作者である城戸久枝氏を学校に招き、講演会が行われた。体育館で2、3年生に向けて講演をした。城戸氏は中国残留邦人二世という立場で話をした。この中学校の中国の生徒には残留邦人四世が多くいるということで、体育館での講演の後、国際教室で城戸氏との交流会を実施した。中国語や日本語で自己紹介をした後、NHKのドラマのことや講演の内容等について、城戸氏にもっと聞きたいことを質問した。城戸氏からは、今悩んでいることや、将来の夢についての質問があった。城戸氏自身も中学生の時の夢、その変遷や思い、また「車到山前必有路」（行き詰まっても必ず打開の道はある）という言葉について何度も話した。

【「われら地球っ子」（2010/1/27、No.5)】

残留孤児の娘として日本で生まれた城戸さんの眼を通して、国家が行う戦争の苛烈さ、非人間性のみならず、関わった人たちの国境を越える愛の深さ、人間の尊さを鮮明に描いているドラマ「遙かなる絆」を鑑賞させることで、日本人生徒は中国残留孤児の内なる立場に立って、相手が考え、思い、感じることができるようになった。相手に共感を示すためには、主観的、情動的な理解だけでなく、客観的、知的な理解もあわせて必要となる。この１つの実践活動を通して、既存の知識を多面的に吸収することができ、それに多方面の知識を１つの実践活動を通して統合することもできる。したがって、子どもたちはこのような体験を通してより深く新たな知識や理解を再構築していくことができると言えよう。

　また、生徒を対象とするばかりではなく、教員研修の意味合いで「今、伝えたい思い――中国帰国者として生きてきて」という中国帰国者一世の講演会をＴ中学校のブロック人権教育推進部が主催した。この活動には、校内関係者のみならず、近隣の４つの小学校と１つの幼稚園の協力で、地域の参加者も含め、合計130名が参加した[26]。講演会の参加者は次のような感想文を書いた。

　「今の子どもたちが自分の故郷はもちろん、周りの子の故郷にも興味を持てる、好きになれることを願います。それは私ら大人にも必要なことではないかなと思います」
　（Ｔ中学校の教員より、感想文の出典：『Ｔ中学校ブロック人権教育推進部だより』2010年７月号）

　日本の良さ、中国の良さ・あたたかさを知ることが認め合える強さなのかとも思いました。私たちはこうした貴重な話を聞かせて頂けたことを大切に、そしてそれをもっと深め、子どもたちのために伝えていかなければと思います」
　（Ｓ小学校の教員より、感想文の出典：『Ｔ中学校ブロック人権教育推進部だより』2010年７月号）

　自分の故郷はもちろん、周りの子の故郷にも興味をもち好きになれることを

子どもたちに対する願いばかりではなく、大人にも必要なことではないかという語りから、中国帰国者の講演会が教員たちに異文化への興味関心が子どもだけでなく、「私ら大人」にも必要であることを新たに認識させるきっかけとなったことが分かる。T中学校のブロック人権教育推進部が主催した活動であるが、T中学校の教員のみならず、地域の小学校や幼稚園の教員たちが参加していたことに最も注目したい。中学段階において異文化教育の実施が大事だとされているが、そのつながりとして小学校と幼稚園段階からの異文化理解教育の実施も軽視することはできないであろう。教員は「これまでの経験の中で獲得した個人的実践知や技能をもって」(金井 2005：236)、子どもの学習や生活態度あるいは交友関係などに対処していく。1日の大半を学校で過ごす生徒にとって、教員が示す価値観や世界観は手本となる。特に幼稚園、小学校段階の子どもにとって、教員の示す模範は効果があると言える。この結果、異文化理解教育の研修活動が、教員の意識転換のきっかけとなり、異文化への認識をより深める機会となる。活動が継続的に行われることで、幅広い関係者にこのような活動への参加を呼びかけることが大切であると思われる。

第3節　教員の努力によるニューカマー生徒の学校適応への影響

(1) ニューカマー生徒に対する日本語教師の認識と対処

　NC生徒の学校生活において日本語教師は欠かせない存在であると言っても過言ではない。日本語教師は日本語・教科目の指導、生活・適応指導といった側面からNC生徒と緊密に関わっている。一方で、NC生徒との関わり合いのみならず、NC生徒と関係する関係者、例えばNC生徒の担任からNC生徒とのコミュニケーションが円滑に取れなかったという相談を受けると、日課としてNC生徒の保護者と連絡をとる。また、日本語教師はNC生徒の担任からの相談にのる役割を果たしていることが、次のインタビューデータから読み取れる。

　　　筆者：困った時に、話し合いできる相手がいますか。
　　　N教員：私なんか特に、「ここどうしたらええか」とか、R先生、F先生もね、よく相談にのってくれはるので、それはすごく助かってますね。

【N教員へのインタビュー INdata6-30：2011/3/18】

　NC生徒の担任教員は特に日本語でNC生徒と円滑に交流できない場合、R教員を介して事項連絡を伝えることが多い。NC生徒の増加に伴って、日本語非母語話者（以下、JNNS）[27]教員・ボランティアの採用も増える傾向にある。そうした中、JNNS教員・ボランティアに関する研究も行われるようになった。JNNS教員・ボランティアの有用性については、石井（1996）、青木（2008）、金井（2007）らによって述べられており、「当事者による当事者のための支援の可能性」（青木 2008：38-40）が言及されるようになっている。石井（1996）では、JNNS教員は学習者と母語が同じこと、学習者としての経験があることから、学習者の内面に迫ることができるとしている。金井（2007）は日本語教室におけるJNNSボランティアの肯定的側面について、第一に、学習者が主体的な学習活動ができること、第二に、日本語を学習する身近なモデルとなることと述べている。先行研究によると、JNNS教員の有用性として当事者の立場に立って考え支援すること、同じ言葉を喋る者として内面に迫ること、日本語学習のモデルになることを挙げている。こうした先行研究を踏まえ、古市（2007）はJNNSの役割を、第一に、認知面では対話を促す学習支援、第二に、情意面では、マイノリティとしての心理的支援、第三に、社会面においては生活者としての社会的な活動支援という３つの側面からまとめている。本調査対象者のJNNS教員の役割もこのような３つの側面から観察される。特に、以下の事例が示すように、JNNS教員は生活者としての社会的な活動支援を通してNC生徒の生活の隅々にまで関わっていることが分かる。

　事例　お婆ちゃんの代わりにNC生徒安志と水着を買いに行く
　「安志、水着を買わないといけないよ」とR教員が言った。「お婆ちゃんは水着がないって言った」と安志が答えた。「じゃ、今日放課後６時くらいサンディーで待ち合わせしようか。つれて買いに行くよ」とR教員は勧めた。
【T中学校 FNdata6-31：2012/9/6】

　調査対象校のR教員は単にNC生徒と母語が同じというだけではない。NC

生徒らと同じような転校経験を持っている。T中学校のR教員は来日初期の
NC生徒と同様に中学2年生の時に日本の中学校に転校してきた。その時に彼
女も同じくT中学校に在籍した。同じ国際教室でもう1人の中国人日本語教師
と出会った。その中国人日本語教師の指導を経て、R教員は中国語という長所
を活かし、外国語大学に進学することができ、自らも国際教室で出会った中国
人日本語教師のようなJNNS教員になったという経緯を持っている。NC生徒
の学校適応の葛藤のあり様をR教員は身をもって体験してきた。同じような体
験を持つという意味で来日初期のNC生徒の学校への適応指導に関して前向き
な感想を述べ、R教員が考えたNC生徒への対処の仕方をもとに、生徒の日々
の生活や適応指導は進められている。NC生徒を行事に参加させることで物事
に取り組む積極性を促そうとする対処の仕方を、その典型的な事例として挙げ
ることができる。

　調査対象校T中学校にとって、地域活動への参加は、毎年欠かさず行われる
定例活動となっている。毎年、中国の伝統的な民族舞踊および獅子舞を演じ
る。毎年、メンバーの構成によって、練習の風景も変わってくる。2012年度
の獅子舞のリーダーは新入生の安志である。例年と違って、安志は趙峰、章田
のように練習に情熱的に取り組まなかった。開催日が近づいても動きの流れさ
えも決められないほど、進度が遅れていた。練習中、何回も日本語教師に怒ら
れた。以下の事例は獅子舞を練習した時の様子である。

事例　真剣に獅子舞の練習をしない様子

　昼休み中、7月14日の地域活動のため、全部で4人[28]のメンバーが獅子
舞の練習を行った。リハーサルの際に、安志は同じ組の獅子の上半身を
装う役の日本人男子生徒を持ち上げ、獅子の前身をジャンプさせるという
動きを行おうとしたが、安志は力をうまく出せず、やや太っている男子生
徒を持ち上げることができなかった。しかし、この動きがあった方が格好
いいと主張して、ペア別で練習した。女子メンバー2人の動きは素早く、
それほど苦労せず動きのコツを摑んだ様子であったが、男子メンバー2人
は順調に進んでいないようであった。獅子の前身を担当する日本人男子生
徒はたまに「痛い〜いつもお肉をつまんでるやん」と訴えた。結局、昼休

みは男子生徒2人が騒いでいる間に過ぎてしまい、動きは1つも完成しなかった。
【T中学校FNdata6-32：2012/6/21】

事例　地域活動のための獅子舞の練習が思うように進まない

　昼休みに、R教員が先頭に立って、一緒に練習した。安志以外のメンバーは教員の指示通りにジャンプしたり、回ったりしたが、彼は無気力で歩いて回っただけであった。R教員が「安志、ジャンプして」と叱ったので、安志はジャンプするふりをして、リハーサルを進めた。途中で止まってしまったため、「次はどんな？」とR教員が安志に聞いたが、「忘れた」と安志は返答した。「安志、みんなの時間を無駄にしないで」とR教員は怒りを募らせた。しかし、あまり時間がないため、仕方なく、再び手本を示した。練習を終えて、生徒たちは教室に戻った。R教員は「安志は頼りにできないわ」と日本人日本語教師に言ったが、「新入学の時より成長したけど」と肯定的な評価も加えた。
【T中学校FNdata6-33：2012/7/3】

　ここで提示した2つの事例は、練習に対して熱意を見せない安志の様子を説明している。積極的に練習を行おうとする意欲を全く見せない安志に「昨年より成長した」と日本語教師が評価する場面もあった。この意外な評価は、安志の入学当初から現在（2012年7月時点）に至るまでの変化に基づいたものである。「安志の家庭環境は複雑で、1年生に入学した当初乱暴な振る舞いで家族にも態度が悪かった」[29]。しかし「重要なのは導くことだよ。みんなも大きく成長したから、あまり怒るばかりだと逆効果になりうるので」[30]とR教員は説明する。NC生徒の個性を配慮しながら、学習のみを中心としない日本の学校生活で、獅子舞という活動を通して安志に自信をつけさせることがR教員の考え出した戦略である。次の事例データはR教員の意図と安志に対する対処法を説明している。

事例　獅子舞の練習で自信を持たせるR教員の意図

　安志は今回の獅子舞のリーダーを務めるが、あまりリーダーシップを発揮できず、7月14日の出演日が近づいてきても、出番や動きなどがまだ

途中までしかできていない状態だった。4人ともジェスチャーや日本語でコミュニケーションするが、リーダーとしての安志が日本語での動きと流れの説明に苦労しているようであった。しかし、「こういうチャンスを与えたい。もっと自信を持たせたい。獅子舞で頑張ったことや自分で動きや流れを考えたことなどを思い出して、もっと、誇りを持って物事に取り組んでほしい。だから、リーダーの位置に立たせた。あまり頼りにならないが、今回の動きと流れは彼が考えたのよ」とR教員が語った。

【T中学校FNdata6-36：2012/7/3】

NC生徒安志は積極的に練習する姿を見せなかった。しかしながら、「獅子舞で頑張ったことや、自分で動きや流れを考えたこと等を思い出して、もっと、誇りを持って物事に取り組んでほしい」というR教員の語りから、活動を通して安志の成長を促そうとする意図を持っていることが分かる。そして、NC生徒を活動に参加させることで積極的に物事に取り組む意欲を引き出そうとすることから、R教員は自らをNC生徒個々人の成長を支援する者として位置づけており、また、国際教室で行う活動のメンバーの編成や活動の設定などから、日本語教師は環境の設定者と活動の支援者として機能していることも分かる。「教員は、自らの専門的知識の風景（the professional knowledge landscape, Clandinin & Connelly 1995, 1996）の中にあるさまざまな物語を参照しながら自らの実践のあり方を思考し、葛藤を経験している」（金井 2007：452）。本調査対象校のR教員は「自らの専門的知識の風景」にある生徒支援の物語だけではなく、R教員自身の特有の経験的風景を踏まえながら、NC生徒の学校生活指導の物語を編纂していると言える。

　国際教室で日本語教師は多様化し、かつ多分野にわたる問題に直面している。そのような問題を解決することは簡単ではない。そのため、今まで蓄積されてきた専門知識をそのまま使用するのではなく、教員が有する専門知識を活かしながら、当事者であるNC生徒たちの経験や知識を共鳴させていくことが重要である。T中学校のR教員のようにNC生徒と同じ文化的背景を持つ日本語教師は稀であるかもしれない。しかし、意識的にNC生徒の文化的背景を認知したり、異なった生活体験を把握したりすることにより、互いの経験や知識

を共鳴させていく方法として、当事者が自分の思いを語ることができるような当事者活動の支援など様々な方策を検討する必要があると考える。

（2）ニューカマー生徒に対する担任教員の認識と対処

　教員は学習・生活面で困難な状況にあるNC生徒に対処するにあたって、生徒の学習・生活上の問題を解決してやりたいとする教員としての自らの立場と、異質な文化的背景ゆえに学習・生活上の問題を解決するのが困難なNC生徒の立場の狭間に立って葛藤を経験している。金井（2007：458）は、「教員にとって異質性を配慮するということは、帰結点ではなく、あくまでも起点である」と主張する一方、「その異質性を配慮しようとすることに伴って認識されるさまざまな困難や課題を引き受け、格闘してゆくことを意味している」と指摘している。NC生徒の担任を引き受けたとたん、このような異質性に配慮する格闘が始まる。言葉が通じない生徒との交流の仕方さえも分からない担任の数は少なくない。T中学校とK中学校の来日初期のNC生徒の担任を受け持った教員は類似した問題に直面している。

　　「最初は全然言葉で言ってもダメやって。で、F教員に『漢字で書いたら結構、章田分かるよ』って言ってもらって、そこからやり始めたら、『あー分かる！』って言ってくれたことが僕にとってはすごく嬉しかったことです」
　　　　　　　　　　　【Y教員へのインタビューINdata6-37：2011/3/18】

　本調査においても、今まで、外国人生徒の担任をしたことがない教員にとって、交流が困難であるなどのつらさは容易に想像できる。「話すのはほとんど通じなくて、ジェスチャーでした。最初は辞書を使ってやったことが多かった」[31]など教育現場の「声」にしたがって、現実に教育支援がまだ行き届いていない点も観察された。本調査対象校であるT中学校は事実上、NC生徒の受け入れ枠を設定して今まで受け入れきており、すでに様々なネットワークを持っていると言える。それにもかかわらず、T中学校のNC生徒の担任からは言葉の通じない生徒とどう向き合っていいのか、どういう方法でコミュニケーションを取ればいいのかといって苦悩する様子が観察された。同校の日本語教師

の助言を受けてから、漢字を媒介として徐々に意思疎通を行いだした。そして、NC生徒の在籍する教室での配慮は単にNC生徒に対する教育にとどまらず、周りの日本人生徒への異文化理解教育も重視するようになった。章田の担任Y教員は、章田がスムーズに日本の学校生活を過ごすためには、周りの日本人生徒の認識と協力がより重要であると認識している。そのような考えは以下の語りから観察することができる。

> 「個別に話をして、分かるまで話をする。お互いにね。やっぱ、トラブルがあった時に周りの子たちには、その言葉が通じへん中でそれだけでしんどい思いをしてんのに、それで周りが、例えば知らんぷりするとか、全然仲間に入れてあげないとかといった時にはほんまに章田が１人ぽっちにね、心もね。その逆の思い考えたらどないや？ 章田が楽しく学校生活ここで送るには君たちの力が絶対必要やからっていう話は、何回かしたことはあります」
> 【Y教員へのインタビュー INdata6-39：2011/3/18】

NC生徒章田の担任教員は「逆の思い考えたらどないや？ 絶対こんな苦しいことないで。章田が楽しく学校生活ここで送るには君たちの力が絶対必要やから」という相手の立場に立って考える方法で、周囲の日本人生徒に対する異文化理解の教育を行っている。NC生徒がスムーズに学校生活を送るためには、周りからの理解と協力も大事であると認識している様子が観察される。また、章田との関係をF教員は次のように述べた。

> 「章田って、すっごく担任の先生が、大好き。どうやろう、例えば、章田が来た時は何回かクラスの中でもトラブルがあって、『なんかイヤなことされた』っていう時は、先生に言わんと、先に手が出てました。後から話して、話を聞くと、『こういうことがあったから、イヤ』って言うんで、お互い話をさせてっていう解決はありましたが、担任の先生にもよると思います。『この先生は言うたら何とかしてくれる』と思うたら言うやろうし」
> 【F教員へのインタビュー INdata6-40：2011/3/23】

章田は転校してきたばかりの時に言葉が通じないため、たびたびトラブルにあった。最初の頃、章田は「なんかイヤなことされた」という時に、教員に伝えず先に手が出てしまった時もあった。その後、担任から事情を聞かれて、トラブルがあった生徒と話し合って、互いに謝って解決したという経緯を持っている。このようにトラブルに対処していくプロセスを経て、NC生徒は担任の態度や考えを感じ取り、担任に対する信頼や依存などの感情を表出していくようになった。志水（2002：72）は、日本の学校世界がNCの子どもたちに対して課している三重のハードルとして、①同化を強いる風土、②「個人化」[32]する教師のイデオロギー、③ソフト化をすすめる改革トレンド[33]を挙げ、これらは子どもたちの学校「不適応」に関与していると述べた。逆に、NC生徒の学校適応のキーワードとして教員の思考パターンおよび関与の度合いも挙げることができると考える。「『この先生は言うたら何とかしてくれる』と思ったら言うやろうし、担任の先生にもよると思います」とT中学校のF教員が語ったように、担任教員の接し方によりNC生徒が示す依存感情は異なってくる。これは志水（2002）がいう「『個人化』する教員のイデオロギー」に反する事例と言える。教員は、自らの異文化理解・認識の度合いによってNC生徒との関与度合いを決めると考えられる。章田の担任教員は、NC生徒の問題を「個人化」に帰納しないイデオロギーを持っているからこそ、章田とクラスメートとのトラブルが起こった時に章田だけでなく、周りの日本人生徒の相互理解も求めるよう心がけるという姿勢を示した。このような姿勢を示している担任教員はNC生徒から多大な信頼を得ていると言える。章田の担任教員はNC生徒と接触する時の様子を以下のように語った。

　　筆者：章田は先生のこと大好きみたいですよ。
　　Y教員：あ、そう？［笑］たぶん、いくら怒ってもなんか全然本人は気にしないというか、ニコニコしてますよね。怒った時も。
　　筆者：先生は私のためだから、怒っても私のためということを知ってるからですかね。
　　Y教員：そうなんだよな。もうあかんことしたり時はもうほっぺたつねったりするんですわ。それを「痛い」とか言いながら喜んでるところ

があって、で、またわざとね、あかんことして、で、わざと怒られるみたいなことをしてくる。その辺は、だいぶかわいいんですけどね。

【Y教員へのインタビュー INdata6-41：2011/3/18】

　金井（2005）は、ある1人の教員の実践に焦点をあて、教員がNCの子どもの対処のあり方をめぐってどのような葛藤を経験し、自ら経験する葛藤を解決するためにどのようなストラテジーを編み出しているかを検討した。そこで、得た結果は、子どもが異質な文化的背景ゆえに経験している困難な状況を考慮するからこそ、「個人化」あるいは「同質化」[34]ストラテジーをとっていたということである（金井 2005：243）。金井が考察したようにNC生徒の担任は日々葛藤しながら異質性を持つNC生徒への対処のストラテジーを模索しつつある。本調査対象校のNC生徒の担任も同様にそういったプロセスを模索し続けているのである。「2年の時はちょっと短かったんだけど最後の方はちょっとボール遊びを一緒に昼休みにしに行ったりとかはしてやる時もありました。言葉が分からないですけど、動きは分かるんで」[35]という男子生徒の特性を活かして、グラウンドで一緒にボール遊びをすることで、声をかけやすくするメリットを見出すことができる。このようなインタビューデータからは、これまでNC生徒との学校生活を経験したことのない教員にとってその経験は大変なものであったと認識していることが読み取れるとともに、NC生徒の担任として試行錯誤しながら、日々実践し、対処していることが分かる。

　「言葉が分からないですけど、動きが分かる」、そして、「大事な単語を強調して言ったり」[36]することで、来日初期のNC生徒と簡単なコミュニケーションを取ることができた。

　一方、NC生徒の保護者と意思疎通する際に問題が生じる場合もR教員に頼ることが多い。次はT中学校のNC生徒の担任が経験したことについての語りである。

　　「生徒玲玲の場合は、お家の方が日本語が話せないので、保護者の方への連絡はR先生に全部任せきりになってしまうんで、それはちょっと申し訳ないなと思いながら。でも、R先生いてくれないと、どうしようもない

ので、本当に全部お任せしている状態です」

【Y教員へのインタビューINdata6-44：2011/3/18】

「保護者の方への連絡はR先生に全部任せきり」になってしまう状態に申し訳ないという思いを示しており、言語能力の不足が交流を制約していると言える。T中学校のY教員だけではなく、NC生徒の担任S教員も同じような対処方法をとっており、Y教員とその認識が合致していることが、次のインタビューデータから読み取れる。

「お母さんの考えてることが聞けない、直接聞けない。結構こまめには、R先生、F先生と喋るようにはしてて、『家ではこんなことがあったらしい』とか『今日休んでんのはこんな理由で』とかいう話は、聞いておくようにはしてるんですけど。だから、そういうのに、まずは国際教室の先生とは情報交換して、同じ方向を向いていこうっていうのは心がけているんですけど。でも、抽出授業してもらってるんで、『ま、国際教室で教えてもらいや』みたいな感じになってしまうので、自分であんまり切りこめてないですね」

【S教員へのインタビューINdata6-45：2011/7/1】

　教員はNC生徒が、「日本の子どもとは異なる成育歴・家庭の状況であることから学級で授業に参加し学習に取り組むにあたっては様々な困難を経験していると認識している」（金井 2007：452）。NC生徒の担任教員がいくら「任せきり」ということに申し訳ない感情を持っていたとしても、それはどうすることもできない事実として認めなければならない。

　T中学校のY教員とS教員はそれぞれ「全部任せきり」「自分であんまり切りこめてない」という内省の声を出しながら、NC生徒の担任教員としての複雑な心境を訴えようとしている。佐藤（1997：18）は、「教員が子どもと大人、大衆と知識人、従属者と権力者等、様々な二項対立における中間的な性格を露わにした存在であることを主張し、教員を『中間者』（intermediator）として認識している。『中間者』としての教員は、学校という制度を生き、また同時に固有名を冠した自己の世界を生き、それゆえに幾重もの身体の亀裂を経験し

ている」と述べる。このようなことは、教員が学校という組織の制度と構造によって様々な制約を受け、その価値規範によって支配されながらも同時に自身の世界を生きており、それゆえ様々なものの狭間に立って、様々な葛藤ないし矛盾を経験していることを示す。金井（2007）は、教員がNC生徒の異質性を配慮しようとする中で経験する難しさとして次の2点を挙げている。1つ目は教員の対処法は時として教員の意思とは裏腹に子どもを学校・教室での学習から疎外するように作用していること、2つ目はNCの子どもとその家族の日本での生活状況に配慮しながらも、学級経営を行う教員として考慮しなければならないこととは別の事項を重視することが、時として子どもを学校・教室での学習から疎外するように作用していることである（金井 2007：458）。ここでもう1つ教員が経験する葛藤として、JNNSの存在によりNC生徒への対処を他人に任せきりになり、対処していく原動力を失うというジレンマを挙げることができる。学校現場においては日本人生徒とNC生徒との共生の問題に直面しているのみならず、日本人教員とJNNS教員との共生、いわゆる教員レベルの共生の問題も存在していると考えられる。教員レベルの共生とは、日本人の教員とJNNS教員とがいかにバランスよく相互の役割を担っていき、教育上の責任を果たしていくかということである。NC生徒を対象とする教育支援にあたって、学校現場の教師の能力をうまく機能させるためには、この点についても考慮する必要があるのではないかと考える。

（3）ニューカマー生徒との接触が教員にもたらす影響

「どんな職業でも、長くそれに従事していれば、必ずその跡が残る」とWallerは述べる（Waller, W. 1957：468）。ある職業に就きそれに適応することによって、その職業に独自の性格や意識・価値観および行動様式が必然的に形成される。それが、職業パーソナリティである（油布 1993：179）。本調査では、10年近く外国人生徒と接触してきたW中学校の日本語教師が外国人生徒と接することによって、今まで意識していなかった「日本人としてのアイデンティティが出てきた」[37]という自分自身のアイデンティティの変化に対して認識した結果であると言える。また、NC生徒李奇の担任教諭は、「李奇と2人でいてても、最近なんか違和感がないですね。教員と生徒という面もあるんで

すけど、彼女が向こうから来て知り合った日本人としても付き合えていけたらいいなっていうふうに思いますね。中国の子は、すごく私には距離が近くなったね、抵抗がなくなった感じがします」[38]という語りから、自分自身の外国人生徒に接する際の姿勢が変化してきたことが分かった。なぜ「変化」が起こったかといえば、「変動する社会の中で、教員はこれまでになかった苦境に立たされているといえる。現実にそった新たな教員モデルを創り上げていく必要に迫られているから」(油布 1993：192)である。

日本語教師であれ、NC生徒の担任であれ、NC生徒と接触していくプロセスにおいて、教員は手探りでNC生徒に対処し、様々な困難と葛藤を経験し、自らの異文化接触の態度と意識を変えつつあることが分かった。

生徒の指導を担う専門家として教員は、「保護者」「道徳家」「治療者」としての3つの役割を担う。「保護者としての教員」は、子どもにいくつかの基礎的で日常的な仕事の訓練をさせる役割を、「道徳家としての教員」は学校の中だけではなく、社会全体の中で、何が正しいか、何が誤っているかについて生徒を教化する役割を、そして「治療者としての教員」は自分の生徒がひとりの人間として成長するのを助けるために、生徒の個人的な生活にまで立ち入って詮索する役割と権威を有すると考えられる（油布 1993：186）。インタビューで、「教員と生徒という面もあるんですけど、彼女が向こうから来て知り合った日本人としても付き合えていけたらいいな」などの李奇の担任の話からは、外国人生徒に接する際の姿勢が変わったほか、「保護者」「道徳家」「治療者」としての教員の役割も果たしていることが分かる。

2009年6月初旬は李奇にとって精神的に厳しい時期であった。8月、夏休み中に、彼女は1度中国へ帰った。日本に戻ってきてから10月の中国語弁論大会をきっかけとして、担任教員と頻繁に接触するようになり、担任との付き合いを楽しんでいるようである。10月に李奇に会った時、W中学校の国際教室のエスニック仲間と談笑して、元気になっている様子が観察された。また、李奇に対するインタビューの際、担任教員との関係について、「担任の先生はよく面倒を見てくれるから、とても嬉しい。たまにご馳走してくれるよ」[39]と語った。「保護者」「道徳家」「治療者」のような役割を担っている担任がいたからこそ、李奇はきつい時期を乗り越えられ、学校生活へ適応できるようにな

ったと言えよう。

第4節　本章のまとめ

　本章では、中国系NC中学生の家庭環境と教員との関わりという側面から彼らの学校生活への適応に影響を与える要素について検討した。まず、親が中国帰国者として来日する場合と国際結婚により来日する場合という二通りの来日経緯があるが、それらいずれの場合でも、NC生徒に心理的影響をもたらすことが分かった。中国帰国者を親に持つ子どもは両親とも中国人の場合が多く、親子の交流に障害が見られない一方、国際結婚した親を持つ子どもの場合は保護者の1人が日本人であるため、日常生活のあらゆる面において言語的・文化的な差異による葛藤が起きているということが分かった。教育意識の面では中国帰国者の保護者より国際結婚した保護者のほうが強い傾向がみられた。中国帰国者の保護者は厳しい経済的状況により経済的な面への関心が強く、子どもへの教育に関心を示さないケースが多い。そのため、NC生徒が家庭の事情に悩まされて勉強に興味を持てなくなったり、地域の不良少年と知り合って学校に行かなくなったりしてしまうことが今回の調査で明らかになった。逆に、国際結婚の場合は、今回の調査で多くの母親が子どもの将来設計や教育環境づくりに力を注いでいることが分かった。厳しい家庭環境に直面するNC生徒のすべてが勉強に関心を持っていないというわけではない。今回の調査対象者のうち、現在中学校に在籍中の生徒を除いて、高校へ進学する段階の生徒15名のうち、12名が高校へ進学した。NC生徒の学習意欲に影響を与える要因は家庭環境と教員の支えであると言える。

　本章では、中国系NC生徒の中学校における教員との関係についても記述した。教員がもたらすNC生徒の学校適応への影響を、学校の権利者である校長を始め、NC生徒の担任、日本語教師などが異文化に示す態度や姿勢、そして、異文化教育の工夫、NC生徒の学校生活において直面する問題への対処の仕方、教員が異文化背景を持つNC生徒への対処のプロセスにおいて日々経験している葛藤の様相、教員自身の意識転換という具体的な内容により提示した。調査データに基づいて、異文化理解教育の進行段階から背景説明・接触体験・内省

理解の深化・追跡支援という4つのプロセスを提示し、異文化理解活動の実施にあたって、活動の継続性と活動参加の自主性という概念を見出すことができた。しかし、NC生徒の担任教員は努力しようとするものの、言語と文化などの壁により、自らが無力であることを実感し、JNNS教員に任せきりになるというのも事実である。それゆえ、学校現場の教師の能力をうまく機能させるためには、日本人教員とJNNS教員とが相互の役割を明確に認識して、責任を持ってそれを担っていけるようなシステム作りを行わなければならないと考える。

[注]
(1) 文部科学省「新しい教育基本法について」http://www.mext.go.jp/b_menu/kihon/houan/siryo/07051111/001.pdf、アクセス日：2013/8/21。
(2) 厚生労働省「中国帰国者支援・交流センター資料」2011年3月31日現在の結果。ここでは国費で帰国した者のみの数字が記載されており、自(私)費で帰国した者は含まれていない。http://www.sien-center.or.jp/about/ministry/list.html、アクセス日：2013/8/9。
(3) 厚生労働省社会・援護局「平成21年度（2009年度）中国残留邦人等実態調査結果報告書」調査期間：2009/11/10～2010/2/12、http://www.e-stat.go.jp/SG1/estat/NewList.do?tid=000001024577、アクセス日：2013/8/9。
(4) 公益財団法人　中国残留孤児援護基金『機関紙』51号、2003/2。2002年9月に実施した定着状況アンケート調査による。
(5) 終戦時13歳未満の日本人子児童であり、現在50～60代前半の年齢層に属している（趙・町田 1999：522）。
(6) 残留婦人・男子・孤児の二・三世であり、現在10～50代の幅広い年齢層となっている（趙・町田 1999：522）。
(7) 厚生労働省社会・援護局「平成21年度（2009年度）中国残留邦人等実態調査結果報告書」調査期間：2009/11/10～2010/2/12、http://www.e-stat.go.jp/SG1/estat/NewList.do?tid=000001024577、アクセス日：2013/8/9。
(8) NC生徒原秋の母親へのインタビュー【INdata6-1：2010/11/26】。
(9) F教員へのインタビュー【INdata6-3：2011/3/23】。
(10) 卒業式に関する記述は第4章の第3節（2）「攻撃的行動と不登校」を参照。
(11) F教員へのインタビュー【INdata6-6：2011/3/23】。
(12) S教員へのインタビュー【INdata6-7：2011/7/1】。
(13) NC生徒趙峰の母親へのインタビュー【INdata6-11：2011/3/23】。
(14) NC生徒趙峰の母親へのインタビュー【INdata6-13：2011/3/23】。
(15) NC生徒趙峰の母親へのインタビューデータに基づいて筆者がまとめたものである【INdata6-15：2011/3/23】。
(16) NC生徒趙峰の母親へのインタビュー【INdata6-16：2011/3/23】。
(17) NC生徒趙峰の母親へのインタビュー【INdata6-17：2011/3/23】。
(18) NC生徒趙峰へのインタビュー【INdata6-19：2009/7/23】。
(19) T中学校校長へのインタビュー【INdata6-21：2011/3/23】。
(20) 故事成語が使用された例文は他にもある。例えば、「君知るや、管鮑の交わり：中国の故事『管鮑の交わり』を引用しながら友情の大切さについて文章を書いた。文章の最後に

『互いを知り認め合い、信じ合う』そんな友情を、いつまでも大切にしたいものですと結んだ」(『T中だより』校長の文章に従って筆者がまとめた)。(『T中だより』平成19年9月26日発行、発行元：T中学校)。「車到山前必有路（車山前に到りて、必ず路有り）」(『T中だより』平成21年6月22日発行、発行元：T中学校)。

(21) T中学校フィールドノーツ【FNdata6-24：2010/3/14】。
(22) T中学校校長へのインタビュー【INdata6-25：2011/3/23】。
(23) T中学校フィールドノーツ【FNdata6-26：2011/2/18】。
(24) T中学校フィールドノーツ【FNdata6-27：2011/3/25】。
(25) 『遥かなる絆』ドラマ放送後、生徒が書いた感想文の一部引用。3年4組女子生徒より。出典：『講演会「親子の絆」に向けて——「遥かなる絆」の原作者・城戸久枝さんとお会いするに当り』2010/1/15。
(26) T中学校フィールドノーツ【FNdata6-29：2010/6/23】。
(27) 第4章の第1節 (2)「在籍学級の『無秩序』に対応した学習空間の選択」の注 (16) を参照。
(28) 地域活動で演じる予定の獅子舞に参加するメンバー4人は安志、日本人男子生徒1人、日本人女子生徒1人、そして、日本生まれの中国人女子生徒1人である。日本生まれの中国人女子生徒は2012年度の国際教室の活動である国際っ子クラブの部長を務めている。
(29) R教員へのインフォーマルなインタビュー【INdata6-34：2012/10/22】。
(30) R教員へのインフォーマルなインタビュー【INdata6-35：2012/10/22】。
(31) NC生徒李奇の担任教員へのインタビュー【INdata6-38：2009/11/16】。
(32) 個人化とは、クラスや学校の中で生じる学習上あるいは生活指導上の問題の原因をもっぱら子ども自身に帰属させ、なおいっそうの努力や心がけの変化を求めようとする姿勢である（志水 2002：77）。
(33) 志水（2002）では、「教え込みスタイルが支配的である学校文化を母国において経験してきたニューカマーの子どもたちが放り込まれるのが新しい教育動向（著者の調査対象校T小学校の状況を指す[筆者注]）」（志水 2002：79）と捉える。また、「このような新しいタイプの教育は、かつてイギリスの教育社会学者バーンスティン（Bernstein 1977）が『目に見えない教育方法』（invisible pedagogy）と名付けたものに類似している。中産階級出身の幼児教育関係者によって推進されてきた『目に見えない教育方法』において、教師の統制は暗示的であり、特定の技能の習得や習熟よりも、子どもの主体的な選択や自由な活動が尊重され、学習と遊びの境界が不明確となり、評価の基準も多元化・曖昧化するという」（志水 2002：80）。
(34) 同質化とは、子どもを「われわれの学校」や「私のクラス」に所属する同質的集団の一員として扱い、親密に関わっていこうとする構えである（志水 2002：77）。
(35) N教員へのインタビュー【INdata6-42：2011/3/18】。
(36) H教員へのインタビュー【INdata6-43：2011/3/14】。
(37) M教員へのインタビュー【INdata6-46：2009/8/3】。
(38) NC生徒李奇の担任教員へのインタビュー【INdata6-47：2009/11/16】。
(39) NC生徒李奇へのインタビュー【INdata6-48：2009/10/26】。

第**7**章

国際教室の適応機能

　日本の公立学校では、学校に受け入れているNC生徒の義務教育上の配慮として、1992（平成4）年度から文科省の「外国人児童生徒教育の充実方策について」[1]で示された施策の1つである教員の加配が実施されている。加配された専任教員によって「日本語教室」「日本語学級」「国際教室」などの名称で日本語教育専用の時間と空間が設けられている。

　しかしながら、国際教室は制度上一般の学級から切り離されており、日本語力が十分ではないNC生徒が行く場所という捉え方もある。他の子どもに対して閉鎖的であり、外国人の「租界」（志水・清水 2001：373）のようになる可能性がある。このため、日本人生徒とNC生徒が互いに自分とは違うという意識を定着させる結果になると言わざるを得ない。したがって、学校がNC生徒を隔離して日本語指導を行うことにならないような配慮が不可欠である。また、尾崎（2006）は日本語教室での活動の原則として、日本語習得の原則、相互学習の原則、自由参加の原則、実際使用の原則を挙げ、日本語を教える発想から自由になることが重要だとしており、日本語教室に属する日本語教師、ボランティアも共に学び、共同で新たな学習内容、価値観、公共の場を創造する可能性を秘めた所として捉えている。このような「新たな学習内容、価値観、公共の場を創造する可能性を秘めた所」即ち、本調査対象校の国際教室が果たす役割を日本語・教科補習の場、母語・母文化維持の場、「息抜き」の場、異文化理解・交流の場、進路決定に影響を与える場という6つの側面から検討する。

第1節　学習支援の場

（1）日本語・教科学習支援の実施

　NC生徒および日本語補習が必要な生徒は「取り出し」授業を受けている。毎日、在籍学級で行われる授業から「取り出され」、国際教室で日本語の補習や各教科の補習を受けている。来日まもないNC生徒に対し、R教員とJNNS教育支援員[2]が中心となって中国語で行う。

　国際教室で行う日本語の補習は固定した教授法や教授内容がなく、日本語教師たちが生徒の学習進度とレベルに合わせて補習の内容を定めている。教え方も補習を担当する教員によって異なる。NC生徒は各々の教員の教え方に合わせないといけないが、日本語学習の大切さを認識しているため、どの教員の授業においても総じて真面目な学習態度を見せる。T中学校の日本語教師はNC生徒の日本語学習を促すため、語彙量を増やすための学習プランを計画した。

　事例　日本語教師が立てた企画書
　　企画書
　　（日本語・中国語という二つのバージョンがある）
　　目的：単語量を増やすため
　　スローガン：みんなで単語を覚え、楽しく勉強を！
　　具体的目標：
　　　〇一日10個だけ自分の課題をクリアすること
　　　〇みんなで監督し、助け合い、クリアを目指すこと
　　　〇前日の課題を翌日にチェックすること
　　　〇毎日の昼休みにチェックすること、できなければ放課後にすること

　日本語教師2人の他、国際教室で日本語授業を受けるほとんどの生徒が参加した。毎日10個の単語を正確に覚えられたら、白板に貼っている参加者リストの自分のところで好きな色のシールを1枚貼ることができる。参加者の中でNC生徒章田が一番積極的で、シールの枚数も一番多かった。国際教室が日本

語の補習授業の時であれ、昼休みであれ、一番力を入れて取り組んでいるのは10の語彙を覚えることである。「先生［筆者のこと］、今私のシールが一番多いよ」(3)と自慢げに語ってくれた時もあった。

　事例　語彙量を増やす計画に取り組むNC生徒章田の様子
　　1日に10個の日本語の単語を覚える学習計画が日本語教師によって立てられている。10個覚えたら、ボードに1枚のシールを貼るという方式である。章田は今日も10個の単語を覚えた。その場でテストして、1個も間違っていなかった。教員のサインをもらってから、自分でボードにシールを貼っていった。10個の単語を覚え終えてから、国語のテキストを勉強し始めた。
　　　　　　　　　　　　　　　　　　　【T中学校FNdata7-2：2011/2/18】

　生徒の積極的な行動や自慢げに語った様子から、国際教室はNC生徒が在籍学級では示すことのできない自己顕示欲を満たす場となっており、学習への自信を取り戻せる場にもなっていると言える。日本語教師の工夫によりNC生徒の学習の熱意は増す一方であった。NC生徒は昼休みに国際教室に来たら、まず語彙チェックができる相手を探した。そして、ペアで互いにチェックして、シールを貼りにいくことがしばらく定番の行動様式となった様子が観察された。
　この活動が長く続いていくことが理想だったのだが、そうもいかなかった。積極的に参加する生徒もいれば、興味を示さない生徒もいた。また、新入生の入れ替えによって生徒の反応がばらばらとなり、皆でまとまって続けていくことに難色を示しだした。趙（2009）は、東海地方のある高校のNC生徒の学習指導に関わる教員5名を対象に、NC生徒に対する学習指導を通した教員の授業実践の変化の過程について考察している。そこでは、NC生徒に対する学習指導が教員個々人の教育信念、価値観の転換および新しい教授法の獲得などといった教員の実践の変化につながるということを結果として示している。本調査対象校の日本語教師はNC生徒にどう教えたらもっと早く上達できるのか、どのような工夫をしたら生徒の学習意欲を刺激することができるのかということを「教員個々人の教育信念、価値観」との関係の中で日々、試行錯誤していた。

国際教室での教科学習の様子は次に提示する事例によく現れている。国際教室での教科科目の補習は日本語教師とJNNS教育支援員だけで行うわけではなく、学校に在籍する各教科の担当教員も国際教室で補習を行う。日本語が分かる生徒には日本語で補習を行う。補習を行う科目は主に国語、社会、数学、英語である。

事例 NC生徒趙峰の数学の補習

趙峰はY高校へ進学することが決定した。進学するために、一生懸命勉強に取り組もうとした。放課後も居残りをして、補習をやっていた。数学のテスト用紙はパートⅠが計算、パートⅡが文章題、パートⅢが図形問題である。趙峰はパートⅠの計算はほぼ全問正解であった。授業中、平成19年、20年の過去問をやった。パートⅠの計算の問題は全問正解だった。パートⅡの文章題を解く練習をしている。　　【T中学校FNdata7-3：2011/2/21】

T中学校の国際教室での日本語と授業科目の補習では、生徒ごとに個別指導学習記録ファイルを作成しており、学習した内容と進度を学習内容表に記入する。そして、これから学習しようとする内容のプリントや計画書も学習ファイルに挟む。この学習ファイルには日本語補習内容の記録のみならず、授業科目の補習内容とその進度についても記録されている。これは補習教員との連携をより密接に図るために学習記録をより積極的に活用しようとしているためである。同時に、国際教室における日本語指導がどのように行われているのかを明らかにするためでもある。このような工夫により、指導する教員、指導を受ける児童、担任との間で学習内容が明確に把握できるようになった。このような取り組みが目指すのは、NC生徒の学習状況の開示と存在する教育・適応の課題の共有化である。NC生徒の抱える教育の課題の共有化が進むことで担任との連携が行いやすくなり、国際教室に通う児童の学習上の問題などについて、きめ細かいやり取りが行われる素地が整えられる。趙峰は進学先が決まっており、学習目標も明確であるため、数学などの補習授業を真面目に受ける様子が観察された。このような場面に、国際教室での補習の取り組みと学習記録との相乗効果が現れている。

もう1校の調査対象校W中学校では、国際教室に通っている生徒の担当科目の教員による補習はなく、日本語も授業科目も全部日本語教師1人で行っている。

> 「日本語もしますけど、教科で分からないところも少ししています。教科を専門にすることがないんですが、わりと自由な勉強の中で教科が出てくることが多いですね。ただ、3年生になると分からないことも多くなるので、全部教えることができるわけではないですけど」
>
> 【M教員へのインタビュー INdata7-4：2009/8/3】

　W中学校では、日本語教師1人が1回の授業で3〜7人くらいの生徒に対して補習を行うため、目が行き届かないところもあるが、国際教室が日本語の補習と授業科目の補習の場としての役割を担っていることが分かる。
　しかし、センター校という特徴のため、日本語教師は「補習」という業務だけを行うわけではない。生徒がW中学校の国際教室に来室すると、まず、日本語教師は生徒の担任と生徒の保護者に「教室に着いた」という連絡をしなければならない。帰宅の際も同じく生徒の担任と保護者に「今から帰る」という電話をかけ、バス停まで送りに行く。毎日、生徒一人ひとりに対してそうしている。また、通ってくる生徒の担任に向けて毎日連絡帳を書き、情報の共有をはかっている。そのため、日本語教師は毎日授業科目の補習のみならず、雑務に相当時間を使っているのである。国際教室で生徒たちが自習している際、教員は雑務に追われて生徒の学習にまで手が回らない場合もあった。W中学校に通うため、生徒たちが自分の学校からW中学校まで移動する時間も多少かかることで、補習が効率的に機能しないなどの欠陥も観察された。

（2）状況に応じた補習の実施

　国際教室での補習に関しては決まったカリキュラムがないため、補習内容の選択自由度は大きい。特に、NC生徒の高校受験が終わる段階において、高校進学との関係性という配慮から、生徒の要望に沿って補習を行う場合がある。高校進学が決まった趙峰は、将来の自分にとって英語は欠かせないと認知して

おり、受験の直後から英語の勉強に取り組んだ。

事例 高校受験に受かったNC生徒趙峰の英語学習の取り組み
　この日（3月8日）は高校受験の結果発表の日である。趙峰はY高校[(4)]に、仁美、琴英、張希はF高校に合格した。趙峰は高校に受かったことをとても喜び、その嬉しさを抑えきれないようであった。そして、英語を勉強する意欲がいっそう増した。自ら用意した発音記号の教材は付録CDが付いていないため、L教員に各々の発音記号の読み方を録音するよう頼んだ。「発音記号をちゃんと勉強したら、英語の単語も独学できるようになるから」と趙峰は言った。
　　　　　　　　　　　　　　　　　【T中学校FNdata7-5：2011/3/8】

　国際教室での授業はNC生徒のその時々の学習への意欲や気分によって、随時変更する様子がしばしば観察された。典型的な例として、3年生の高校受験が終わってから、国際教室での学習補習は高校での学習とのつながりという意味合いも含め、生徒の意志でその場で興味がある授業を選んで行うようになったことが挙げられる。高校に入学してからギターを習いたいという具体的な目標を立てた張希も、国際教室での補習を音符の勉強に変更した。

事例 国際教室で音符の勉強をする張希の様子
　授業の始め、音符が習いたいと言った。「どうして？」と聞いたら、高校に入ったら、ギターをやりたいから、今から音符の勉強をしたいと答えた。そして、その要望に応じて、教員［筆者のこと］は5本の線を引いて、線にDo、Re、Mi等の音符を描きながら読み方を教え始めた。
　　　　　　　　　　　　　　　　　【T中学校FNdata7-6：2011/2/25】

　趙峰はY高校の入学試験に合格したため、自分の将来の見通しが明るくなったようである。「将来のため英語を勉強しなければならない」という意識や、自ら参考書を用意したり、「発音記号の読み方を録音する」よう頼んだりする行動から、将来のことを考えて、積極的かつ計画的に勉強に取り組んでいることがわかる。また、張希は高校に入学したらギターを習いたいという明確な目

標を立てて、国際教室での授業時間を音符の勉強に当てた。趙峰と張希は高校合格を機に自分の意思で決定した将来の目標を実現するという思いが高まったために、学習意欲が表出してきたと言える。そのような学習意欲は国際教室という柔軟な対応が可能な場と、国際教室にいてそのような状況に対処することができる学習支援教員の存在によって自身の望む勉強への取り組みという具体的な行動として具体化したと考える。

「教育心理学の文脈では、動機付けの観点から学習意欲の問題を捉え、特に内発－外発の枠組みから多くの研究知見が蓄積されてきた。一般に、興味や楽しさから自発的に取り組む動機付けが内発的動機付けであり、外的報酬や他者からの要求によって学習する動機付けが外発的動機付けである」（岡田 2010：414）。学習に対する動機付けは、学校段階の移行に伴って変化することが明らかにされている。全般的な傾向として、小学校から中学校、高校へと学習の段階が上がるにつれて、内発的動機付けが低下し、外発的動機付けが顕著になることが示されている。しかし、その変化の仕方は、内発的動機付けから外発的動機付けへというような単純なものではない。特に、中学生や高校生の時期には、内発的動機付けだけでなく、外的調整[5]や取り入れ的調整などの統制的動機付けも同時に低下していくことが考えられる（岡田 2010：414-415）。本調査対象者の趙峰と張希は自ら学習に取り組んでいるが、これは彼らの内発的動機付けが作用したためだと言える。中学生段階であるにもかかわらず、内発的動機付けが高まっているのである。その理由は自分の第一希望の高校へ進学することができたために将来への見通しが明るくなっており、高揚感に包まれたためであると考えられる。したがって、中学生という時期の内発的動機付けと関わってくるものは、外的調整と取り入れ的調整のみならず、学習内容に個人的価値や重要性を見出せる「同一化的調整」（Deci & Ryan 2000）と、自己内で葛藤を生じずに学習に取り組む「統合的調整」の動機付けにもあると考えられる。学習意欲のあり方は学習成果や学校適応など様々な側面に影響するものであり、教育場面における最大の関心事の１つである。生徒の段階的動機付けの変化を考察し、そういった変化の傾向を把握することは必要であるが、生徒個々人の学習願望や学習を取り巻く状況を極力考慮し、対処していくことも学校現場の課題と言える。

第2節　母語と母文化維持の場

　箕浦（1994）は、異文化接触の渦中にある人々、特に社会化（socialization）の途上にある人々の場合、文化間移行に伴い、個人が生きている社会システムや文化システムが変容することで、自身の文化的アイデンティティをつくり直す作業が必然的に生じてくるという。そして、海外で人格形成期を送った人の文化的アイデンティティは、「自分自身の解釈と他者の解釈とのズレ」に特徴があると指摘している。自己認識と他者認識が一致する時、人はアイデンティティの問題に苦しまない。しかし、自分が「A国人でないかも」と思い、かつ、他者が「A国人である」という認識の下で本人を扱う時、葛藤が生じるのだという。

　本書では、対象となった中国系NC生徒に「あなたは何人ですか？」というような質問をすることは避け、日々の観察や様子、在籍学級、国際教室の教員、他の生徒との関わりなどを観察して得られたデータやインタビューなどからアイデンティティの問題にアプローチする。そして、国際教室でNC生徒たちの母語・母文化を維持するために取り組んでいる活動や学校の環境、周りの教員などが、中国系NC生徒たちのアイデンティティの形成にどのような影響を与えているのかを検討する。なお、ここで言うアイデンティティとは固定されたものとして捉えられるものではない。本章では、アイデンティティ[6]を置かれた環境や文脈に応じて変容するものであり、他者との相互作用を通して一時的に形成される「私」として捉える。

（1）肯定的アイデンティティの形成につながる母語・母文化の維持

　国際教室は日本語補習の場として機能していることは言うまでもないが、狭義の日本語学習の場としてのみ機能しているわけではなく、適応指導、母語指導、進路指導、生活指導など多様な指導が行われる場として機能している。国際教室は「居場所」「母語・母文化維持の場」としての役割も果たしていると指摘される（太田 2000；志水・清水 2001；小川 2002）。このように、国際教室は、特に、母語と母文化を維持させる場所として重要な役割を担っている。以

下、国際教室において観察した事例とインタビューでの教員の語りを通して考察していきたい。

事例 中国の伝統舞踊の練習

　7月11日の地域活動への参加に向けて、中国から来た生徒たちは中国の伝統舞踊を自分で振り付け、練習したりする。ハンカチとリボンという中国的な道具を使う。昼休みになった。4限の授業の終了のベルが鳴ってから10分も経たずに、生徒たちが続々と国際教室に来た。日本語教師も含め、全部で13人くらい。1人の男子生徒がDJ役となり、4人の女子生徒がハンカチとリボンを使ってダンスの練習をし始めた。その他の教員や生徒が周りでチェックをし、見物している。【T中学校FNdata7-7：2009/7/9】

　このような活動をきっかけに、中国の伝統舞踊を練習する機会が増えた。単に舞踊に参加する生徒だけではなく、周りで見物する生徒、応援する生徒も、中国の文化との触れ合いで、中国人としてのアイデンティティを認識し、形成していくことを促進する良いチャンスであろう。

　T中学校も、W中学校も学校の中に国際教室があるため、国際教室で中国語の絵本を読んだり、中国の将棋をしたり、中国の伝統舞踊を練習したりしながら、中国人NC生徒同士が母語で交流している。「子どもたちは、中国語を話すとき本当にいきいきしていた。弁論大会や文化紹介では、誇りを持って中国語を話していた」「母語使用も母語維持も絶対に必要と思う。何よりも本人のアイデンティティの育成に関連してくるし、親とのコミュニケーションの面でも必要だから、こういう場を提供してあげたい」[7]。この語りからも分かるように、国際教室は母語、母文化の維持の場としての役割を担っている。このような場を提供することで、NC生徒たちは母語、母文化に対して肯定的な評価を持つことができ、自己肯定的アイデンティティの形成を促進することができると言えよう。自分のルーツに対する認識の大切さについて「誇りを持つと言いましたけれども、誇りを持つためには、しっかり自分のルーツを知るってことも大事だと思うんです」[8]とT中学校の校長は語った。

　また、W中学校の日本語教師は明確なアイデンティティの存在と学校生活

への適応との関係を次のように述べた。

> 自分というものがしっかりできたほうが、日本の学校でも適応しやすいと思います。違いは違いということで、まったく日本人のようになるというよりは、中国と違うところをしっかり勉強する方がいいと思います。自分というものがあまりない子が日本の学校にいると、何か不安定な感じがします。だから、母語教育が必要だと思いますね。
>
> 【M教員へのインタビュー INdata7-9：2009/8/3】

　T中学校、W中学校に設置されている国際教室では中国の文化に触れることによって、NC生徒たちの肯定的アイデンティティの形成を促すことを企図している。さらに、「自分というものがしっかりできたほうが、日本の学校でも適応しやすい」という日本語教師の語りから、NC生徒にとってアイデンティティを明確に確立することが大変重要であるという認識を持っていることが分かる。しかし、明確なアイデンティティを確立すればするほど日本の学校文化とのギャップも現れやすく、学校生活への適応に困難さが生じやすくなるという矛盾も見えてくる。そのため、日本人のようになるというよりは、自分というものをしっかりと認識するとともに、差異は差異として受け入れながら勉強するという態度が本研究で強調しようとする明確なアイデンティティの要点である。一方、アイデンティティの捉え方についてT中学校K教員は「中学生の時代から教えるのは難しいと思う。何やろう、国籍の話、それだけじゃないから、歴史もあるからね。その背負ってるものもあるから。そういうことを総合的に考えていく時にアイデンティティという言葉だけで縛られへんから」[9]というような私見を述べた。

　K教員の語りから、人のアイデンティティは単に個人単位で考えることが不可能で、歴史や社会的文脈や周囲を取り巻く環境も考慮に入れて考える必要があるという考えが読み取れる。Hall, S.（1998：90）は、アイデンティティを「すでに達成され、さらに新たな文化的実践が表象する事実」でなく、「常に過程にあり、表象の外部ではなく内部で構築される『生産物』として考えるべきである」と述べている。つまり、アイデンティティとは、固定化された「ある

もの」ではなく、常に変異していく「なるもの」であり、そして、その過程において、歴史、言語、文化をいかに利用するかという問題である。また、原（2009）は、地域日本語教室に通うミャンマー人のアイデンティティ意識を半構造化インタビューの手法を用い、社会文化的インターアクションを言語の社会化の視点から考察した。「民族的アイデンティティ」「複合的アイデンティティ」「ディアスポラ・アイデンティティ」という３つの観点を取り上げて分析を行った結果、「家庭やコミュニティにおけるどの言語を使用するのか、都市に住んでいるのかまたは地方に住んでいるのか、民族コミュニティの接触の機会が頻繁にあるかないかなどの環境の違いはアイデンティティの構築に大きな影響を与えた」（原 2009：143-144）ことが分かったと述べている。本調査対象者の中国系NC中学生、特に日本で生まれた生徒と低学年時に来日した生徒にとって、自分のアイデンティティを明確に認識することは至難の業ではあるが、国際教室で行う母語・母文化への接触活動は彼らのアイデンティティ理解の一助となるであろう。また、W中学校の日本語教師とK教員が述べたように、NC生徒にとって自分というものを肯定的に認識して、そして相手国の習慣や文化などを違いとして受容していくことがよりいっそう重要なプロセスであると言えよう。

（２）異文化を体験したニューカマー生徒のアイデンティティ形成の課題

T中学校に在籍している生徒趙峰はいじめを経験した後、立ち直り、さらに自分なりの戦略を用い、在籍学級に溶け込もうと努力している。趙峰は中国人としての意識を強く示しているほか、クラスにおいて日本人生徒と仲良くしなければならないことも受け入れている。授業を含め様々な異文化体験場面でこうして揉まれた経験を重ねると、「Adler, P.が言ったように、どれかの文化の完全な一部でも、また、全くどの文化から離れているわけでもない、従来と異なる文化的アイデンティティを育み、星野（1994）が言うように、自分で柔軟に判断し自分らしさを保ちつつ、どの文化でもやっていける強い自我アイデンティティが育つ」（手塚 2009：93-94）のではないかと考える。趙峰の事例は、思春期に異文化体験をすることの意義を物語っている。中国人としてのアイデンティティを保ちつつ、日本文化、日本人という違いも認め、それを受け止め

ることはきわめて重要なことである。

　しかし、一方では、肯定的アイデンティティに関わる重要な要素である母語維持の場としての国際教室が、現実にはその役割を十分に発揮していないことが分かった。W中学校においても、T中学校の国際教室においても同様である。

　　「（中略）子どもたちには母語、母国語を忘れないためにあるいは覚えさせるために中国語の授業もあるが、現実は子どもたちの状況によると教えられていない。教える体制になっているんですが、実は教えていない。テストがあるから、とても中国語の勉強まで手が出せません」

　　　　　　　　　　　　　　【R教員へのインタビューINdata7-11：2009/7/23】

　　「日本語学習というのは同時並行で、母語の支援と日本語学習をするということが必要でしょうね。母語の力がストップすると勉強もなかなか伸びませんので、学力も伸びませんので、母語を伸ばすことも同時にしなければならないです。でも、月に1回しか中国語母語教室がありません。それは、すごく弱い部分ですね」

　　　　　　　　　　　　　　【M教員へのインタビューINdata7-12：2009/8/3】

　「ポジティブなアカデミック・アイデンティティを形成するための1つの方法として、言語（日本語・母語）教育を通じて子どもたちの学習困難を解消する」[10]ことは可能であろう（金井 2004：8）。しかし、NC生徒たちは、校内においても校外においても、明確なアカデミック・アイデンティティを維持しにくい状況に置かれている。「母語の力がストップすると勉強もなかなか伸びません」「子どもにプラスになっていることは誰でも知っている」というように母語教育の重要性は十分に認識されているが、「教える体制になっているんですが、実は教えていない。原因は時間の問題ですね」「テストがあるから、とても中国語の勉強まで手が出せません」「月に1回しかありません、すごく弱い部分ですね」などのインタビューの語りから、母語教育が現実には十分に実施されていないことが明らかとなった。中学校段階のNC生徒は不登校、学業不振、高校受験などの問題に直面している。これらの問題を彼らのアイデンテ

ィティの形成と関連付けながら検討していくことが必要であると言えよう。

第3節　息抜きの場

　太田（2000：207）の調査で示されている、国際教室がなくなれば、「学校に来ないかもしれない」と言う子どもの語りから、子どもにとって、国際教室はやすらぎの場として機能していることが分かる。志水・清水（2001：373）の研究でも、国際教室が「息抜きの場」として、彼らにとって戻りたい時に戻れる「居場所」でなければならないと意義づけている。本調査対象校の国際教室もNC生徒の「息抜きの場」として機能していることが観察された。

（1）息抜きの場に対する教員とニューカマー生徒の認識

　NC生徒たちが学校内で居場所を確保する事例が先行研究においても提示されている。児島（2006）は、「抵抗的観点」[11]からブラジル人生徒なりの学校適応のあり方を描き出そうとした。ブラジル人生徒たちの学校内の居場所は国際教室と保健室である。「本来ならば在籍学級で授業を受けているはずの生徒が、なぜか日本語教室に座っていることと、保健室に集まって時間を費やすということは、よく見かける光景である」（児島 2006：142）。国際教室に対する依存感や学校内で居場所を確保しようとする事例が今回の観察において見られた。中国系NC生徒にとっての居場所としては、2ヶ所挙げられる。1つ目は、学校内で国際教室が設置されている場合は国際教室である。2つ目は、学校内で国際教室が設置されていない場合、W中学校の国際教室や、部活動などが挙げられる。

　　事例　国際教室にいるNC生徒李奇の様子
　　李奇が元気なさそうに国際教室のソファに座っている。筆者がW中学校の国際教室を訪ねた際に見かけた光景である。
　　筆者：李さんどうしたの？
　　W中学校の日本語教師：李さんは最近ちょっと疲れてきた。国に帰りたいという時期がきたね〜。　　　　【W中学校FNdata7-13：2009/6/5】

何かあったから国際教室に来るわけではなく、何の用事もなく、一言も話さなくても、授業と授業の間の10分間だけの休みにしろ、昼休みにしろ、とにかく国際教室に来る。同じ中国人生徒同士で話をしたり、中国の道具で遊んだり、R教員と話をしたりして、予備ベルが鳴っても教室へ戻らず、正式なベルが鳴るギリギリまで国際教室にいる。これは、T中学校の国際教室で何度も見かけた光景である。「国際教室はNC生徒にとって、サポート手段を実施する場所であるが、現実は、居場所になっている」[12]。
　来日したばかりの子どもだけではなく、長期間日本に滞在している子どもにとっても、国際教室は学校での居場所のような存在だと思われる。

　　孫明：国際教室がすごく重要。
　　劉研：国際教室では思いっきり話せる。いくらつまらない冗談を言ったとしても、一緒に笑ってくれる人がいる。
　　　　　　　　　　　【孫明、劉研へのインタビューINdata7-14：2009/7/23】

　国際教室の大切さについて中国系NC生徒の「国際教室で思いっきり話せる。いくらつまらない冗談を言ったとしても、一緒に笑ってくれる人がいる」[13]などの語りから、NC生徒は国際教室を学校生活において重要な存在であると認識していることが分かる。国際教室はNC生徒にとって心の拠り所であり、自己表現の場にもなっており、学校の中にNC生徒の居場所を保障する意味で否定できない役割を果たしていることが分かる。

　事例　NC生徒章田の数学の補習
　数学の補習で連立方程式の解き方の「基礎トレーニング３」をやった。
　連立方程式問題例：　　$y = 4x$
　　　　　　　　　　　　$x + 4y = 25$
　章田は数学の勉強が好きで、数学の授業を集中して受けた。「基礎トレーニング３」の練習問題を加減法と代入法を使ってすらすらと解いた。
　しかし、授業の途中で「トイレに行きたい」と言い出した。

授業中トイレに行くのはだめだと日本語教師が止めた。しかし、章田は日本語教師の衣服を引っ張り揺さぶりながらトイレに行きたいと言う意思を示した。そして、「今回だけ！」とR教員は言って許した。

【T中学校FNdata7-16：2010/12/17】

　国際教室で数学の補習をしている途中で、章田は「トイレに行きたい」と申し出た。この行為は授業中禁じられている行為であるが、R教員は許した。授業の後、R教員は「彼らは毎日すごく抑圧的な環境にいるから、まだ子どもやし、どうしても甘やかしてほしい部分がある。だから、たまたま放任する時もあった」[14]と述べた。むろん、ルール違反を犯した生徒に相当厳しく指摘する場合もよく見られた。しかし、厳しく指導しながらも時々放任してくれる、自分を認めてくれる基準や人物が学校の中で高い位置付けにある時、生徒は自分を安定した存在だと感じられる。何よりも、母語が分かる専任教員と国際教室という空間の存在が大きい。教員たちもそれぞれ違う側面からNC生徒にとっての国際教室の存在意義について意見を述べている。

　「例えば、学校と家の中間ぐらいの場の感じ。学校と家の真ん中というんですかね。学校ほど緊張しない、でも、家で休んでるほどでもない。で、気持ちとしては同じ中国の子と韓国、ペルーの子もいる（中略）、マイノリティ同士というのも共通な気持ちがあるんですよ。もう1つは、日本語が失敗しても恥ずかしくないです。国際教室では。遠慮なく喋ることができます。日本語の学習の面でも、人間関係でも、落ち着くしっていう感じです」

【M教員へのインタビューINdata7-18：2009/8/3】

　「自由に話せるところ、そのままの自分でいられるところ、もちろん勉強は勉強の時まじめにするのですが、勉強以外の時間は友達同士でリラックスできる心の休めるところ、安らぎの場であるべきだと思う」

【R教員へのインタビューINdata7-19：2009/7/23】

　「生徒にとって、国際教室が例えば、そういう子らの逃げ場所と言うた

ら悪い言い方やけれども、ま、安心できる場所になってるんで、いつでも行けるんでね、そういう部分では、ちょっと守られてる部分があるから、安心できるというか、僕らとしても」

【K教員へのインタビュー INdata7-20：2011/3/14】

「一緒に笑ってくれる人がいる」「少数者同士が集まると心強い」「日本語を失敗しても恥ずかしくない」「安らぎの場であるべき」「安心できる場所」などの語りから、国際教室は重要な存在であるという認識を持っていることが分かる。国際教室はNC生徒にとって心の拠り所であり、自己表現の場にもなっており、学校の中にNC生徒の「居場所」を保障するという意味で一定の役割を果たしている。このことからNC生徒にとって欠くことのできない場所であることは明白である。

また、専任教員は日本語の指導と母国語で教科目の指導を行う役割を担っているだけではなく、NC生徒にとって信頼を寄せ、リラックスして付き合える話し相手であり、かつ人間関係や学習に関する問題の助言者でもある。NC生徒にとって国際教室から一歩踏み出した外の世界は常に緊張感を生み出す空間であるのに対して、少々わがままを言っても容認してくれる国際教室という空間の存在は、彼らの精神的安定を保つ役割を果たしていると言えよう。このように、学校の規則に則っていながらも少々ならばルールに逸脱した行為が許容されることもある国際教室は、NC生徒の精神的やすらぎの場になっていると言える。

（2）息抜きの場と在籍学級とのバランス

国際教室と日本語教師はNC生徒の学校適応に肯定的な影響を与える要因になっているが、逆に国際教室に依存し過ぎてしまうと、学校への適応を阻害する要因ともなってしまう。しかし、NC生徒の国際教室への依存性が現れたとしても、現実として彼らを無理に国際教室から追い出すことは困難なようである。

筆者：国際教室にいたくて、在籍学級に行きたくない子がいますか？そのバランスについてどう思われますか？

M教員：あ、います。基本は自分の学校で頑張って、学校生活を送るということが基本というか、こちらの希望もありますね。ただ、それを無理やり押しつけると、学校へ行かなくなってしまったり、そういう場合もありますので、それを考えると、国際教室の方が多くなっても仕方がないかなという場合もあります。

【M教員へのインタビュー INdata7-21：2009/8/3】

また、単に国際教室が居心地の良い場所と認識した結果として依存しているのではなく、R教員の「あまりにも教室の方がしんどいから、帰りたくないのだと思います」(15) という語りから、在籍学級に居づらいことから国際教室に依存してしまう場合もあるということも窺い知れる。NC生徒が在籍学級に居づらいと感じる具体的な理由については、NC生徒の担任の語りから読み取れる。

「やはり初めてのことなので、すごく不安だと思います。そういう時にもし誰かいてくれたら、たとえ日本人の教員でもいいと思います。（教室の）前に行って、何々のプリントをもらいに行く時間だよとか、それだけでも教えてもらったら、あの子たちはもっとリラックスできる。結構そういう移動の時とか、スリッパをどうするか、スリッパはいて教室に入るのか、脱いで中に入るか、中に入ってあの部屋専用のスリッパがどこにあるか、どのスリッパを使っていいのか、そこまで本人に教えてもらったら嬉しい部分がある。行く前にそれを考えてしんどくなる時はあると思います。その面ではまだまだこちらとして支援できてないな、一切入り込み授業がないから。今のところは余裕がないです」

【S教員へのインタビュー INdata7-23：2011/3/23】

「周りで何言われてるか分からへん状況やとやっぱりおりづらい部分があったと思うんですけど。だから、できたら、もう、ほんまに国際教室に行きたがっていました。もう、すぐに」

【N教員へのインタビュー INdata7-24：2011/3/18】

「やはり初めてのことなので、すごく不安だ」「行く前にそれを考えてしんどくなる時はある」「何言われてるか分からへん状況やとやっぱりおりづらい部分があった」という担任教員の語りから、NC生徒が在籍学級で感じている精神的負担が読み取れる。在籍学級で受ける心理的プレッシャーにより、国際教室にいる時間が長くなる経緯や無理やり在籍学級に行かせるようとすると不登校などの結果につながると日本語教師は言いきっている。日本語教師の語りから、NC生徒は日本での学校生活を決して容易に過ごしているわけではないことが分かる。自我を確立する時期に異文化環境に移動してきた彼らは「新しい実態との調整の処方箋が身体化されるまでは心的に『たいへん』である。緊張・不安・不満・イライラや落ち着きのなさ・無気力・暴力・反抗などを経験する」（穴田 1995：94）。そういう時こそ、NC生徒は「自分をマイナスにレッテル貼りする基準とは別の基準が通用する場で、自分を見つめ評価し存在を認める場を見つける」（穴田 1995：95）のである。NC生徒にとって、国際教室は自分の存在を認めてくれる場であり、かつ、居心地の良い場でもあるため、常に国際教室に居ようとしていると考えられる。「本来は在籍学級で友達がいて、居場所があり、活躍できることが望ましい。思い出した時に少しほっとするために訪れるぐらいが理想だが、言葉の壁やクラスの状態等の理由から、国際教室がただ居心地の良い場所になってしまっているように思う。（国際教室の）居心地がいいから、クラスになかなか溶け込みにくいような悪循環にもなっている感じがする」[16]というT中学校の日本語教師の語りから、あまりにも「居心地がよい」ため、国際教室に依存し過ぎて、在籍学級からの離脱を加速させている現実が現れている。

　T中学校の国際教室を訪れるたび、「日本語教師ははじめね、『できるだけ教室におりなさい』『そんなすぐ来たらあかん』」[17]、「もう時間だよ！　あと1分！　早く行きなさい」と、日本語教師がNC生徒を在籍学級に向かわせようと難儀する姿が観察された。日本語教師はNC生徒が国際教室に居続けようとすることに対して理解を示してはいるが、NC生徒と学校、日本人生徒、担任教員などを仲介するインストラクターやカウンセラー、国際教室の管理者という複数の役割を担っているため、NC生徒に休み時間と授業時間の居場所を区別させようと努力している。日本語教師はNC生徒に対する精神的ケアを行い

ながらも、教育的観点から厳しく接しなければならないという現実の板挟みになっていることが分かる。

　在籍学級と国際教室の使い分けについて、NC生徒趙峰は次のように私見を述べている。

　　「3つの選択肢があると思います。1つ目は国際教室から離れ、徹底的に在籍学級に居続けること。いくら居づらくても我慢します。そして、最高に努力してクラスのみんなと仲良くします。2つ目は授業以外は在籍学級で過ごさず、国際教室中心に過ごすこと。孫明と劉研のように、クラスメートとあんまり仲良くしなくてもいいですよ。でも、私は（3つ目の選択肢として）2つとも選びます。バランスをコントロールすることは難しいです。1週間ずっと国際教室にいたこともあるし、1週間ずっと在籍学級にいたこともあります。でも、今の段階では、自分の感覚で両方ともうまくいっているような気がします」

【趙峰へのインタビューINdata7-26：2009/7/23】

　生徒趙峰によれば、在籍学級と国際教室とを使い分ける方法としての選択肢は3つある。①国際教室を離れ、いくら辛くても徹底的に在籍学級に居続けること、②在籍学級で行われる授業時間以外は国際教室中心にいること、③バランスよく両方とも活用することである。バランスをコントロールすることの難しさを理解しているものの、趙峰自身は選択肢3を選び、できる限り両教室の使い分けをコントロールしながら在籍学級と国際教室両方にいるようにしており、在籍学級のクラスメートとも、国際教室のエスニック仲間とも仲良くしようという立場である。その行動は順調に進んでいるようであった。趙峰はクラスに溶け込む戦略を考えながら、クラスメートの日本人生徒に受容的な態度を示し、彼らと対等な関係を築こうとしており、そして、同じエスニックの後輩の世話をしながら日本の中学校生活を生き抜いている。これは、相当なストレスを受ける行為だと想像できるが、彼の合理的思考または選択的戦略といえる行為は、今後新たに学校適応の問題に直面するNC生徒にとって1つの参考例としての意味を持ち得るであろう。

国際教室は制度上、一般の学級と切り離されており、日本語力が十分でない低学力の子どもが行く場所という捉え方もある。そのため、国際教室で補習すること自体が、日本人の生徒に外国人の子どもは自分たちと違うという意識を定着させることになり、逆に外国人の子どもにとっても、自分たちは日本人とは違うという意識を定着させることになる。外国人の子どもたちは、メインストリームから外れているため、日本語が少しできるようになると国際教室へ行くのを嫌がるようになってくると佐藤（2001：51）は指摘している。したがって、国際教室のような貴重な場を外国人のためだけの教室にするのではなく、異文化理解や相互交流の拠点として位置づける必要があるだろう。
　本調査では、国際教室が母語・母文化を維持する役割を持つ以外に、NC生徒が日本人生徒と相互交流を深める場として機能した事例も観察できた。

第4節　異文化理解・交流を深める場

　前述のように、W中学校、T中学校の国際教室は日本語・授業科目の補習、母語・母文化の維持、居場所という役割を果たしていることが分かった。小川（2002）は、「日本語教室が校内で開かれた場所として位置付けられている時にこそ、学校の中で日本語を学んでいる実感をもつことができ、子どもの心の支えとしての意義もより有効に機能する」（小川 2002：3）と強調し、「こういう重要な場を外国人生徒のためだけの教室にするのではなく、異文化理解や相互交流の拠点として位置付ける必要がある」と佐藤（2001：51）も指摘している。しかしながら、「異文化理解、相互交流の拠点」の理念は提唱されたものの、実際の学校現場で実証された例は少ないのが現状である。そこで、本節では、異文化理解・異文化交流を深める場としての役割について考察する。

（1）地域活動をきっかけとして深まった日中生徒間の交流

　地域の日中交流協会が主催した春節祭で、T中学校国際っ子クラブの生徒は獅子舞を演じた。従来、国際っ子クラブのメンバーは学校に在籍している中国人生徒のみであったが、2010年10月から日本人女子生徒2人が加入したため、2011年1月の春節祭での獅子舞は中国人生徒2人（男子）と日本人生徒2人

（女子）の共演となった。国際っ子クラブが成立して10年、NC生徒と日本人生徒の共演は初めてである。中国人生徒2人は片言の日本語でしかコミュニケーションを行うことができなかったので、練習中、R教員の補助を受けながら、獅子舞の練習から動作やポーズという演出まで全て生徒が中心となって行った。意思疎通を図ることさえも難しいメンバー同士がいかに意見をやり取りして演技を最後までやり遂げたのかというプロセスを次に記述する。そして、共同活動を通して促進された日中生徒間の異文化理解、異文化交流の効果について検討する。

事例 NC生徒と日本人生徒の獅子舞の練習風景

　練習が始まる前、お互いに「よろしくお願いします」と言う。練習中、リーダーの章田は出番のタイミングを調整した。OKのジェスチャーは「走っていい」という意味であるというようなサインを決めた。他には足を叩くのは足に登るという意味、肩を叩くのは背中に登るという意味などである。動きを教える際に「見て」などと言ったが、伝わらない時にはR教員を介して意思を伝えるか、日本人女子生徒が流れなどを決めた中国人男子生徒の動きをマネすることで、練習を進めていた。一番難易度の高いポーズの練習をする順番になった。それは、獅子の頭を担当する日本人女子生徒が獅子の背中を担当する中国人男子生徒の背中に立って、決めポーズをとるという動作である。そのポーズにはタイミング、男子生徒の体力、女子生徒のバランス感覚が問われるので、相当難しい技である。今までの練習でもかなり苦労した。何度も男子生徒の背中に登ったり、降りたりを繰り返し、また、獅子の頭も重いため、女子生徒も男子生徒もよく途中で「ハーハー」と息をついた。女子生徒はうまく登れず、よく「難しい〜もう無理だ」と言っていた。男子生徒も何回も踏まれたことで、「腰が痛い、背中が痛い」と文句ばかりR教員に言っていた。しかし、練習も後半に入ると、いつの間にかうまく登れるようになった。うまくいった際、4人はその瞬間、「やった！」とジャンプして叫び、喜びをみせていた。4人だけではなく、周りで見ているR教員も、NC生徒も、日本人生徒も一緒に拍手して、「すごい〜、すげぇ〜」と驚き声をあげながら褒めちぎ

っていた。　　　　　　　　　　　　　　【T中学校FNdata7-27：2011/1/18】

　事例　NC生徒と日本人生徒が共演した獅子舞の本番の風景
　いよいよ本番の日になった。出番になったら、獅子に扮した4人は観客席の後ろからステージへ進むというのが手順であった。音楽が響き渡り、「2匹の獅子」は観客席の後ろからステージ方向へ走ってきた。1つ1つの動きを練習した通りに終えるたび、会場から何度も拍手が起こった。最後にステージの中心から少しずれはしたが、肝心の決めポーズも無事にやり遂げた。獅子舞の演出は大成功で、会場はずいぶん盛り上がった。4人の生徒はステージから降りて互いに笑いながら拍手して、一緒に会場で記念写真を撮った。　　　　　　　　　　【T中学校FNdata7-28：2011/1/30】

　T中学校に国際教室の国際っ子クラブが誕生して以来10年の歴史の中で、日本人生徒が入部し、NC生徒と日本人生徒の共演が行われたのは初めてのことであった。1回目の共演で成功したことが双方の生徒に満足感と信頼感を与えた。言語の壁を超えて、喜びを互いに共有することができた。そのため、獅子舞の練習以降も、NC生徒と日本人生徒が密接に関わりあう機会が増えるようになった。このように同一目標に向かって共に考え、共に練習し、そして練習の辛さと成功の喜びを共に体得するプロセスを通して、お互いを一緒に頑張ってきた仲間だという認識が双方にできたため、それまでなかった交流が生まれてきたと言える。このような交流をきっかけに、放課後、国際教室で一緒に獅子舞の練習を行うNC生徒と日本人生徒の交流が観察された。

　事例　放課後の国際教室での様子
　放課後、国際教室では通常通りの補習をやっている。1年生の哲史と靖司[18]は、主に数学（方程式）の補習を受けていた。補習を受けている生徒も、床に座って雑談をしている生徒もいて（日本人生徒は6人くらい、女子生徒ばかりで、獅子舞をやった女子生徒2人もいる）、補習をやっていない中国人女子生徒2人（鈴鈴と琴英）は中国語で話している。「放課後はいつもこんな感じ、みんなは互いに干渉せず平和で平気でいられる」とR教員

は言う。　　　　　　　　　　　　　　【T中学校FNdata7-29：2011/2/28】

> **事例**　授業の休み時間、獅子舞を演じたNC生徒と日本人生徒間のやり取り

　4限の休み時間に入ると、歩美[19]は国際教室に来て、「章田、国語のノートは？」と章田に言った。章田は「あ、教室、取ってくる」と言って教室に取りに行った。しかし、戻って来た時には歩美はいなかった。章田は国際教室で歩美が見つからなかったため、「R先生、歩美は？」と尋ねた。「5組に行ったよ」とR教員は返事した。「では、5限の時に取りに来たら渡す」と言ってノートを机の上に置いていった。そして、5限休みに、歩美は来た。「ノートは？」と章田に聞き、章田は「ここ」と返答した。歩美は国際教室に入って、ノートを取って「ありがとう」と言った。国際教室を出ようとスリッパを履いている彼女に、章田は「ごめんなさいね」と歩美に言った。そして、筆者に向かって「彼女はいい子だよ。とても辛抱強い」と言った。　　　　　　【T中学校FNdata7-30：2011/2/28】

　歩美は日本人生徒だが、中国文化にとても興味を持っている。2011年1月の春節祭でもう1人の日本人生徒と共に獅子舞の演舞にも参加した。運動会での中国語の放送の練習にも積極的に参加した。春節祭後から、春節祭に参加した歩美をはじめとする日本人女子生徒が国際教室活動へ来る頻度が増えるようになった。春節祭、地域活動、学校の文化祭などでNC生徒と日本人生徒が共演する姿が見られだした。

> **事例**　中学校の文化祭でのNC生徒と日本人生徒の中国伝統舞踊の共演

　学校の文化祭で、国際っ子クラブのメンバーが中国の伝統舞踊の発表をした。発表した踊りは、中国の伝統舞踊に魅了された多くの日本人生徒がNC生徒と共に参加した多人数で踊るリボンの踊りである。流れた曲に合わせ、次々と舞い、最後まで無事に演じることができた。終演後、多くの拍手を受け、演出者も満足したようで一礼して退場した。生徒たちのダンス衣装は文化祭の演出のために新しくオーダーメイドしたものだ。新しい

衣装を試着する当日、生徒たちは相当喜んで、笑顔で教室の中を何度も走り回っていた。
【T中学校FNdata7-31：2011/10/28】

　中国伝統舞踊を演じた生徒の半数ほどが日本人生徒であったため、「いかにもいい形の日中交流だ」[20]と教頭先生は感想を述べた。舞踊衣装を作るにあたって、学校側から多大な協力も得られた。T中学校において日本人生徒が自主的にNC生徒と接触し、気兼ねなくNC生徒が中心の国際っ子クラブの行事に参加しているということは、校長を始めとする異文化理解への積極的な姿勢[21]や、学校の異文化理解環境づくりの影響を受けているためだと考えられる。日本人生徒が国際教室の活動へ参加したことをきっかけに、NC生徒と日本人生徒間に舞踏を中心とした共通の話題ができ、双方が自然に交流できる場が創出された。このことは、NC生徒が日本語や教科目の補習を行う場、自らのルーツを確認する場、充足感や承認を得られる場として機能していた国際教室に、部活動を通して日本人生徒と自然に交流を行える場という新たな性質が加わったことを意味する。このような国際教室に備わった多様な機能を有効活用することで、国際教室を異文化交流が行える場として、NC生徒および日本人生徒双方がより活発に利用できるよう促すことができるのではないかと考える。

（2）日本人生徒との交流が国際教室にもたらす可能性

　国際教室を異文化交流・異文化理解の拠点とすることは、学校に在籍する生徒にとって、異文化と触れ合う良い機会となると言えよう。そして、国際教室の特徴を活かし、校内活動に合わせ、異文化理解の要素を強調して民族衣装や外国の小物などの展示会を開くことも良い機会を提供する例となるであろう。学校の文化祭を契機に、より多くの日本人生徒が国際教室を見学することで、国際教室はより開かれた場となる。

　事例　国際教室で民族衣装や外国の小物などの展示
　　学校の文化祭では舞台発表の部と展示発表の部を設けた。美術部、園芸部、家庭科部などが部単位でそれぞれの展示発表をする。国際っ子クラブ

は国際教室でアイヌ民族の衣装や生活器具、そして集めた外国の小物などを展示した。生徒たちは興味津々で見回った。

【T中学校FNdata7-33：2011/10/28】

また、放課後の掃除の時間に毎回日本人女子生徒4人が主に床に掃除機をかけたり、花の水やり、廊下の掃除というような国際教室の掃除当番を担当する。しかし、いつもと違って、本日国際教室に来ている日本人生徒4人は掃除の代わりに本棚においてある教科書を取り出して、教科書に出ている漢字のルビ打ちをすることにした。以下はその事例である。

事例 日本人生徒が国際教室にある教科書に「ルビ振り」

　放課後、掃除の時間である。国際教室の掃除を担当する日本人女子生徒4人が教室に来た。しかし、掃除をせず、本棚からそれぞれ教科書を取り出した。そして、4人は机を囲んで、教科書に何かを書き始めた。「掃除の時間なのに、皆はここで勉強しているのですか」と筆者が不思議に思ってたずねた。「ルビ書きの手伝いをお願いしている」とR教員が説明した。「掃除は自分でやってもいいんだけど、新教材（5年に1回更新した教材にルビが付いていないようである）にルビが付いていなくて、来たばかりの子が独学するには難しいので、ルビ付けの作業をしなければならないのですよ。しかも、大量で1人じゃ難しいので、掃除に来ている日本人生徒に掃除の代わりにルビ付けの作業をお願いしました」という。

【T中学校FNdata7-34：2012/9/6】

　掃除の時間（約20分）に、ルビ振り作業をするために、普段国際教室に来たこともない子が国際教室に入って、それまで知らなかった学級の様子を知ることになった。これは「外の力」が異文化接触の機会を作った事例と言えよう。
　一方、中国人生徒が国際教室に置いてある遊び道具を通して日本文化に触れたことから、日本人生徒との交流が自然に生じた事例も観察された。

事例 共通の言葉を媒介としない国際教室でのNC生徒と日本人生徒との交流

　昼休みと授業の間の休み時間には、中国人生徒のみならず、日本人生徒も遊びにくる。彼らのほとんどは中国の伝統的な遊び道具に興味を持っているため、国際教室に行っている。国際教室に日本人生徒が来室した際、NC生徒との間に言語だけではなく、道具を媒介とした交流も起こっている。1限目の授業が終わると、日本人生徒5、6人が国際教室へやって来て、中国の地方演劇用の道具で遊び始めた。ある生徒が国際教室の後ろの机の上に置いてあった日本式将棋を持って、「誰かする？」と尋ねた。すると、孫明は言葉を発さずに、将棋盤を持っている日本人生徒に近づいて、近くの机で指し始めた。会話をする際も、日本語と中国語を交えながら行った。孫明は中国語で喋った。日本人生徒は日本語で喋った。周囲の日本人生徒も中国人生徒も日本語と中国語でバラバラに話していた。一度だけ、孫明が長い独り言を喋った時、日本人生徒が「先生、なんて？」と筆者に通訳を頼んだ。孫明が言ったことは、相手のこととは関係なく、駒をこう指す方が良かったか、ああ指すほうが良かったかという意味であった。授業のベルが鳴るまで10分間ずっと将棋を指していた。しかし、結局、勝負はつかなかった。ベルが鳴ったので、対局中の将棋盤をそのまま机の上に置き、みんな教室へ向かった。

【T中学校FNdata7-35：2009/4/21】

　生徒孫明は将棋が好きで、休み時間には国際教室へ来て誰かと中国式の将棋を指すか、またはパソコンの将棋ゲームをやっている。彼がうまいことは誰でも知っている。日本人日本語教師も孫明に中国式将棋を教わっている。国際教室においてある道具のほとんどは中国の伝統的な遊具である。しかし、日本式将棋もあるということは、単に、NC生徒が日本の文化に触れるという意味合いだけではなく、国際教室が外国人生徒のみならず、日本人生徒にも開放されているという意味合いも含んでいると言える。日本人生徒になじみがある日本の将棋を置くことで、日本人生徒を受け入れやすい環境を作っている。そして日本文化の1つである日本式将棋に興味を持つ中国人生徒も引きつける。その

結果、言葉の壁を越えて、NC生徒と日本人生徒との間で交流が起こった。国際教室が開放的な場であることによって、そこにやってきた日本人生徒は、NC生徒が在籍学級ではほとんど見せない一面を垣間みることができる。そのような交流を通して、日本人生徒の孫明に対する印象は、単に日本語能力が不十分なNC生徒というものに、将棋が上手い生徒という新たな印象が加わる可能性が生じた。

　日本人生徒の外国人の受け入れ方は多様である。互いに葛藤が生じた時、その当事者相互にとって葛藤の解消のためにはどう対処すべきかを探ることが重要になってくる。日本人生徒であれ、NC生徒であれ、他人との相互作用、環境との相互作用の中で新しい自分に気づくことができる。違いを前提にして、しかもその違いをプラスにしながら、相互に交流していくことが共生の前提となる。多文化共生の教育は、このような相互交流を基礎に行われる。これからの国際教室のあり方として「外国人の子どもと日本の子どもとの積極的な交流学習や共通の課題を達成できるような体験的学習をとりいれ、共に生き、共に学ぶ教育の実現をはかる努力も求められる」(佐藤 2001：50-51) であろう。

　上記のNC生徒孫明の事例で注目すべき点は、当時孫明は来日約3ヶ月の状態であったということである。日本語が話せないことは言うまでもなく、日本の習慣や行動様式などもよく理解していない状態である。しかし、将棋というNC生徒および日本人生徒双方に共通の興味を引き出せる媒介を通して、自発的に接触を行うことができた。日本の学校で日本人生徒とより自然に触れ合うことは、NC生徒の学校生活への適応を促す重要な要因の1つである。学校の中で、このような交流の場と交流できる媒介を提供することは、生徒間の異文化交流を促進する上で非常に重要なことであると考える。

　T中学校の国際教室を中心とした部活動に参加する日本人生徒の大半は小学生の時から外国人生徒が多数在籍していた学校に通っており、また学校に設置されている国際教室を訪れ、中国の伝統遊具で遊び、中国文化に触れた経験もあることから、多文化に対する親近感を持っていた。「まず、この子らは異文化に抵抗がないです。素直に受け入れることができる」[22]と評価されているほど、国際教室の活動に積極的に参加し、自主的にNC生徒と接触しようとする行動が観察された。

T中学校の日本語教師の語りからは、国際教室で日本人生徒がより多くの異文化体験ができる活動を行いたいという意識は持っているものの、教育現場における時間の制約のため、現状ではそのような実践に取り組む余裕がないことが分かる。

  筆者：日本人2人と、中国人2人でなんか獅子舞をやってたのを見て、すごく感動したんですけど、もっとこういうような活動は、もっとあったらいいですよね。
  F教員：うん、いいと思います。それがまた教室に帰ってもそのつながりが続いてくれたら、もっと、お互いが過ごしやすくなるんでしょうね。なかなかね、難しいです。今年の1年生は、5月か6月に1クラスずつこの教室に呼んで、なんでこの部屋があるのかっていう話とか、中国のお茶を飲んだりとかハンカチ回したりとかいうのは学活の時間っていうのがあるんですけど、そこでやりました。その後休み時間も遊びに来てくれる子が多くなったと思います。でもその後に、そういった外国に関する文化は勉強してないので、そこで終わってしまってますね。いろんなとこで、先生方は意識してこう取り入れてはくれはるんやけど、なかなか子どもらに根付いてはいないかなとは思います。

【F教員へのインタビューINdata7-37：2011/3/23】

NC生徒と日本人生徒が共に力を合わせて行ったような活動が国際教室に限定されず、在籍学級でも継続的に行われるような環境が、異文化理解を促進する上で効果的なものだと日本語教師は認識している。国際教室は新入生を国際教室に行かせて意識的に「中国のお茶を飲んだりとかハンカチ回したり」という活動を通して日本人生徒の異文化と触れ合う機会を創り出そうとしたが、「なかなか子どもらに根付いてはいない」という結果のまま、組織的な取り組みを行わなくなった。

 日本人女子生徒とNC生徒が共同で獅子舞を演じたことは学校内での異文化交流の好例だと言えるが、このことを獅子舞に参加したNC生徒の担任は知らなかった。

筆者：章田ともう２人の日本人の学生と獅子舞をやりましたね。すごいなと思って。
　Y教員：ふーん、あ、日本の子もやってたんですか？
　筆者：女子生徒２人です。
　Y教員：あ、そうなんですか、ほー。（笑い）すごいですね。交流も深まりますよね。　　【Y教員へのインタビューINdata7-38：2011/3/18】

　NC生徒章田と日本人生徒との共演に関して担任は「交流も深まる」という肯定的な評価を示した。しかしながら、共演をしたということを知らなかったことから、今後は異文化交流が観察された際には、教員にもその情報を伝達する必要がある。そのような情報を広範囲に広めることで、国際教室の活動に日本人生徒がより参加しやすくなると考える。Y教員の語りを通して、国際教室はその発信力を高める必要があるという課題が明らかになった。

第５節　ニューカマー生徒の進路選択に影響を与える場

　NC生徒の教育課題として、不就学、適応、言語、アイデンティティ、学力のほか、進路が挙げられている。しかし、「小学校や中学校における子どもたちの学力形成が、ひるがえって彼らの高校進学や大学進学に大きな影響を及ぼすわけであるが、この点に関わる研究の蓄積は、これまでほとんどないというのが現状である」と志水（2008：21）は指摘する。最近、NC生徒たちの進路問題への関心が高まっている。その分野の先行研究として、志水（2008）、鍛治（2007）、広崎（2007）を挙げることができる。
　志水（2008）は大阪府の８つの高校を選び、それぞれの特色ある教育実践について記述した上で、NC高校生をサポートする教育現場のあり方について様々な角度から切り込んだ。鍛治（2007）は、大阪府内のある中学校区に居住した経験をもつ中国出身の生徒を対象に、進路決定要因の解明を試み、進路追跡調査を実施した。調査を通して、小学校時代に来日した者が最も高校に進学しやすく、父親の職業が農業ではない者が高等教育機関に進学しやすいという傾向があることを明らかにした。また、広崎（2007）は、事例研究を通して、

東京都のある進路多様校（公立A商業高校）に通う中国系NC生徒の進路選択の過程を、周囲の人々との関わりの中から描きだそうとした。進路多様校の学校文化は生徒たちの将来の目標に否定的な影響を与える阻害要因として働きがちであるが、一部教員やボランティアによる支援が彼らの夢の実現を促進する役割を果たす場合もあることを示した。

　NC生徒が高校に入るルートは、大きく2つに分けられる。1つは、「特別枠」[23]を利用して入学する方法であり、もう1つは、日本人生徒（日本で生まれ9年間日本の学校教育を受けてきた生徒）と同等の条件で一般入試を受験して入学する方法である。特別入試制度は、全国的にみると整備されていないため[24]、現状では、多くのNC生徒が一般入試を受験して合格しなければ、高校に進学することができない。大阪府の場合は2013年現在、府内の5校がこの特別入試選抜制度を実施している。この入試選抜制度を利用し、各校数名〜10数名のNC生徒が毎年高校に入学している。このように、大阪では、とりわけ特別枠校を通じて、NC生徒のライフチャンスが拡大される「可能性」を持っている（志水 2007：251）。

（1）ニューカマー生徒の将来像を具体化する要素

　本調査対象者の大部分は高校への入学を希望しており、2012年現在、卒業する予定の3年生は、受験に向けて準備をしている。彼らは「特別枠」校制度を利用して高校を受験する。NC生徒の将来像を具体化する要素がどのようなものであるのかを以下のフィールドノーツから読み取ることができる。

>　**事例**　NC生徒孫明の将来展望
>　　国際教室で、日本語補習の授業（5限）を行った筆者と孫明との会話。
>　　筆者：高校受験を心配しているの？
>　　孫明：大丈夫、今復習しているから。
>　　筆者：高校卒業したら何を勉強したいの？　どんな大学へ行きたいの？
>　　孫明：外国語大学。中国語を勉強したい。
>　　筆者：（ビックリして）決めるのが早いね!!　自分で決めたの？
>　　孫明：そうです。自分の長所を利用してやりやすいから。

筆者：将来何をしたいの？
孫明：先生になる。X先生のような中学校の先生になりたい。

【T中学校FNdata7-39：2009/9/14】

事例 趙峰の進路決定
　趙峰はY高校へ進学することが決定した。Y高校は「特別枠」校の中でランクが上の方だということもあり、孫明と劉研がその学校に在籍していることも趙峰にとってY高校へ進学しようとする決め手になった。

【T中学校FNdata7-40：2011/2/21】

　志水・清水編著（2001）は、エスニシティによって異なる家族の「教育戦略」が、子どもたちの学校適応を左右し、滞在の長期化に伴う子どもの適応に応じて、「家族の物語」[25]が再編成されていく過程を描きだした。そこからは滞在期間が短く、低年齢の子どもたちほど、学校生活が「家族の物語」によって規定されるが、成長するにつれ子どもたちの学校生活における「家族の物語」の影響は薄れ、徐々に自らの物語を生きていくことが分かった。中学生、高校生NCの場合、「家族の物語」とともに、本人がそれまでの学校生活の中で身につけた文化や来日後在籍することとなった高校の生徒が持つ文化などがNC生徒自身の学校生活と将来像を規定するほどの影響を与えていると考えられる。
　広崎（2007）は、中国系生徒の学校生活と進路選択過程を、周囲との関わりに着目して分析した。そこから、学校の進路指導を受けることができない生徒たちに対する、個々人のペースに応じた、エスニック仲間やJNNS教育支援員、日本語教師による支援が、彼らの将来の目標の実現を促進する要因として機能していることが分かった。趙峰は孫明と劉研と同じようにワンランク上の高校に行きたいという思いが学習意欲を高める源泉となっており、高校の受験勉強に励む結果になっていることが分かる。また、孫明の「先生になる。X先生のような中学校の先生になりたい」という語りからは、広崎が出した結論を確認することができる。孫明にとって、将来の希望は「家族の物語」ではない。向学校的な文化を体現する支援にあたる同じ国籍の外国人教員が自分自身

の経験を語ったこと、「望ましい」学校生活や進路をその教員が継続的に提示したこと、孫明が中国人教員のような同国人のモデルと出会ったことなどから、国際教室がNC生徒の進路決定に影響を与える場として、ロールモデルを提供する役割を果たしているということが分かる。

一方で、2012年の時点で、T中学校に在籍しているNC生徒安志は生徒永明のように、本を読むことが大好きである。国際教室の日本語教師は安志に、将来永明と同じように図書館員になってはどうかと提案した。

> **事例** NC生徒安志は本を読むことが大好き
> 　安志は数学が得意で、他人に言われて勉強をするタイプである。普段は学校の勉強よりも本を読むことが多い。「本を読むことが大好き」と本人は言う。休み時間も、放課後も、授業中も暇を見つけては本を読むという。国際教室に置いてある本を借りては放課後や休みの日にも読む。「本棚にある本は全て読み終わったよ。もう2ラウンド目に入ったよ」と自慢げに筆者に語った。
> 【T中学校FNdata7-41：2010/9/6】

安志の家庭状況は相当複雑である。両親は離婚した。父は事情により、中国に送還された。母は父と離婚してから連絡が取れない状況であるという。現在父方の祖母と一緒に暮らしている。安志にとっては将来の見通しがまったく立たない状況である。T中学校に入学した当初、言葉も立ち居振る舞いも乱暴であった。しかし、1年半程経った現在、彼は1日のほとんどの時間を読書に費やすようになった。日本語教師は彼の個性に配慮しながら、将来の進路選択に関する助言をした。安志は日本語教師の助言を受け止めており、落ち着いて自分なりのペースで日本の中学校生活を過ごしている。

（2）高校へ入学した生徒が直面する厳しい現実

近年、高校進学率は98％と義務教育化し、さらに大学に進学することも一部の大学・学部を除けばさほど難しくない状況（望月 2004）である。そのような状況下で、職業について考え、選択・決定することを先送りする傾向が強くなり、進路意識や目的意識が希薄なまま取りあえず進学する生徒が増加してい

る[26]。この傾向がフリーター志向の広がりや中途退学者の増加へとつながることが懸念されている。次の日本語教師の語りからは、NC生徒が高校へ進学することができたとしても、その展望は楽観視できるものではないことを知ることができる。

「高校に入学してから続かないことがわりとたくさんあります。それがなんでかって言うと、自分の身の周りに、あんまりいい生活をしている人たちのモデルがないというか、自分がなりたいなと思うような生活をしている人が少ないというか。具体的に言うと、工場とかで働いて、何らかのアルバイトみたいな形で働いたりしていて、そういう親の世代の姿を見てると、高校行くよりも、辞めてバイトした方が自分もお金入るしっていうんで、わりとすぐ辞めてしまう子が多い。やっぱその部分の教育って言ったらおこがましいな。うーん、その部分のそういう自分の生き方であるとか、将来の夢を持てるような、そういう話をどんどんしていかないかんなって最近は思います」　　【F教員へのインタビューINdata7-42：2011/3/23】

　教育社会学では従来から「重要な他者」が職業アスピレーションや教育達成・職業達成に及ぼす影響に着目した研究が蓄積されている（Picou & Carter 1976）。徳永（2007）では、フィリピン系の子どもを対象に、フィリピン在住の親戚・母親・海外在住の親戚など「重要な他者」との関連から、彼らの進路意識・将来展望を考察した。フィリピン系の子どもたちの多くは「重要な他者」の影響を受ける中で、フィリピン在住の親戚への経済的支援や海外在住の親戚ネットワークを利用しての欧米渡航などを現実的なこととして認識している。そのため、子どもたちの多くは、日本の高校に進学し、日本に定住することを合理的な選択と認識していない傾向にあり、日本社会への適応を前提とした進路選択が困難な状況にあると結論付けた（徳永 2007：71-72）。宮島（2002）は、学習達成度に大きな差が生じているNC生徒にインタビューを行い、親から子どもへの文化資本（Bourdieu 1991）が継承されていないこと、地域にロールモデルが不在であること、就学進路に対する動機が欠如していることなどをあげ、学業不振の要因としている。また、高橋（2007：31）では、文化資本が継

承されない原因としては、親世代の厳しい就労条件、生活の生産・再生産および言葉の壁、子どもたちの教育への関心の希薄、親子関係のずれという要素が挙げられている。その結果、NC生徒を取り巻く地域環境ではロールモデルになるような先輩が育ちにくく、また、子どもたちにとっては、将来の設計を行いづらくなっていることが明らかになった。このような環境下では就学や進路に対する動機を持ちにくいのも当然であろう。厳しい現実ではあるが、本調査対象者の原秋、琴英、仁美は3人とも高校に合格はしたが、全員退学した[27]。フィリピン系の子どもと同様に、中国系NC生徒も、「自分の語学を生かせるような仕事に就いてっていうような視野が持ちにくい」という理由から、NC生徒と共に暮らしている家族や親戚などの多様な「重要な他者」の生活スタイルに、その将来設計が影響を受けていることが推察される。「高校も続けられへんと思うから」「いやもう仕事するから」というような自らの判断で高校を受験しない生徒にとって、「工場で働いている親の世代の姿」がある種の生活モデルとして意識の中に定着しているのであろう。こういう場合こそ、生徒がそれぞれに相応しい進路を形成していくために必要な能力、即ち進路選択能力[28]を育成することが課題となってくる。T中学校F教員が述べたように「自分の生き方であるとか、将来の夢を持てるような話をどんどんしていく」ことが重要となっており、話を進めていく中で、NC生徒は自身の進路選択に希望の光を当てていくのであろう。

第6節　本章のまとめ

　本章では、国際教室の日本語・教科補習の場、母語・母文化維持の場、やすらぎの場、エスニック同士の依存の場、異文化理解・交流の場、進路決定に影響を与える場という6つの側面を、その利用の活性化と機能の多様化という視点から、国際教室の持つ適応機能の影響力を高める可能性について検討した。国際教室は本来備わっているNC生徒の日本語補習・教科補習としての役割を果たしているほか、「居場所」「母語・母文化の保持」という役割も担っていることが先行研究を支持する結果として本調査においても確認できた。それらに加え、本調査では国際教室の適応機能として新たに3点の性質についても調

査・分析することができた。即ち、①国際教室が異文化理解・異文化交流の場として機能していること、②国際教室にいるエスニック仲間が支え合うことで、NC生徒が学校生活をスムーズに過ごせるようになっていること、③国際教室にいるJNNS教員や教育支援員や大学生ボランティアがNC生徒の進路選択に影響を与え、職業のロールモデルを提供する役割を果たしていること、が明らかになった。国際教室のそもそもの目的は言葉の問題の克服であるが、実際にはそれ以外の機能も果たしており、それが全体としてNC生徒の学校生活への適応、NC生徒のアイデンティティの構築、NC生徒の将来像の形成にも貢献していると結論付けることができる。

[注]
（1）文部科学省2008年度「外国人児童生徒教育の充実方策について（報告）http://www.mext.go.jp/b_menu/shingi/chousa/shotou/042/houkoku/htm、アクセス日：2013/1/13。
（2）T中学校では、来日初期の中国系NC生徒に対して母語で補習を行うために、JNNS教育支援員を雇っている。JNNS教育支援員の雇用状況はその年に来るNC生徒の数によって違う。2013年2月現在、計3名のJNNS教育支援員が雇われ、1人週1～2回の頻度で中学校に通い、NC生徒に対して日本語および各科目の補習を行っている。筆者もその数に含まれている。
（3）T中学校フィールドノーツ【FNdata7-1：2011/1/25】。
（4）小学校6年生まで日本、中学校は2年間以上中国、そして再び日本に戻って、高校受験を受ける中国帰国生徒は2年特別枠が利用可能である。2年特別枠の対象校は住吉高校、千里高校（国際学科）などがある。5年特別枠の対象校は布施高校、八尾北高校などがある。
（5）岡田（2010）は、自己決定理論に基づく動機づけ概念間の関連性についての学校段階による差を検討した。文献検索で27本の論文から35点の研究を収集して、小学生、中学生、高校生、大学生の4グループ間の比較を行った。その中では、内発－外発の枠組みを超えて、動機付けをより詳細に捉える立場があると述べている。自己決定理論（self-determination theory：Deci & Ryan 2000）では、外発的動機付けを自己決定性の程度から4つに区分することで、内発的動機付けとの間に連続性を想定している。1つ目は、外的調整（external regulation）であり、外的な報酬を得るため、あるいは他者からの統制的な動機付けによって学習に取り組む動機付けである。2つ目は、取り入れ的調整（introjected regulation）であり、自尊心を維持し、不安や恥ずかしさを低減するために自我関与的に学習する動機付けである。3つ目は、同一化的調整（identified regulation）であり、学習内容に個人的な価値や重要性を見出し、積極的に取り組む動機付けである。4つ目は、統合的調整（integrated regulation）であり、学習することに対する同一化的調整が他の活動に対する価値や欲求と矛盾なく統合され、自己内で葛藤を生じずに学習に取り組む動機付けである（岡田 2010：414）。
（6）アイデンティティには様々な様相がある。カミンズは、経験を通じて変化しやすい（malleable）アイデンティティの様相の1つとして、知能・学業達成・才能・魅力などに関わる自らの価値についての意識（sense of self-worth in relation to intelligence,

academic achievements, talents, attractiveness, etc.）を挙げている（邦訳金井 2004：8）。
(7) F教員に対する記述式アンケート調査。2009/7/9実施。
(8) T中学校校長へのインタビュー【INdata7-8：2011/3/23】。
(9) K教員へのインタビュー【INdata7-10：2011/3/14】。
(10) 金井（2004）は日本におけるマイノリティの学業不振の解消に向けて今後の研究の展望と方向性を探っている。金井（2004：2）は、「子どもは、必ずしも教授言語である日本語の操作能力が低いために学習困難に陥っているとは限らない。学習困難には、子どもの言語操作能力のみならず、子どもが来日以前に受けた教育経験、日本において置かれた地域的文脈（家族）、アカデミック・アイデンティティのありよう等、さまざまな要素が複雑に入り交じって作用している」と指摘する。
(11) 児島は「社会的再生産は、その性質上矛盾した過程であり、闘争のないまま単純に生ずるものではない」（Apple 1982.邦訳：146）という論点に立った「抵抗理論」を展開しつつ、日系ブラジル人生徒が学校に浸透していると予想された規範や価値とはしばしば矛盾するような仕方で、学校生活を生き抜くうえでいかなる「戦術」を用いているかを描きだすことを試みた。しかし、こうした「戦術」は、ブラジル人生徒たちの考えによるものではなく、支配的な文化すなわち日本の学校文化との折衝の中で選びとられるものであるということも強調した。「戦術」の具体例を挙げると、自らの判断で授業を無断欠席したり、自由に学校内を移動したりすることなどである（児島 2006：137-142）。
(12) F教員に対する記述式アンケート調査。2009/7/9実施。
(13) NC生徒孫明へのインタビュー【INdata7-15：2009/7/23】。
(14) T中学校フィールドノーツ【FNdata7-17：2010/12/17】。
(15) R教員へのインタビューデータ【INdata7-22：2009/7/23】。
(16) F教員への記述式アンケート調査、2009/7/9実施。
(17) N教員へのインタビュー【INdata7-25：2011/3/18】。
(18) 2人とも小学校低学年時に来日し、小学校5、6年の時に中国に帰り、しばらく中国の小学校に通った。中国語も話せ、日本語の日常会話も可能である。
(19) NC生徒章田とペアで獅子舞を演じた日本人生徒である。
(20) T中学校フィールドノーツ【FNdata7-32：2011/10/28】。
(21) 学校の権利者の異文化接触の姿勢については第6章第2節（1）「校長による異文化理解教育の姿勢と工夫」を参照。
(22) R教員へのインフォーマルなインタビュー【INdata7-36：2012/7/3】。
(23) 「特別枠」とは、「中国帰国生徒、及び外国人生徒入学者選抜」制度のことである。特別枠入試制度の対象となる生徒は、「原則として、中国から帰国した者又は外国籍を有する者で小学校第4学年以上の学年に編入学した者」とされる。学力検査は、「数学及び英語とし、別に作文（外国語による記述も可）」が課される。
(24) 2007年度入試（全日制）では、特別枠入試は、外国籍の生徒を対象とした17の都府県で実施され、そのうち中国帰国生徒を対象とした入試は12の都府県で実施された。また、特別入学措置は、外国籍の生徒を対象に16府県で行われ、そのうち中国帰国生徒を対象にしたものは15都府県で実施された。
(25) 広田は、アメリカの「エスニック・コミュニティ」研究をレビューするなかで、異質な世界における家族の適応とは、「家族としての移民の理論づけ」に関わる問題であり、「『家族としての移民理論の形成』がそれぞれの直面する『現実』を調整する」と述べ、つまり、「だれが、何のために移民するのかについての家族の『物語』がつくられる」のであり、さらに、「そうした『物語＝状況の定義』は繰り返し修正される」のである、とした（広田 1997：58-59）。児島は日系ブラジル人の適応過程を、「家族の物語」が繰り返し修正される過程としてとらえ、日系ブラジル人における「家族の物語」という視点を設定

し、分析した（児島 2006：50）。
(26) 文部科学省、http://www.mext.go.jp/b_menu/shingi/chousa/shotou/023/toushin/06122007.htm、『高等学校におけるキャリア教育の推進に関する総合的調査研究協力者会議報告書——普通科におけるキャリア教育の推進』(2006)、アクセス日：2013/7/29。
(27) T中学校フィールドノーツ【FNdata7-43：2012/7/6】。
(28) 富永（2010：35）によれば、進路選択能力とは進路選択という課題を解決するのに必要な力やスキルのことを指す。

第8章 多文化共生教育支援の検討と今後の課題

第1節　本研究からみえたこと

（1）ニューカマー生徒の学校適応に影響を与える要因に関する検討

　本書は、「第3章　研究方法とデータの構成およびフィールドの概況」で研究方法とデータ収集の概況を紹介したように、4年間にわたる大阪府のW中学校とT中学校におけるフィールド調査で得たデータに基づいて分析を行ったものである。ここまで、本書ではNC生徒を取り巻く家庭・地域環境と関連したNC生徒の学校生活への適応過程に関する考察を行ってきたが、本章では、①フィールドノーツ、②半構造化インタビュー、③写真・ビデオ——学校・地域活動へ参加した際の写真とビデオ録画の記録、④作文および配布された資料という4つの調査方法で収集した計553個のデータをM-GTAを用いて分析することで、NC生徒の学校適応に影響を与える要因を分析する。

　すでに述べたように、M-GTAは「コーディング法[1]と深い解釈を統合した新たな方法を、質的研究をめぐる関心状況に対して提案し、インターラクティブ性からみても安定的に統合された研究方法」（木下　2007：31-32）である。本研究は、学校の教育現場における国際教室と関わる人々の「うごき」を解釈し、国際教室の適応機能を考察することで、教育現場において存在する現実の課題の改善に貢献することを目指している。よって、M-GTAが本研究の分析方法として適切だと考える。

　分析はいくつかの段階に分けて行った。まず、収集したデータを読み返し、M-GTAの分析手順に従って概念を生成し、分析ワークシートを作成した。概念生成に際しては、具体例を確認しながら、ボトムアップ的に分析を進めた。

図8−1 ●NC生徒が関わる6つのドメインの関連

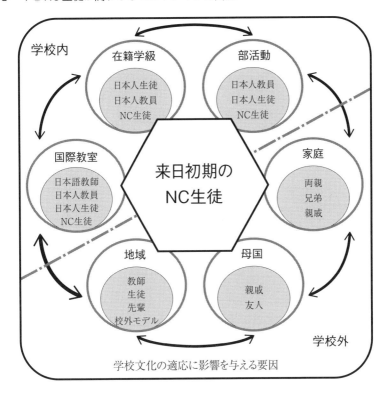

そして、次の段階ではいくつかの概念を包括するサブカテゴリー、さらにいくつかのサブカテゴリーを包括するカテゴリーを作成した。カテゴリーの分析に進む前に、まず、NC生徒が学校生活において関わっている人々とドメインとの関係を整理する。

来日初期のNC生徒は在籍学級、国際教室、部活動、家庭、地域、母国という6つのドメインと関わっている。この関係を視覚化した関連図が図8−1である。このドメインの関連図は主に学校内と学校外という2つの領域に分類することができる。そして、それぞれの領域に属するそれぞれのドメインにおいてNC生徒と関係を持つ人々を明示している。関係を持つ人々は以下のとおりである。在籍学級においては主に日本人生徒、日本人教員がNC生徒と関わり持つ。国際教室においては日本語教師（日本人日本語教師、JNNS教員や教育支

援員、地域のボランティア日本語教師を含む)、日本人教員、日本人生徒、同国および他国のNC生徒と接する。部活動においては日本人教員、日本人生徒を中心として、NC生徒との接触もあり得る。地域においては日本語教師や教科目を教える教員、日本人生徒およびNC生徒、そして、すでに卒業した先輩、校外モデルと触れ合うことができる。母国においては、春・夏休み中に会うことができる親戚や友人たちが自らの日本での学習・生活の状況を聞いてくれる対象となる。日本にいてもインターネット(qqあるいはskypeなどのチャットソフト)や電話などの連絡手段を利用し、母国の親戚や友人たちと気兼ねなく話すことができる。家庭においては父母(国際結婚の場合は日本人の父親や母親を含む)、親戚、兄弟(異父母の兄弟も含む)との関わりを中心とする。

このように6つのドメインはNC生徒と緊密な関係にあると同時に、矢印の両端を連結しているドメイン間が相互に関係しているのみならず、直接に連結していないドメイン間も、例えば、地域と家庭、国際教室と地域等も事例データから強い相関が観察されたため、そのような間接的な関係も示していることを記したい。また、関連図において学校内と学校外を分ける線を点線とした意味は、2つの領域は完全に分かれるものではなく、双方は相互に関係を持っていることを示すためである。本研究においては特に、国際教室と地域とのつながりが強く見られた。NC生徒の活躍の場が地域によって提供され、そして、地域の活動の場におけるNCの活躍を国際教室がサポートする関係にあったと言える。そのため、国際教室と地域の関係は太線で示している。

次に、NC生徒と関わる6つのドメインにおいて観察された事例をカテゴリー化するプロセスについて説明する。その具体例を図8−2として提示する。

前文で言及した6つのドメインにおいて観察されたNC生徒周雪、張希、琴英の計11の事例は「エスニック教師に無言で対応」「対象・空間の区別なく無言で過ごす」「時間の経過に伴う沈黙への慣れ」「交流の中断を憂慮する故の沈黙」「教員・生徒の話しかけに無言で対応」「学年の最後まで沈黙し続ける決心」という6つのオープン・コーディングにまとめられる。そして、その共通性に注目し、〈無口で人間関係をごまかす〉という選択式コーディングを抽出する。同じ手順で、観察されたNC生徒張希、劉研の事例を〈笑顔で交流を乗り切る〉、NC生徒趙峰、劉研、孫明、周雪、東浩の事例を〈人間関係を円滑

図8−2 ●事例をカテゴリー化するプロセス

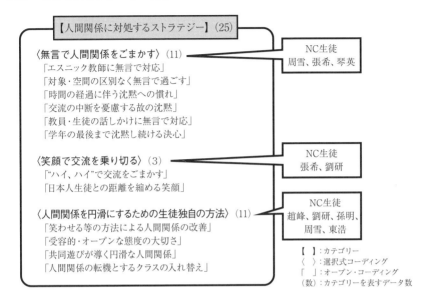

にするための生徒独自の方法〉といった選択式コーディングにまとめた。計25の事例から抽出した3つの選択式コーディングの共通性に注目し、1つのカテゴリー【人間関係に対処するストラテジー】として整理することができる。

このようにしてNC生徒と関わる6つのドメインから観察された計553[2]の事例データを【人間関係の様相】【ルーツへの肯定的認識】【将来への見通し】【在籍学級での授業時間の過ごし方】【発達段階の変化】【適応に影響を与える性格的要因】【部活動への参加】【人間関係に対処するストラテジー】【自らの意志による学習への取り組み】【学習支援の具体策】【国際教室の適応機能】【教師が抱える戸惑い】【地域活動の不可欠性】【共同作業の重要性】【教育者・保護者・助言者としての教員の存在】【母語教育の実施】【学校の管理者が示す異文化理解の姿勢と態度】【活動を通じて形成された教員の異文化への再認識】【家族成員間の交流の様子】【親の関与度合いによる生徒への影響】【親子の滞在資格がもたらす精神的プレッシャー】【保護者に対する生徒の態度】【家庭の不安定な経済状況が及ぼす精神的影響】【来日経緯により生じる教育意識の差異】【日中文化・学校文化の差異】【母国のコミュニティとの関連】【エスニッ

図8-3 ● NC生徒の学校適応に影響を与える要因および要因間の相関図

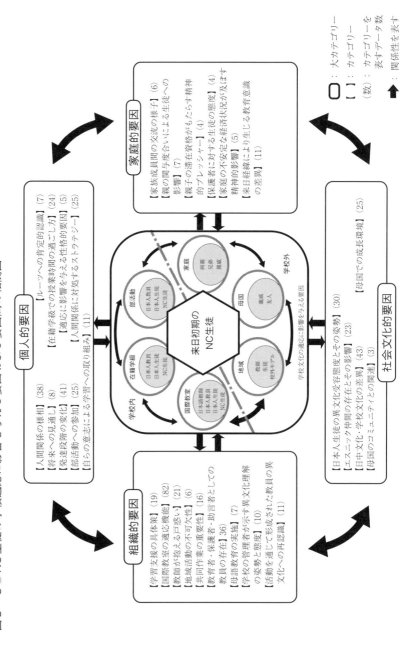

ク仲間の存在とその影響】【母国での成長環境】【日本人生徒の異文化受容態度とその姿勢】という30のカテゴリーに整理し、これを≪個人的要因≫≪組織的要因≫≪家庭的要因≫≪社会文化的要因≫という４つの大カテゴリーに分類した。これらの要因は図８－３で示すように相互に関連性を持ちつつ、NC生徒の学校適応に影響を与えている。図には分析の根拠を示すため、それぞれのカテゴリーに該当する事例数を表記している。

（２）ニューカマー生徒の学校適応に関する検討

ａ．ニューカマー生徒の学校適応過程に関する検討

本書では2009年４月から2013年３月までの４年間にわたってNC生徒の学校生活への適応過程について縦断的に調査した。その結果、来日初期のNC生徒の学校適応過程では常に何らかの問題と葛藤が起こるため、NC生徒は精神的に良好な状態とそうでない状態を繰り返していることが明らかになった。代表的な調査対象者それぞれの適応過程をその調査期間によって分類し、表８－

表８－１ ●NC生徒劉研と琴英の適応過程の概要（観察期間１年）

生徒名	劉研	琴英
観察期間と事例数	期間：2009/4〜2010/3 事例数：36	期間：2010/4〜2011/3 事例数：20
関連ドメイン	在籍学級、国際教室	在籍学級、国際教室、家庭
適応過程の概要	観察を調査対象者が中３の時に開始→技術の授業でものを作ることが苦手→在籍教室の環境を嫌う→勉強と活動の場が国際教室へ移動→中国人日本語教師の影響で進路決定	観察を調査対象者が中３の時に開始→身体的特徴でからかわれる→日本人生徒と揉める→昼食・水泳の授業を拒否→無断欠席→高校へ進学後に中途退学
適応に影響を与える要因	1) 学習支援の具体策 2) 教育者・保護者・助言者としての教員の存在 3) 日中文化・学校文化の差異 4) 在籍学級での授業時間の過ごし方 5) <u>自らの意志による学習への取り組み</u> 6) 人間関係に対処するストラテジー 7) 日本人生徒の異文化受容態度とその姿勢 8) 共同作業の重要性 9) 母国での成長環境 10) 国際教室の適応機能	1) 教育者・保護者・助言者としての教員の存在 2) 日中文化・学校文化の差異 3) 人間関係の様相 4) 日本人生徒の異文化受容態度とその姿勢 5) <u>家庭の不安定な経済状況が及ぼす精神的影響</u> 6) 国際教室の適応機能 7) エスニック仲間の存在とその影響

表8−2 ●NC生徒周雪と安志の適応過程の概要（観察期間2年）

生徒名	周雪	安志
観察期間と事例数	期間：2011/4〜2012/10 事例数：48	期間：2011/4〜2012/10 事例数：12
関連ドメイン	在籍学級、国際教室、部活動、家庭、母国	在籍学級、国際教室、部活動、家庭
適応過程の概要	中1の時に入学し、在籍学級での授業も昼食も拒まなかったが常に無口であった→中1の2学期から部活動への参加をきっかけとして上達したバドミントンの腕前を母国の友人の前で披露した→中2になって国際教室で喋り始めた→中3になったら在籍学級でも話そうと決心した	中学校入学時には乱暴な態度と言葉遣いであった→中2の時に地域活動への参加をきっかけとして日本語教師に勧められ獅子舞を演じるチームのリーダーとなった→家庭環境の影響で好ましくない態度をみせるが、入学当初よりよくなっている
適応に影響を与える要因	1) 学習支援の具体策 2) 教育者・保護者・助言者としての教員の存在 3) 日中文化・学校文化の差異 4) 部活動への参加 5) 人間関係に対処するストラテジー 6) 人間関係の様相 7) 日本人生徒の異文化受容態度とその姿勢 8) 適応に影響を与える性格的要因 9) 母国コミュニティとの関連 10) 国際教室の適応機能 11) エスニック仲間の存在とその影響	1) 教育者・保護者・助言者としての教員の存在 2) 日中文化・学校文化の差異 3) 国際教室の適応機能 4) 地域活動の不可欠性

1、8−2、8−3として整理した。まず、1年間観察したNC生徒劉研と琴英の適応過程の概要を提示する。

　NC生徒劉研と琴英は中学3年時に日本の中学校へ転校した。2人は適応過程において類似した面を見せているが、家庭環境や学習態度、行動志向の違いがその後の進路決定に影響を与えたことが分かった。劉研と琴英はいずれも1年間の学校生活を在籍学級ではなく、国際教室に依存して送るタイプであったが、学校への適応に関する選択においては違いを見せた。劉研は勉強や活動の場所を自らの判断で在籍学級から国際教室へ移したことで日本人生徒との葛藤を経験せず、在籍学級に対しては抵抗感、国際教室に対しては安心感を持っていた。また、将来は中国人日本語教師のような教員になりたいという目標を持ち、希望する高校へと進学した。2012年12月30日に、すでに大学受験を終えた劉研に会った際には、積極的に日本語を使用しようとする姿を見せ、目標と

表8−3 ●NC生徒趙峰と張希の適応過程の概要（観察期間3年）

生徒名	趙峰	張希
観察期間と事例数	期間：2009/4〜2011/3 事例数：80	期間：2009/4〜2011/3 事例数：50
関連ドメイン	在籍学級、国際教室、部活動、家庭、地域	在籍学級、国際教室、部活動、地域
適応過程の概要	中1の1学期後半にいじめにあう→2学期まで国際教室で過ごした→中2から在籍学級の日本人生徒と仲良くなった→他のNC生徒を助ける余裕も見せる→部活動にも励む→成績が上がらないことに悩む→勉強に専念して孫明と劉研と同じ高校に進学するため、中3の2学期でラグビー部をやめる→志望校へ進学	2年時まで趙峰と同じクラスであり、よく趙峰の世話になっていた→3年時から趙峰と別のクラスになった→これを機に、校則から逸脱した行為を見せ始めた→しかし、日本語教師に説教をされて不真面目な言動を控える様子も観察された。
適応に影響を与える要因	1）教育者・保護者・助言者としての教員の存在 2）日中文化・学校文化の差異 3）部活動への参加 4）地域活動の不可欠性 5）人間関係に対処するストラテジー 6）人間関係の様相 7）日本人生徒の異文化受容態度とその姿勢 8）家庭の不安定な経済状況が及ぼす精神的影響 9）発達段階の変化 10）将来への見通し 11）国際教室の適応機能 12）エスニック仲間の存在とその影響 13）家族成員間の交流の様子 14）親の関与度合いによる生徒への影響 15）親子の滞在資格がもたらす精神的プレッシャー 16）保護者に対する生徒の態度 17）来日経緯により生じる教育意識の差異	1）学習支援の具体策 2）教育者・保護者・助言者としての教員の存在 3）日中文化・学校文化の差異 4）地域活動の不可欠性 5）在籍学級での授業時間の過ごし方 6）人間関係に対処するストラテジー 7）日本人生徒の異文化受容態度とその姿勢 8）発達段階の変化 9）母国での成長環境 10）国際教室の適応機能 11）エスニック仲間の存在とその影響

した外国語大学への進学も決定したことが分かった。一方、生徒琴英は昼食や水泳などの日中学校間でのカリキュラムの違いに対してうまく適応できず、在籍学級の日本人生徒との関係をうまく築けなかった。また、経済的に厳しい家庭環境により、勉学に集中して取り組むことができなかった。高校へは進学したが、結局途中で退学してしまった。学校で常に自分の家庭事情を語る彼女は、どうしても経済的に厳しい家庭環境から希望を持って前へ進むことができ

なかった。琴英は日本の中学校で自分の居場所を見つけることができず、中学を中退した姉のように働きたいと思っていることから、彼女の将来に影響を与える要因は家族であると考えられる。

　次に、2年間観察したNC生徒周雪と安志の適応過程の概要を提示する（表8－2）。

　NC生徒周雪は中学校に入学してから中1の終わりまでの1年間、在籍学級でも国際教室でも無口であった。もともと喋ることが好きな生徒であるが、日本語でクラスメートと交流すると途中で相手の言葉が理解できなくなった場合に交流が中断してしまうことを恐れたため、自ら学校では喋らずに過ごそうと決めた。しかし、それは彼女に多大なストレスをもたらしたため、家で母親や妹との会話に没頭し、時には大声で叫ぶことでストレスを発散するという生活を送った。2年生になってから国際教室にいるエスニック仲間と話し始めた。自分では「もう限界」だと感じているが、2年生が終わるまで在籍学級では沈黙で過ごすつもりだという。周雪は自身の学校生活への適応に影響を与えている一番の要因は自分の性格であると分析している。周雪はバドミントン部に所属しており、そこで磨いた腕前を夏休みに中国に帰った際、母国の友人との試合で披露できたことに満足感を感じたことが学校生活を続けていく意欲の源となったと言える。その影響を受けて3年時のクラス替えを機に徐々に日本の学校生活に溶け込み、在籍学級においても話し始めようと考えている。

　NC生徒安志の事例からは家庭環境の影響から学校教員の対処の影響を大きく受けた典型的な行動が観察された。入学当初、安志は親族や教員に対する態度や言葉遣いなどが乱暴であった。祖母と生活している彼は当初、学校生活に関心を示さなかった。しかし、日本語教師の強い勧誘で地域の春節祭で獅子舞を演じるチームのリーダーになったことをきっかけに、彼は学校生活に興味を示しだした。安志は獅子舞の練習に真剣に取り組まないこともしばしばあったが、徐々に自主的に獅子舞の流れや動きを練習するようになり、関心を示さなかった学校の文化祭で獅子舞を演じるようにもなった。そして、2012年中学2年生になった安志は中国語の本を読むことに没頭しており、高校入試のために数学の学習にも力を入れている。このような変化は地域、学校、教員から提供された機会が安志の積極性を引き出す上で肯定的な影響を与えたためだと考

えられる。

　最後に、3年間にわたる調査を通して観察された趙峰と張希の適応過程の概要を提示する（表8-3）。

　日本の学校生活への適応に関して一番変化に富んだ様子が観察されたのがNC生徒趙峰と張希の事例である。趙峰は1年生の1学期後半にクラスメートにいじめられたため、2学期末まで国際教室で過ごした。しかし、人間関係の重要性を認識し、2年生になるとクラス替えがあったこともあり、新しいクラスメートと仲良くなる方法を考えるようになった。在籍学級での人間関係が好転したことから、部活動の練習に励み、エスニック仲間を助ける余裕も出てきた。高校入試が近づくと部活動や人間関係、青春期の恋愛事情、エスニック仲間との不仲などの影響で勉強に集中できず、成績が上がらなかったため、高校へ進学できるか心配していた。そのため、2年生の2学期にラグビー部をやめ、孫明と劉研と同じ高校に進学するため、放課後も学校に残って授業内容の復習を行い、補習も受けていた。その結果、志望校へ進学できるようになった。高校受験を終えた後、将来のためにと自ら教材を用意して英語の勉強に取り組むようになった。また、国際教室のために何かをしたいという一心で壊れた椅子を直した。趙峰の変化には何よりも息子のためにと生活環境の改善や有益な助言をしてきた母親との信頼関係から受けた影響が大きい。その存在が人間関係や学習において余裕を持って取り組めるよう趙峰の精神状態を安定化させたと言えるだろう。このように趙峰にとって学校における居場所としての国際教室、部活動、人間関係を円滑にするための戦略の構築、進学モデルとしてのエスニック仲間の存在、積極的な性格、母親の存在などが彼の学校適応に影響を与える要因として機能してきたことが分かる。

　張希は中学校入学以降、2年時まで趙峰と同じクラスであり、よく趙峰の世話になっていた。授業中は板書や課題などに真面目に取り組み、休み時間中も絵を描いたり、将棋をさしたりと無口に過ごす場面が多かった。しかし、3年時から張希の自立を促そうという日本語教師の考えから趙峰とは別のクラスになった。この措置に対して張希は不真面目に学校生活を送るという行動で反応した。この行為を日本語教師は自分の身を守るための戦略と解釈した。張希は日本語教師に説教をされて不真面目な言動を控えたことから、彼の行為は表面

的なものであり、様々な条件が重なって起きた一時的な変化と判断できる。このような状況に対する学校側の対処の仕方によって生徒の今後の行動様式は影響を受けるため、学校や教員は問題の性質に合った適切な援助を行う必要がある。

　ここまで述べてきた3種の観察結果をまとめると、生徒ごとにその状況に応じた要因を個別に持っているが、共通する要因として、①教科学習支援の具体策、②教育者・保護者・助言者としての教員の存在、③日中文化・学校文化の差異、④国際教室の適応機能という4つがNC生徒の学校適応に影響を与えていることが分かった。このような要因に配慮することで、NC生徒への教育支援の効果を向上させることができるのではないかと考える。

　b．ニューカマー生徒の学校適応の様式に関する検討
　本書では、中国系NC生徒の学校生活への適応過程をデータと結びつけながら論述した。そして、NC生徒の採用する独特な日本の学校生活へ適応する方法として、学習に対する方法・空間・内容の選択、人間関係を乗り越えるための戦略の選択、「自己保護」の方法の選択というものがあることを提示した。このことから、中国系NC生徒の自発的な選択行為が日本の学校生活への適応にポジティブな働きとして機能していることが分かった。

　自発的な選択行為とは、どのような状況に置かれても何らかの方法を考え、それをもとにした行為を自発的に選択することをいう。NC生徒は言葉の壁に直面すると万事に対して受け身状態に置かれると言える。しかし、調査結果からは自発的な選択行為によってその状態を抜け出し、日本の中学校生活を力強く生き抜いている姿が明らかとなった。

　NC生徒の選択行為は主観的な判断に基づいた独りよがりなものではないが、全てが合理的な選択であるとは言えない。地域の不良少年と結びついて不登校という決して推奨できない選択肢を自らの判断で選んだ事例もある。これは言語、文化、考え方などといった様々な点が異なっている日本の中学校生活において、学校という正規の集団にうまく馴染めない場合、周辺化された集団へ溶け込むことで生活の場を確保しようとしたため現れた行動であると考えられる。在籍学級へうまく溶け込んだNC生徒は自分の在籍学級に帰属意識を持っ

ているが、在籍学級へ溶け込むことができなかったNC生徒はクラス外または学校外の集団に帰属意識を持っている。異文化への移動を経験したNC生徒はその対人観や価値観が変化し、何らかの集団に依存することで孤独感が和らいで、独自の戦略によって安心感を得ることのできる心の拠り所を確保しようとする動きを見せている。

行為者としてのNC生徒は学校の定めた規範に従って、自らの選択行為を通して、自己の性質と環境との関係性とを認識していると言えよう。NC生徒はその認識に従って、学校にある既存の資源および与えられた選択肢を活用して、学校生活を生き抜こうとしている。このような選択行為が既存の学校システムに対して警鐘を鳴らす役割を担っているという現実を認識し、学校資源の再生産や学校システムの変革にもつなげていく必要があると考える。

(3) 学校資源の再生産(再編成)

本書では学校がすでに有する資源、即ち、学校の施設としての国際教室が有する適応機能をよりいっそう鮮明化しようとした。国際教室が有する適応機能に関しても前述したM-GTAの方法を用いて分析した。分析はいくつかの段階に分けて行った。収集したデータを読み返し、M-GTAの分析手順に従って概念を生成した。そして、次の段階ではサブカテゴリー、さらにカテゴリーを作成した。一例を挙げると、日中生徒の交流の様子を記した「中国の伝統的なダンスを練習する時の様子」「ダンスに参加した子の放課後のやり取り」の概念名を生成した後、「共同活動への参加を通じた日中生徒の相互交流の促進」としてサブカテゴリー化した。このサブカテゴリーを、同様の手順で作成した他のいくつかのサブカテゴリーとともに「国際教室が持つ異文化理解・交流の機能」としてカテゴリー化した。このようにして整理したデータに基づいて、以下、W中学校とT中学校の国際教室の適応機能について分析・考察する。

国際教室は先行研究が示す通り、NC生徒にとって日本語補習・教科補習の場、「居場所」「母語・母文化の維持」の役割を果たしていることが本研究においても検証できた。また、M-GTAを用いた分析の結果、国際教室の適応機能を、①国際教室にいるエスニック仲間が支え合うことで、NC生徒の学校生活への適応を促進すること、②国際教室にいるJNNS教員や教育支援員がNC生

図8−4 ●国際教室の適応機能転換図

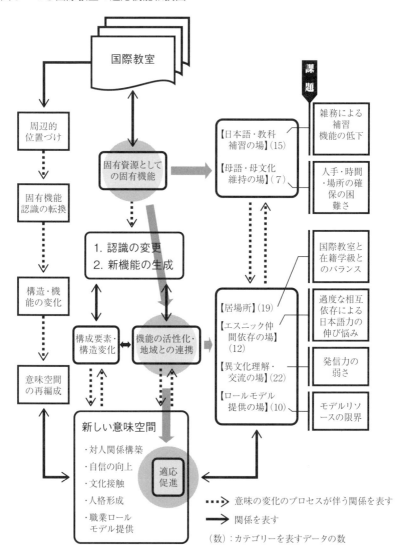

徒の進路選択に影響を与え、職業ロールモデルを提供する役割を持つこと、③国際教室が日中生徒間の相互理解・交流促進の適応機能を有するという3つの側面からカテゴリー化することができた。

国際教室は従来、外国人の「租界」(志水・清水 2001：373) のように見なされていたが、本調査対象校の国際教室では日本人生徒の参加を通じて日中生徒間の交流が自然に起こり、放課後にNC生徒の学習を日本人生徒が手伝うといった事例も観察することができた。日本人生徒の参入によって国際教室は日中生徒の相互交流、相互理解を促すという機能を持つ場へとその構造を再構築した。この一連の変化は、教育現場における国際教室の活用法に対する１つの実践的示唆となると考える。国際教室の機能転換のプロセスは図８－４のように示すことができる。

　前述したように、国際教室が学校の固有資源として果たす固有機能としては、日本語・教科目の補習、母語・母文化の維持である。しかし、教員、生徒の認識の転換により、国際教室の新しい機能を生成することが可能となった。新しい構成メンバーの加入により国際教室の新しい構成要素が生み出され、国際教室の機能の活性化につながった。その過程で新しく付与された機能は主に、エスニック仲間依存の場、異文化理解・交流の場、ロールモデル提供の場である。このような新しく付与された機能が国際教室の新しい意味空間の編成につながった。このように国際教室が周辺的位置付けから、固有機能認識の転換を機に、その構造・機能に変化が現れ、意味空間の再編成が起こった。しかし、雑務による補習機能の低下、人手・時間・場所の確保の困難さ、国際教室と在籍学級とのバランス、過度な相互依存による日本語力の伸び悩み、発信力の弱さ、モデルリソースの限界という課題を固有機能も新しい機能も抱えていることを忘れてはいけない。まとめると、国際教室は課題を抱えてはいるものの、固有資源として有する固有機能を学校関係者の意識の転換と新しい要素を取り入れることによってその機能 (function) を活性化させ、新しい空間としてNC生徒の学校文化への適応を促す役割を果たしていることが分かった。

　「機能」に関する研究は社会学の領域で長い間行われてきている。社会学者Luhmann (1984) は「機能的方法は、結局のところある種の比較の方法なのであり、現実へそれをあてはめることは、現存しているものの別様のあり方の可能性を考慮して現存しているものを把握することに役立つのである」(Luhmann 1984：84) と指摘する。機能分析とはもともと文化人類学で生まれ、その後、社会学において精緻化されていった方法である。機能分析の基本的な

図8-5 ●機能と資源の活性化要素の関係図

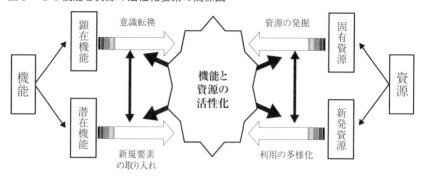

考え方は、物事の構造ではなく、その機能に着目して分析を行うというものである。Merton（1964：16）は、機能分析によって「顕在的機能」だけではなく、「潜在的機能」についても理解することが重要であり、その背後に隠された機能にも注目することが重要であると述べている。本研究における国際教室の適応機能は日本語補習・教科補習という「顕在的機能」を担っているばかりではなく、「潜在的機能」も秘めている。しかし、潜在的機能はあくまでも顕在的機能の背後に存在しなければならない。潜在的機能は表に出てきても、それだけでは機能しないものなのである。国際教室という空間は「異文化理解・交流の拠点という位置づけにしなければならない」（佐藤 2001：51）と理論的に提唱されているが、実際に学校現場でこのような機能を発揮しているのかを考察した研究は稀少である。そういう現状において、本調査対象校の国際教室で観察された日中生徒の共同活動の実践によって相互理解、相互交流が深まった事例から、国際教室という学校に備わった固有の資源が日本人生徒という学校に存在する潜在要素と結びつくことで「異文化理解・交流」という「潜在的機能」が表面化され、国際教室という場で実際にうまく機能していることが明らかになったことは意義あることである。このような国際教室が持つ「顕在的機能」と「潜在的機能」、そして、潜在的要素を発見することで新たな性質を備えた空間、即ち、新発資源を創出する可能性が出てくると言えよう。国際教室の資源と機能の関係は図8-5のように示すことができる。

新しい資源の発見と新しい機能の遂行に関する考察をより綿密に説明するた

め、ここでは、「新発」と「発掘」という2つの用語を使用して論述する。「新発」とは金融の場で使われる「新しく発行する」[3]という意味の金融用語であるが、ここでは学校における固有資源に対して潜在的な要素に気付く行為という意味で使用している。また、「発掘」とは「一般に土中その他に埋没して直接見ることのできない状況におかれている物件を、実見しうる状況に露出する行為」[4]を指す考古学用語であるが、ここでは、新発資源として捉えられる国際教室が持つ潜在的な要素に気付いて掘り出して利用する行為という意味で使用している。新規要素を取り入れることや固有要素に気づくことによって、国際教室が持つ潜在的機能を表面化することができ、また、資源を発掘することによって固有資源が新発資源へと転換する可能性も生じてくる。このような循環により、国際教室の利用方法の多様化と機能の活性化を図ることが可能となってくると言える。

本調査で得た知見を整理すると、①潜在的資源の開発（国際教室の役割の拡大、在籍している教員による異文化の伝達など）、②既存資源の活用（外国人生徒との共同作業など）、③拡大された資源の保有（地域との連携による活動参加の増加など）、④生活・職業ロールモデルの提供（NC生徒と同じ国出身の大学生ボランティアの参加など）となる。つまり、国際教室だけでその機能の発揮と資源の開発を行わず、他の要素の影響も受けながら活動を行うことで、国際教室で活動する日中生徒の相互理解、相互交流を促すことのできる新たな資源を獲得できると考える。

第2節　多文化共生教育支援の充実に向けて

少子高齢化の進む日本では、好況期に外国人労働力に頼らざるを得ない状況が見られる。今後、経済状況に左右されるとはいえ、外国人労働者の定住は続くと考えられる。その流れの中で、外国人児童生徒の教育に対する理解や対策は学校によって差はあるものの、避けては通れない課題となるであろう。2007年度より「支援教育」即ち、生徒一人ひとりの教育的ニーズを把握し、その持てる力を高め、生活や学習上の困難を改善または克服するため、適切な指導及び必要な支援を行うこと[5]が学校教育法によって定められた。その規定を受

けて学習、対人関係、行動などに困難を持つ生徒への支援が進んでいる[6]。具体的には、生徒に分かりやすい授業を行う工夫、国際教室の設置、個別支援などの対策が実施されている。しかし、教育支援を実施する具体的な方法や基準について政策レベルでは定められておらず、各学校の状況に合わせて「自由」に行われているということがT中学校の校長へのインタビューから分かる。

  校長：X市の教育って「人権教育」は1つの大きな柱ですから、それに基づいて教育はやっていますね。
  筆者：外国人生徒に対する、そういうような教育の規定もそれに基づいていますか。
  校長：基づいていると思います。
  筆者：明確な話がないですよね。学校側で自由にやってる部分がありますか。
  校長：そうですよね。はい、自由にやってる部分があります。
          【校長へのインタビューINdata8-1：2011/3/23】

　本研究の調査対象校では校長をはじめ学校全体で積極的に異文化理解教育に取り組んでいる。しかし、学校で直接NC生徒の教育に携わっている日本語教師や担任教員に対するインタビュー結果から、教育現場における問題点や教育支援が行き届いていない点などを知ることができた。本節では、教育現場で働いている教員たちの生の声に基づいて教育支援の問題点を整理する。この論点整理と分析のプロセスを通して、より優れた施策をより多くの教育現場が共有することを望むとともに、学校が異文化理解教育に取り組む際の一助となる提案としたい。

（1）多文化共生教育支援に関する具体策のカテゴリー化
　前節（1）「ニューカマー生徒の学校適応に影響を与える要因に関する検討」において学校適応要因のカテゴリー化に関する手順を述べた通り、本節ではNC生徒への適応・教育支援の具体策を同じ方法と手順でカテゴリー化する。

図8−6 ● 来日初期のNC生徒への適応・教育支援に関する具体策

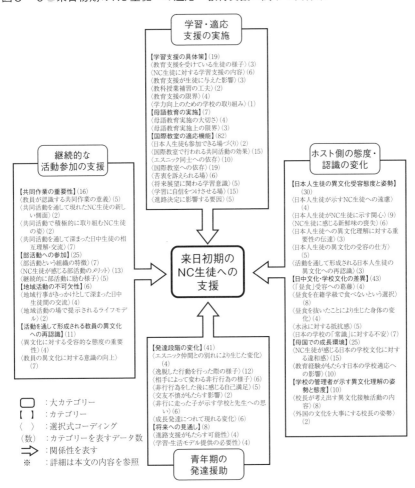

具体策は主に【共同作業の重要性】【部活動への参加】【地域活動の不可欠性】【活動を通して形成される教員の異文化への再認識】【学習支援の具体策】【母語教育の実施】【国際教室の適応機能】【日本人生徒の異文化受容態度と姿勢】【日中文化・学校文化の差異】【母国での成長環境】【学校の管理者が示す異文化理解の姿勢と態度】【発達段階の変化】【将来への見通し】という13のカテゴリーにより提示することができる。そして、調査によって観察された事例が

含まれたカテゴリーの内容と意義についても提示する。一例として、計16の事例から導き出されたカテゴリー【共同作業の重要性】には、5つの事例からまとめた＜教員が認識する共同作業の意義＞の選択式コーディング、2つの事例からまとめた＜共同活動を通して現れたNC生徒の新しい側面＞の選択式コーディング、2つの事例からまとめた＜共同活動で積極的に取り組むNC生徒の姿＞の選択式コーディング、7つの事例からまとめた＜共同活動を通して深まった日中生徒の相互理解・交流＞の選択式コーディングがあり、そこから共同作業の重要性に関する具体的な側面を示している。学校現場の教員は共同作業の重要性およびその効果を認識しており、日中生徒の共同作業に積極的に取り組んでいることが分かる。共同作業を通して、NC生徒は学校生活においては見せない素顔を見せ、自身の持つ能力を十分に発揮することで自尊心の向上につながっていることが確認できた。更に、共同活動は日中生徒の交流の接点を作り上げ、彼らの好奇心を刺激することで相互理解、相互交流を促進することに貢献していることが分かった。このように観察された現象の結果は、それぞれのカテゴリーに属するコーディング名として具体的な対策や方法として提示した。

　本調査で得たデータの考察をもとにNC生徒への適応・教育支援の具体策を主に【継続的な活動参加の支援】【学習・適応支援の実施】【ホスト側の態度・認識の変化】【青年期の発達援助】という4つの大カテゴリーに分類した（図8-6）。NC生徒はこのような対策や方法を用いて日本の中学校生活を生き抜いている。本調査で考察したこれらの特徴的な要素が、今後も転校してくるNC生徒への適応・教育支援のあり方、ホスト側の日本人生徒の考え方や異文化の受け入れ方を理解するための一助になればと考える。

（2）連鎖的支援の活性化モデルの提示

　NC生徒は主に6つのドメイン（在籍学級・国際教室・部活動・地域・家庭・母国）と関わって活動・生活していることを述べた。この6つのドメインは更に学校・地域・家庭・中国人コミュニティという4つの領域に分類することができる。この4つの領域は相互に関係を持ちながらNC生徒の成長・生活を支えており、彼らに対する支援もこの4つの領域において行われていると言える。

図8－7●連鎖的支援の活性化の多文化共生教育支援モデル

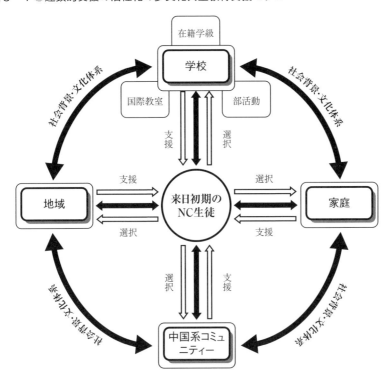

このような環境において、NC生徒に行われる支援を単独の領域においてだけではなく、4つの領域と関連付けながら行うことで、その効果を向上させることが可能になり、また、領域同士の連鎖を活性化させることにもつながると考える。このように4つの領域の連鎖的支援を活性化させるモデルを図8－7で示した。いずれの領域においても社会的背景や文化規範・体系が実在する。このモデルにおいてNC生徒は4つの領域から支援が受けられるとともに、NC生徒自身の選択行為も各領域に影響を与える要素として機能することを表している。矢印は4つの領域の相関関係やNC生徒と各領域の支援および選択の方向性を表している。

第3節　本書のまとめ

　本書では、NC問題の社会的背景とNC生徒の教育状況を概観し、NCの子どもへの教育が抱える問題に焦点を当てた。現在行われているNC生徒に対する教育支援が学校で十分に実施されない場合、それは学校全体に影響を与える問題となる。そこで、本書では研究結果がNC生徒の教育問題の解消に役立つよう、NC生徒の日本の中学校生活への適応に影響を与える要因を明らかにすることを目的とした調査を実施し、その分析を行った。

　日本に滞在しているNC人口の急増に伴って、日本の学校で教育を受けるNC生徒の教育問題も浮上してきた。学校に在籍しているNC生徒に対して、文部科学省は現在のところ「日本語指導」と「適応指導」を2本の柱とした教育支援を行っている。しかし、学校が教育を行う時間や人的リソースなどを確保することが難しいため、教育支援が十分に実施されていないケースもあり、結果として学校全体に関わる問題となっている。このような現状に対してNC生徒の学校適応や教育問題などの研究が盛んに行われるようになった。NC生徒に関する研究の初期段階においては、主に学校適応に関する現状報告が行われ（梶田他編 1997など）、日本の学校文化が持つ同化の圧力やポジティブな側面などがNC生徒に及ぼした影響に関して論じられてきた（恒吉 1996；森田 2004など）。そして、NC生徒の成長に影響を与える家族や地域に着目した研究が行われ（志水・清水 2001など）、当事者の行為という新しい視点からNC生徒の学校適応の多様性と新たな様相を浮き彫りにする研究が行われた（児島 2006など）。このような流れの中で、先行研究が主に研究対象としたのはブラジル人児童生徒であり、調査地域も限定されていた。また、ブラジル人児童生徒の行為がどのような考えに基づいたものであるのか、行為自体が日本の学校文化への対抗措置として有効なものだと認識しているのかといった行動様式の性質を理解するために必要な要素が検証されていないという限界も抱えていた。

　これらの先行研究の課題に留意しながら、本書は来日初期の中国系NC生徒の自発的選択行為という視点から、学校関係者、保護者、地域活動、教育支援

対策の検討といった側面に焦点を当てて、NC生徒の学校文化への適応過程に影響を与える要因の分析を試みた。研究課題の解法を得るために、2009年4月から2013年3月までの4年間にわたってフィールド調査を行った。データの収集においては参与観察、半構造化インタビュー、記述式アンケートなどの研究方法を併用した。データは主に4つの内容から構成される。①フィールドノーツ、②半構造化インタビュー（校長2名、調査対象となる外国人生徒の担任教員8名、部活動担当教員1名、日本語教師4名、NC生徒と生徒の保護者へのインタビュー）、③写真・ビデオ、④作文および配布された資料である。これら4種類のデータを収集し、M-GTAを用いて分析した。そして、在籍学級での授業時間の様子、国際教室での活動の様子、家庭と地域との関わりなどに関する記述を通して、来日初期の中国系NC中学生の学校生活の様子を浮き彫りにした。

　来日初期のNC生徒の学校への適応過程を観察したデータからは以下のようなNC生徒の姿を把握することができた。NC生徒は授業中に授業と関係のない本を読んだり、教員の指示よりも自己の判断を行動基準として消極的な学習態度を示したりしていた。また、自らの選択で校内活動領域を在籍学級から国際教室へと移行する様子が観察された。NC生徒は他の生徒との交流において様々な行動を示した。例えば、日本語での交流がうまく続かないため、もともと明るい性格であるにもかかわらず無口で学校生活を過ごしたNC生徒からは、異文化環境に置かれたことから不安感が高まり、自信を喪失することによって周囲に対する警戒を常に高めている様子が観察された。また、成績を向上させることや学校活動への参加というアピールの方法を選択せず、学校のルールに違反するという逸脱した行動をとることによって周りの注目を集めようという問題行動を起こすにまで至ったNC生徒の姿も観察された。そして、いじめから立ち直り、人間関係が最も重要であることを認識するようになったNC生徒からは、自分の世界観を変えつつ周囲に受容的な態度を示すことで日本人生徒との関係を円滑に進める様子が観察された。

　NC生徒は日本の学校文化に触れた当初、中国の学校文化との違いに戸惑い、昼食を食べない、水泳の授業を受けないなどの戦略を選択したが、部活動への参加については精神力が鍛えられる、スポーツ技術が向上して自尊心を保つこ

とができるなどの理由から、肯定的な姿勢を示していた。これらの事例を分析した結果、【人間関係の様相】【在籍学級での授業時間の過ごし方】【部活動の参加】など30[7]のカテゴリーに整理することができた。各カテゴリーの考察からは言葉の壁に直面したNC生徒が初めは周囲の環境に流されながら生活していたが、徐々に自発的な選択行為[8]を通して日本の中学校生活を生き抜いていこうとする様子が明らかになった。また、NC生徒は異文化生活の中で感じる孤独感を恐れているため、安心感を得るために心の拠り所としての集団を確保し、それに依存することで日本の中学校生活を送ろうとしていることが分かった。

　NC生徒の家庭環境と教員との関わりという側面からNC生徒の学校生活への適応に影響を与える要素を検討した結果、中国帰国者の家庭は両親とも中国人の場合が多いため、親子の交流に衝突が見られないケースが多かった。一方、保護者が日本人と国際結婚をした家庭では、日常生活のあらゆる場面において言語的・文化的な差異による葛藤が起きていることが分かった。教育意識の面では中国帰国者の家庭の保護者より国際結婚した保護者のほうが高い傾向がみられた。中国帰国者の家庭の保護者は厳しい経済状況に置かれているため、経済的な事柄が主な関心事となり、子どもの教育に関心を示さないケースが多い。そのため、NC生徒が家庭の事情に悩まされて勉強に対する興味をなくし、地域の不良少年と知り合って不登校となった事例が観察された。一方、国際結婚をした保護者の多くは経済状況が厳しくても、子どもの将来設計や教育環境づくりに力を注いでいることが分かった。

　調査結果からNC生徒の学習意欲に影響を与える要因は家庭環境と教員の支えであると言える。本書では教員がもたらすNC生徒の学校適応への影響を、①学校の運営責任者である校長をはじめ、NC生徒の担任、日本語教師などが異文化に示す態度や姿勢、②教員側の異文化教育への工夫、③NC生徒の学校生活において直面する問題への対処の仕方、④教員が異文化背景を持つNC生徒への対処のプロセスにおいて日々経験している葛藤の様相、⑤教員自身の意識転換という具体的な内容を通して提示した。また、学校における異文化理解活動の実施にあたって、活動の継続性と活動参加の自主性という概念を見出すことができた。NC生徒に関する教育においては担任教員が言語と文化などの

隔たりによって無力さを感じ、国際教室や日本語教師に任せきりになる事例も観察された。

　本書では中学校に設置されている国際教室の持つ機能についても考察した。国際教室がNC生徒の学校適応に及ぼす機能についてM-GTAを用いて分析した結果、①国際教室にいるエスニック仲間が支え合うことで、NC生徒の学校生活への適応を促進する、②国際教室にいるJNNS教員や教育支援員がNC生徒の進路選択に影響を与え、職業ロールモデルを提供する役割を持つ、③国際教室が日中生徒間の相互理解・交流を促進する機能を有するという3つの側面から、国際教室の持つ機能をカテゴリー化することができた。国際教室では日本人生徒の参加を通じて日中生徒間の交流が自然に起こり、日本人生徒がNC生徒の学習を手助けするという行動につながっていることが分かった。日本人生徒の参入で国際教室がその構造を再編成していくという過程から、学校現場に設置されている国際教室の機能の多様化と利用の活性化の可能性が示されたと言える。その機能の仕組みを考慮する際は、顕在的機能と潜在的機能の両方を考えることが重要であることも分かった。

　4年間にわたる調査結果の分析から、本書では今後のNC生徒を対象とする教育支援に関して【学習・適応支援の実施】【継続的な活動参加の支援】【ホスト側の態度・認識の改変】【青年期の発達援助】という具体的な支援策を提示したうえで、連鎖的支援の活性化という教育支援のモデルを示した。

第4節　今後の課題

　本書では主に来日初期のNC生徒の学校適応に関する分析とその成果を土台とした教育支援の充実に向けての考察を行った。しかし、調査が進むにつれ、学校に在籍している日本で生まれた、あるいは小学校低学年で日本の学校に転入してきたNC生徒も同様に学校適応に数多くの問題を抱えていることが分かった。彼らは日常会話では問題はないものの、学年が上がるにつれて学力の低下や学習思考言語の理解能力が低いという点が問題となっている。アイデンティティの揺れがもたらす自己肯定感の低さにより、学校での人間関係を円滑に築くことができなかったり、日本語ができない家族に対する不信感を表出した

りするなどの問題も出てくる。この現状に対して、今後は日本で生まれたNC生徒、あるいは小学校低学年で日本の学校に転入してきたNC生徒に対する追跡調査を行い、彼らの状況にも配慮した適応・教育支援の方法を考えていく必要がある。

　また、本書では質的調査の手法を用い、日中学校文化の差異を踏まえながら、中国系NC生徒の学校適応に関する考察を行った。本書で言及した学校文化の差異は筆者が認識している、あるいは現場の教員、生徒が感じている違いに焦点をしぼって論述した。よって、これらの差異は全ての教員とNC生徒が認識しているものとは限らないため、この点は今後、日中両国の教育現場の教員とNC生徒を対象とする量的調査を通して補完・修正していき、より一般性のある教育支援への提案へと結び付けるべきだと考える。

　最後に、本研究には多民族・多文化教育の先進国や地域との現状および政策に関する比較分析が欠如していると思われる。本研究で明らかとなった現場の問題、およびそれに応じて提示した支援策を踏まえながら、EU、カナダ、アメリカ、オーストラリアなどにおける多文化教育の現状および政策に関する比較検討を今後の課題として挙げたい。

[注]
（1）コーディング法というのは「データから指示的な部分を拾い出し、次にはそれらを比較対照しつつ概念を生成する」（木下 1999：227）ことである。M-GTAのコーディング手順は主としてオープンコーディングと選択式コーディングという2種から構成される。
（2）本書においては極力異なる調査対象者の代表的な事例データを選択・引用しており、その他の共通性を有する一部の事例およびインタビューデータを省略することにした。
（3）『デジタル大辞泉』http://kotobank.jp/word/%E6%96%B0%E7%99%BA%E5%82%B5、アクセス日：2013/2/18。
（4）『世界大百科事典　第2版』http://kotobank.jp/word/%E7%99%BA%E6%8E%98、アクセス日：2013/2/18。
（5）文部科学省ホームページを参照。http://www.mext.go.jp/a_menu/shotou/tokubetu/main.htm、アクセス日：2012/8/16。
（6）文部科学省ホームページを参照。http://www.mext.go.jp/a_menu/shotou/tokubetu/main.htm、アクセス日：2012/8/16。
（7）詳細は第1節（1）「ニューカマー生徒の学校適応に影響を与える要因に関する検討」を参照。
（8）詳細は第1節（2）「ニューカマー生徒の学校適応に関する検討」を参照。

あとがき

　本書は、2013年3月に大阪大学大学院言語文化研究科に提出した博士論文「日本における中国系ニューカマー中学生の異文化適応に関する考察－－学校適応の分析から教育支援の充実に向けて」を加筆修正したものである。筆者は本研究がきっかけとなり、ニューカマー児童生徒の教育支援に携わり始めた。有難いことに、大学院修了直後から教育委員会の人権教育室で勤務することになり、日々の業務を通してニューカマー児童生徒に対する教育支援事業の変化を直接的に実感できるようになった。

　この間に発表された注目すべき事業は2つある。1つ目は、2013年から文部科学省初等中等教育局国際教育課により始められた外国人児童生徒の総合的な学習支援事業の一環である「外国人児童生徒のためのJSL対話型アセスメント」である。この事業により、学校における外国人児童生徒への指導方針を検討するための参考となる日本語能力の把握を体系的に行うための1つの基準が整えられた。2つ目は、2014年4月から実施された「特別の教育課程」である。これにより、ニューカマー児童生徒を対象とする日本語指導が正式に学校教育法に規定づけられた。このことは、今まで「周辺化」されていた日本語・教科補習が「正統化」されることになったことを意味する。

　これらの変化により、ニューカマー児童生徒に対する教育支援の取り組みが画期的な一歩を踏み出すことになったと考える。地域や学校ごとに取り組みの度合いにはばらつきがあるが、文部科学省という国の最高教育機関が推進した施策が一服のカンフル剤となり、社会全体の今後の教育環境作りに大きく影響を与えるであろうことは想像に難くない。今後もニューカマー児童生徒の学校適応や教育支援に対する政策がよりいっそう整備・充実されることを強く願いながら、自らも支援活動に精進していきたいと思う。

　最後になるが、博士論文の執筆および本書の刊行にあたって、特にお世話になった次の方々に、心から深く感謝の意を表したい。
　指導教員として博士論文の執筆に多大な助言をしていただいたA. ディボフ

スキー先生に感謝を申し上げたい。論文の方向性がうまく定まらなかった時期に細部にわたり貴重な示唆をいただいたばかりでなく、多大な理解をも示してくださった。先生の理解と励ましによって、マイペースではあるがフィールド調査や論文執筆により積極的に取り組むことができるようになった。改めて感謝を申し上げたい。

　副指導教員として有益な助言を多くいただいた義永美央子先生に深く感謝を申し上げたい。義永先生からは原稿執筆において大変丁寧にご指導していただき、生活面においても常に貴重なご意見をいただいた。助成研究での協同作業において研究会への参加や論文発表などの機会も与えていただいたばかりではなく、本書の刊行にも大いに助言していただきました。また、原稿執筆から学会発表に至るまで的確な指導をしていただいた森祐司先生、いつでも快く質問に答えていただいた西口光一先生、フィールドワークへの入門を導いてくださった志水宏吉先生に対しても深く感謝を申し上げたい。多くの先生方のご助言、ご指導、叱咤激励なくしては本書の完成には至らなかったであろうと思う。重ねて感謝の意を捧げたい。

　博士論文の初稿から筆者の意を確認しながら慎重に表現の修正をしていただいた桜木一紀氏、本書の仕上げ段階での日本語チェックを担当していただいた谷智子氏、研究に躓いた際はいつも相談に乗っていただいた小川雅美氏と大平幸氏の両先輩にも、感謝の気持ちを表したい。

　本研究の調査に協力していただいた方々にも謹んで感謝の意を表したい。プライバシー保護の観点から名前を公表することはできないが、教育委員会をはじめ、調査対象校の教職員の方々や子どもたちには感謝してもし尽くせないほどのご協力、ご支援をいただいた。再度、感謝申し上げたい。

　本書の刊行は、研究の趣旨に深い理解を示してくださった明石書店の石井昭男社長と編集部の神野斉編集長、赤瀬智彦氏、実務担当編集者の手嶋幸一氏、また要望に添って実名の公表は控えるが、資金面での援助をしてくださった方の協力なくしては成し遂げられなかった。ここに心より感謝の意を表したい。

　研究と本書の執筆に集中できる最高な環境づくりに協力してくれた家族に感謝の意を伝えたい。まず、日中両国を行き来しながら、私の代わりに子どもた

ちの世話と家事を黙々とこなしてくれた実の両親と義理の両親に感謝を申し上げたい。次に、私の研究を理解してくれ、約5年間、広州と上海で単身赴任生活を送った夫の智清にはお詫びするとともに、ずっと暖かく見守ってくれたことに対して謝意を表したい。そして、一緒に頑張ってくれた2人のわが子、奥林と恵琳にも感謝している。長い間寂しい思いをさせてしまい申し訳ないと思いながらも、日々健やかに成長している二人の姿は、本書を完成させるパワーの源となった。

　お世話になった方々に再度、心から感謝を申し上げる。

2014年12月

潘　英峰

参考文献

[日本人著者] (50音順)

青木直子（2008）「日本語を学ぶ人たちのオートノミーを守るために」『日本語教育』第138号、33-42頁

安達理恵（2010）「中学生の外国人に対する態度意識と影響要因――地域における実証的事例調査より」『名古屋外国語大学現代国際学部紀要』第6号、255-278頁

穴田侑子（1995）「中学校の日本語学級の適応機能に関する一考察――事例をもとに」日本教育社会学会第47回大会発表要旨集録』94-95頁

新井邦二郎・濱口佳和・佐藤純（2009）『教育心理学――学校での子どもの成長をめざして』培風館

蘭信三（1994）『「満州移民」の歴史社会学』行路社

────（2000）『「中国帰国者」の生活世界』行路社

石井恵理子（1996）「非母語話者教師の役割」『日本語学』第15巻、第2号、明治書院、87-94頁

石井敏他編（1997）『異文化コミュニケーション・ハンドブック』有斐閣

石川朝子（2008）「小・中学校から高校へ」志水宏吉編著（2008）『高校を生きるニューカマー』明石書店、153-167頁

磯部有香子・松浦善満（2008）「ニューカマーの高校生の学校適応に関する研究――W県立Y高校に在籍する4人の生徒インタビューから」『和歌山大学教育学部教育実践総合センター紀要』No.18、1-10頁

市川伸一（2010）「『教えて考えさせる授業』を展望する」『指導と評価』12月号、32-35頁

伊藤茂樹（1996）「『心の問題』としてのいじめ問題」『教育社会学研究』第59集、21-37頁

岩木秀夫・耳塚寛明（1983）『現代のエスプリ・高校生――学校格差の中で』至文堂

岩見和彦（1986）「教育改革と子ども」『教育社会学研究』(41) 67-78頁

榎井縁（2008）「子どもをつなぐ支援ネットワークづくり」志水宏吉編『ニューカマーを生きる高校』明石書店、117-135頁

江淵一公（1986）「異文化適応のメカニズム――文化人類学的考察」『教育と医学』Vol.34、No.10、910-917頁

────（1991）「留学生の受け入れの政策と理念に関する一考察」『大学論集 広島大学教育研究センター紀要』Vol.20、33-68頁

────（1998）『トランスカルチュラリズムの研究』明石書店

────（2002）『バイカルチュラリズムの研究――異文化適応の比較民族誌』（財）九州大学出版会

江畑敬介・曽文星・箕口雅博（1996）『「移住と適応」中国帰国者の適応過程と援助体制に関する研究』日本評論社

遠藤辰雄（1981）『アイデンティティの心理学』ナカニシヤ出版

太田晴雄（1996）「日本語教育と母語教育――ニューカマー外国人の子どもの教育課題」宮島喬・梶田孝道編『外国人労働者から市民へ――地域社会の視点と課題から』有斐閣、123-143頁

────（2000）『ニューカマーの子どもと日本の学校』国際書院

岡田涼（2010）「小学生から大学生における学習動機づけの構造的変化――動機づけ概念間の関連性についてのメタ分析」『教育心理学研究』第58号、414-425頁

小川津根子（1995）『祖国よ――中国残留婦人の半世紀』岩波書店

小川早百合（2002）「ニューカマーの子どもに対する日本語教育、母語教育、母文化保持教育」『群馬県太田・大泉の小中学校国際化の実態と求められる教員資質の総合的研究』（課題番号11410069）、研究代表者：所澤潤、平成11～13年度科学研究費補助金・基盤研究(B)(2)研究成果報告書、2002年、1-22頁

尾崎明人（2006）「地域の日本語教育――成人の学習者を対象に」縫部義憲監修・倉地暁美編集『講座・日本語教育学第5巻多文化間の教育と近接領域』スリーエーネットワーク、29-44頁

大久保文彦・阿部征次（1997）「中学生の体格及び運動能力について――クラブ活動が体格・運動能力に及ぼす影響」『日本体育学会大会』(48) 426頁

大日方真史（2004）「学校における子ども参加の意義と課題――学校文化への視点を中心に」『日本教育学会大会研究発表要項』(63) 222-223頁

鍛治致（2005）「中国帰国／渡日生徒の進路決定要因」『日本教育社会学会大会発表要旨集録』(57) 145-146頁

――――（2007）「外国人小中学生はどのような特徴をもつ県に多いのか―― 460種類の県別データとの相関分析」『中国帰国者定着促進センター紀要』(11) 131-159頁

梶田正己・松本一子・加賀澤泰明編集（1997）『外国人児童・生徒と共に学ぶ学校づくり』ナカニシヤ出版

清矢良崇（2011）「家族と子どもの社会化」稲垣恭子編『教育文化を学ぶ人のために』世界思想社、150-167頁

葛上秀文（2004）「クラブ活動への地域参画をきっかけとした学校改革のあり方についての一考察」『鳴門教育大学研究紀要』(19) 41-47頁

金井香里（2004）「日本におけるマイノリティの学業不振をめぐる議論」21世紀COE基礎学力研究開発センター『Working Paper』(10) 1-11頁

――――（2001）「ニューカマーの子どもに対する教師の認知と対処――ボーダーの形成と調整を中心に」『教育学研究』第68巻、第2号、181-191頁

――――（2005）「ニューカマーの子どもの対処をめぐる教師のストラテジー」『東京大学大学院教育学研究科紀要』第45巻、235-244頁

――――（2007）「異質性への配慮をめぐる教師の葛藤」『東京大学大学院教育学研究科紀要』第47巻、451-460頁

河野護（1982）「在米日本人子女の二言語使用と教科学習」『海外子女教育センター研究紀要』第1号、25-46頁

菊池章夫（1988）『思いやりを科学する』川島書店

――――（2007）『社会的スキルを測る：KiSS‐18ハンドブック』川島書店

木下康仁（1999）『グラウンデッド・セオリー・アプローチ――質的実証研究の再生』弘文堂

――――（2007）『ライブ講義M-GTA――実践的質的研究法　修正版グラウンデッド・セオリー・アプローチのすべて』弘文堂

木原孝博・武藤孝典・熊谷一乗・藤田英典編著（1993）『学校文化の社会学』福村出版

工藤和宏（2003a）「友人ネットワークの機能モデル再考――在豪日本人留学生の事例研究から」『異文化間教育』Vol.18、異文化間教育学会、95-108頁

――――（2003b）「異文化友情形成におけるコミュニケーション能力――留学生の知覚に基づくモデル化の試み」Human Communication Studies Vol.31、15-34頁

栗原真孝（2009）「ニューカマーの子どもを対象とする地方教育政策の実態に関する研究――大阪市教育委員会の政策を事例として」『早稲田大学大学院教育学研究科紀要』別冊17号-1、205-212頁

小池生夫（1990）*Acquisition of Grammatical Structures and Verbal Strategies of Children*

大修館
小泉令三（1986）「転校児童の新しい学校への適応過程」『日本教育心理学』34、289-296頁
古賀正義（1992）「非進学校教師の教育行為」門脇厚司ほか編『高校教育の社会学』東信堂
_____（1997）「参与観察法と多声的エスノグラフィー――学校調査の経験から」北沢毅・古賀正義編著『〈社会〉を読み解く技法――質的調査法への招待』福村出版、72-93頁
児島明（2001）「ニューカマー受け入れ校における学校文化『境界枠』の変容――公立中学校日本語教師のストラテジーに注目して」『教育社会学会研究』(69) 65-83頁
_____（2006）『ニューカマーの子どもと学校文化――日系ブラジル人生徒の教育エスノグラフィー』勁草書房
小島祥美・中村安秀・横尾明親（2004）『外国人の子どもの教育環境に関する実態調査報告書』可児市
古城健一（2004）「遊び概念の再検討」『大分大学教育福祉科学部研究紀要』第26巻、1号、175-190頁
小谷尚子・塚田浩二・渡邊恵太・椎尾一朗（2010）「Lunch Communicator: お弁当箱を介したコミュニケーション支援システム」『情報処理学会第72回全国大会講演論文集』(4) 205-206頁
近藤裕（1981）『カルチャー・ショック』創元社
近藤邦夫（1994）『教師と子どもの関係づくり』東京大学出版会
戈木クレイグヒル滋子（2006）『グラウンデッド・セオリー・アプローチ理論を生み出すまで』新曜社
西條鋼央（2007）『ライブ講義・質的研究とは何か　SCQRMベーシック編』新曜社
佐久間孝正（2006）『外国人の子どもの不就学――異文化に開かれた教育とは』勁草書房
_____（2008）「国際人口移動と教育――ニューカマーとの関連で」『教育社会学研究』(82) 125-140頁
佐々木泰子・張瑜珊・鄭士玲（2012）「中国人留学生は日本人との友人関係をいかに構築しているか――修正版グラウンデッド・セオリー・アプローチに基づく視点提示型研究」『異文化間教育』Vol.35、異文化間教育学会、104-117頁
佐藤郁哉（1992）『フィールドワーク　書を持って街へ出よう』新曜社
佐藤郡衛（1991）「学校文化(school culture)」松崎巌監修、西村修一編集代表『国際教育事典』アルク
_____（1998）「在日外国人児童・生徒の異文化適応とその教育」江渕一公編『トランスカルチュラリズムの研究』明石書店、479-497頁
_____（1999）『国際化と教育――日本の異文化間教育を考える』放送大学教育振興会
_____（2001）「外国人児童生徒教育と異文化共生」窪田佳尚代表『異文化との共生をめざす教育――帰国子女教育研究プロジェクト最終報告書』三友社
_____（2003）『改定新版　国際化と教育――異文化間教育学の視点から』放送大学教育振興会
_____（2008）『質的データ分析法――原理・方法・実践』新曜社
佐藤学（1997）『教師というアポリア　反省的実践へ』世織書房
佐藤仁美（2009）「思春期・青年期を生きる――思春期・青年期の課題」佐藤仁美・西村喜文編『思春期・青年期の心理臨床』財団法人放送大学教育振興会、10-21頁
佐藤郁哉・山田真茂留（2004）『制度と文化　組織を動かす見えない力』日本経済新聞出版社
佐藤慶幸（1972）『現代組織の論理と行動』お茶の水書房
柴野昌山（1992）「社会化と社会統制」柴野昌山・菊池城司・竹内洋編『教育社会学』有斐閣、50-70頁

志水宏吉（1990）「学校文化論のパースペクティブ」長尾彰夫・池田寛編『学校文化論——深層へのパースペクティブ』東信堂、11-42頁
_____（2002a）「教育研究におけるエスノグラフィーの可能性——「臨床の知」の生成に向けて」志水宏吉編『学校臨床学への招待——教育現場への臨床的アプローチ』嵯峨野書院、1-28頁
_____（2002b）「学校世界の多文化化——日本の学校はどう変わるか」宮島喬・加納弘勝編『変容する日本社会と文化』東京大学出版会、69-86頁
_____（2002c）『学校文化の比較社会学——日本とイギリスの中等教育』東京大学出版会
_____（2005）「学校文化を書く——フィールド・プレーヤーとして」秋田喜代美・恒吉僚子・佐藤学（編）『教育研究のメソドロジー——学校参加型マインドへのいざない』東京大学出版会、37-49頁
_____（2007）「ニューカマー特別枠校の可能性——高校3校の事例分析から」『教育社会学研究』251-256頁、『ニューカマー児童生徒の就学・学力・進路の実態把握と環境改善に関する研究』平成17〜19年度科研費補助金【基盤研究B】、課題番号：17330181
_____（2008）「ニューカマーと日本の学校」志水宏吉編『ニューカマーを生きる高校』明石書店
_____（2010）『学校にできること——一人称の教育社会学』角川学芸出版
志水宏吉・清水睦美（2001）『ニューカマーと教育——学校文化とエスニシティの葛藤をめぐって』明石書店
清水睦美（2003）「ニューカマーの子どもの『いじめ』体験——学校における周辺化過程の分析」『日本教育社会学第55回大会発表要旨集録』210-211頁
_____（2006a）「ニューカマーの子どもの青年期——日本の学校と職場における困難さのいくつか」『教育社会学研究』Vol.73、457-469頁
_____（2006b）『ニューカマーの子どもたち——学校と家族の間の日常世界』勁草書房
_____（2011）「権力の非対称性を問題化する教育実践——社会状況とマイノリティ支援の関係を問う」馬渕仁編著『「多文化共生」は可能か』勁草書房、43-62頁
清水睦美・家上幸子・角替弘規・児島明（2008）「ニューカマー生徒の就学を支える諸要因——国際教室をめぐる資源の編み直しに注目して」『教育社会学研究』Vol.60、79-84頁
清水秀美・今栄国晴（1981）「State-trait Anxiety Inventoryの日本語版の作成」『教育心理学研究』Vol.29、62-67頁
新保真紀子（2008）「校内サポート体制」志水宏吉編『ニューカマーを生きる高校』明石書店
新藤慶・菅原健太（2008）「公立小中学校におけるブラジル人と日本人の関係——集住地間の比較分析を通して」『日本教育社会学会第60回大会発表要旨収録』175-178頁
鈴木久美子（1997）「大阪市——『在日』コミュニティを内包する大都市」駒井洋・渡戸一郎編『自治体の外国人政策——内なる国際化への取組み』明石書店、308-338頁
末藤美津子（2008）「特別活動の新たな課題——多文化共生をめざした取り組み」『東京未来大学研究紀要』(1)　45-55頁
関知恵子（1982）「人格適応面からみた依存性の研究——自己像との関連において」『臨床心理事例研究』第9号、230-249頁
高橋恵子（1968）「依存性の発達的研究：I——大学生女子の依存性」『教育心理学研究』Vol.16、7-16頁
高橋朋子（2007）「ダブルリミテッドの子どもたちの言語能力を考える——日本生まれの中国帰国者三世・四世の教育問題」『母語・継承語・バイリンガル教育（MHB）研究』Vol. 3、27-49頁
_____（2009）『中国帰国者三世四世の学校エスノグラフィー——母語教育から継承語教育

へ』生活書院
高橋正夫・バイバエ、S.S.（1996）『「ガイジン」生徒がやって来た──「異文化」としての外国人児童・生徒をどう迎えるか』大修館書店
高井次郎（1989）「在日外国人留学生の適応研究の総括」『名古屋大学教育学部紀要』教育心理学科Vol.36、139-147頁
竹ノ下弘久（2005）「『不登校』『不就学』をめぐる意味世界　学校世界は子どもたちにどう経験されているか」宮島喬・太田晴雄編『外国人の子どもと日本の教育──不就学問題と多文化共生の課題』東京大学出版会、119-138頁
田中統治（1996）『カリキュラムの社会学的研究──教科による学校成員の統制過程』東洋館出版社
田中共子（2000）『留学生のソーシャル・ネットワークとソーシャル・スキル』ナカニシヤ出版
田中優・高木修（1997）「中学生における社会的依存要求の特徴について」『社会心理学研究』12（3）151-162頁
棚田洋平（2009）「ニューカマー生徒の語りにみる『日本の学校』」『大阪大学教育学年報』（14）103-113頁
辻正三（1969）「『依存性テスト』の検討」『東京都立大学人文学報』（67）11-23頁
角替弘規・家上幸子・三浦綾希子・額賀美紗子・清水睦美・金侖貞（2010）「フィリピン系ニューカマーと国際結婚──教育に対する意識と資源の多様性に注目して」『日本教育社会学会第62回大会発表要旨収録』32-37頁
角替弘規（2012）「フィリピン系ニューカマー家族の教育戦略──母国親族の教育意識と日本における教育戦略」『日本教育社会学会第64回大会発表要旨収録』32-33頁
坪内雅治（2011）「地域社会における異文化理解教育──異文化を持った子供達の教育」『佛教大学大学院紀要　教育学研究科篇』第39号、37-52頁
恒吉僚子（1996）「多文化共生時代の日本の学校文化」堀尾輝久ほか編『講座学校第6巻　学校文化という磁場』柏書房、215-240頁
＿＿＿＿（2005）「研究における『わたくし』の領域と異文化の研究──反省的観察者を模索して」秋田喜代美・恒吉僚子・佐藤学編『教育研究のメソドロジー』東京大学出版会、51-58頁
手塚千鶴子（2009）「異文化体験の中での思春期・青年期──帰国子女、留学生を中心に」佐藤仁美・西村喜文編『思春期・青年期の心理臨床』財団法人放送大学教育振興会、84-94頁
徳永智子（2007）「フィリピン系ニューカマーの子どもたちの進路意識・将来展望」『日本教育社会学会第59回大会発表要旨集録』71-72頁
富永美佐子（2010）「高校生の進路選択の構造──進路選択能力、進路選択自己効力、進路選択行動の関連」『キャリア教育研究』第28号、35-45頁
永井智香子（2006）「中国帰国者の子弟のアイデンティティ形成に関する追跡調査──思春期に中国からやってきた子供たちの来日10年目と18年目のインタビューの記録」『長崎大学留学生センター紀要』第14号、63-73頁
中澤渉（2003）「『教育改革の社会学』のモデル構築」『東京大学大学院教育学研究科紀要』第42巻、169-178頁
中島和子＆Cumins' J.（1985）「トロント補習校小学生の二言語能力の構造」『バイリンガル・バイカルチュラル教育の現状と課題』東京学芸大学海外子女教育センター、141-179頁
中島智子（1998）『多文化教育──多様性のための教育学』明石書店
中留武昭・露口健司（1997）「学校改善を規定する学校文化の構成要因に関する実証的研究──校長と教員の意識調査」『教育経営学研究紀要』第4号、51-76頁
中西晃・佐藤郡衛編著（1995）『外国人児童・生徒教育への取り組み──学校共生の道』教

育出版
名越清家（1993）「教師＝専門職論の総括への視座」木原孝博・武藤孝典・熊谷一乗・藤田英典編『学校文化の社会学』福村出版、213-236頁
西村喜文（2009）「思春期を生きる子どもたち」佐藤仁美・西村喜文編『思春期・青年期の心理臨床』財団法人放送大学教育振興会、24-35頁
二宮皓（2006）『世界の学校――教育制度から日常の学校風景まで』学事出版
日本教育社会学会編（1986）『新教育社会学辞典』東洋館出版社
野中春樹（2007）「参加体験型・課題提起型学習における教師の役割――サラワク・スタディーツアーの実践を通して」『国際理解教育』Vol.13、80-91頁
林嵜和彦・白山真澄・中島葉子・浅田秀子・山﨑香織（2007）「ニューカマーの子どもに関する〈連携・協働〉の地域比較研究――東海地域の外国人集住都市におけるマルチ・エージェント・ワークの事例研究より」『日本教育社会学会第59回大会発表要旨集録』73-78頁
原千亜（2009）「在日ミャンマー人のアイデンティティから見る――言語社会化の事例」『桜美林言語教育論叢』Vol.7、133-146頁
比嘉康則（2008）「人間関係を築く」志水宏吉編『ニューカマーを生きる高校』明石書店、168-181頁
久冨善之（1996）「学校文化の構造と特質――『文化的な場』としての学校を考える」堀尾輝久ほか編『学校文化という磁場』柏書房、7-41頁
久野弓枝（2009）「日本語教室における日本語非母語話者スタッフの実践知について」『札幌大学総合論叢』第28号、141-163頁
広崎純子（2007）「進路多様校における中国系ニューカマー生徒の進路意識と進路選択――支援活動の取り組みを通じての変容過程」『教育社会学研究』Vol.80、227-245頁
福田周・小川捷之（1988）「対人関係における依存と性役割」『横浜国立大学教育紀要』第28号、21-39頁
福原信子（2003）「自己発見と自主性を高めるボランティア活動（Ⅱ）――クラブ活動を通して考える」『奈良文化女子短期大学紀要』（34）49-57頁
福本拓（2002）「大阪府における在日外国人ニューカマーの生活空間」『地理科学』（57）No.4、255-276頁
藤井恭子（2002）「中学生のコラージュにみられる思春期の発達的特徴」『茨城県立医療大学紀要』第7巻、143-151頁
古市由美子（2007）「多言語多文化共生日本語教育実習を通してみた非母語話者教師の役割」岡崎眸監修『共生日本語教育学』雄松堂、127-139頁
星野命（1980）「カルチャー・ショック」星野命（編）『現代のエスプリ』（161）至文堂、5-29頁
――――（1994）「異文化のなかで養うポジティブな心と自我アイデンティティ」『現代のエスプリ』（322）至文堂、103-107頁
本間淳子（2012）「外国人母親によるネットワーク形成の可能性――協同的活動『料理交流会』を事例として」『異文化間教育』Vol.35、異文化間教育学会、134-147頁
箕浦康子（1994）「異文化で育つ子どもたちの文化的アイデンティティ」『教育学研究』第61巻第3号、9-17頁
――――（1998）「仮説生成の方法としてのフィールドワーク」志水宏吉編著『教育のエスノグラフィー――学校現場のいま』嵯峨野書院、31-47頁
――――編著（1999）『マイクロ・エスノグラフィー入門』ミネルヴァ書房
――――（2002）「日本における文化接触研究の集大成と理論化」文部科学省科学研究費基礎研究（C）（2）課題番号10710041（平成12年度～13年度）研究成果報告書

（2003）『子どもの異文化体験』思索社
　　　　　（2009）『フィールドワークの技法と実践Ⅱ――分析・解釈編』ミネルヴァ書房
宮島　喬（1999）『文化と不平等――社会学的アプローチ』有斐閣
　　　　　（2002）「就学とその挫折における文化資本と動機付けの問題」宮島喬・加納弘勝編『変容する日本社会と文化』東京大学出版会、119-139頁
宮島喬・太田晴雄（2005）『外国人の子どもと日本の教育――不就学問題と多文化共生の課題』東京大学出版会
宮島喬・加藤恵美（2005）「ニューカマー外国人の教育機会と高校進学――東海地方A中学校の「外国人指導」の観察にもとづいて」『応用社会研究』(47) 1-12頁
望月由起（2004）「浪人生の教育的進路成熟に対する予備校の進路指導効果」『進路指導研究』Vol. 22、1-9頁
森田京子（2007）『子どもたちのアイデンティティー・ポリティクス――ブラジル人のいる小学校のエスノグラフィー』新曜社
森田洋司・清永賢二（1986）『いじめ――教室の病い』金子書房
文部科学省（2012）『諸外国の教育動向2011年度版』明石書店
文部科学省（2008）『中学校学習指導要領』東山書房
八島智子（2004）『外国語コミュニケーションの情意と動機――研究と教育の視点』関西大学出版部
　　　　　（2004）『第二言語コミュニケーションと異文化適応――国際的対人関係の構築を目指して』多賀出版
安田三郎（1969）『社会調査ハンドブック新版』有斐閣
安田三郎・原純輔（1982）『社会調査ハンドブック　第3版』有斐閣
山岸みどり（1995）「異文化能力とその育成」渡辺文夫編著『異文化接触の心理学』川島書房、201-219頁
山田陽子（2006）「中国帰国者の日本語習得と雇用」『名古屋市立大学大学院人間文化研究科人間文化研究』第5号、83-100頁
山野則子（2010）『子ども虐待を防ぐ市町村ネットワークとソーシャルワーク――グラウンデッド・セオリー・アプローチによるマネージメント実践理論の構築』明石書店
山本雄二（1996）「言説的実践とアーティキュレイション――いじめ言説の編成を例に」『教育社会学研究』第59集、69-88頁
山本多喜二・ワップナー，S.編著（1991）『異文化環境への移行――人生移行の発達心理学』北大路書房
油布佐和子（1993）「教師の職業パーソナリティ――強権的善意の社会的基盤」木原孝博・武藤孝典・熊谷一乗・藤田英典編著『学校文化の社会学』福村出版、176-193頁
　　　　　（1997）「質的研究法による『いじめ』問題へのアプローチ」平山満義編『質的研究法による授業研究』北大路書房、104-122頁
　　　　　（1999）「教師集団の解体と再編――教師の『協働』を考える」油布佐和子編『教師の現在・教職の未来――あすの教師像を模索する』教育出版、52-75頁
吉田正晴・二宮皓・福伊智・猪崎誠也・藤井貴道・佐々木司・渡辺雅弘・石田憲一（1993）「『特別活動』に関する国際調査――初級教育を中心として」『比較教育学研究』(19) 113-127頁
義永美央子・潘英峰・中橋真穂（2012）「中学生の国際理解意識に関する比較研究――日、中、米を対象として」公益財団法人　博報児童教育振興会『第6回児童教育実践についての研究助成事業　研究成果論文集』(研究代表者：義永美央子、共同研究者：潘英峰、中橋真穂) 助成期間：2011年4月〜2012年3月、明治書院、210-234頁

渡辺亮（2007）「大学生の集団活動経歴と社会的スキル及び向社会的行動との関連について──小学校・中学校・高校時代の部・スポーツクラブ活動経験をもとに」『臨床教育心理学研究』33巻1号、19-23頁

【外国人著者】（発音順）

Adler, P. S.（1975）'The Transitional Experience: an Alternative View of Cultural Shock'. in *Journal of Humanistic Psychology*, 15 (4), 13-23.

Berry, J. W., Kim, U. & Boski, P.（1988）'Psychological Acculturation of Immigrants'. in Y.Y. & W. B. Gudykunst (eds.), *Cross-cultural Adaption: Current Approaches*. Newbury Park, CA: Sage.

Berry, J. W.（1992）'Acculturation and Adaption in a New Society'. in *International Migration*, 30, 69-85.

Church, A. T.（1982）'Sojourner Adjustment'. in *Psychological Bulletin*, 91, 540-572.

Deci, E. L. & Ryan, R. M.（2000）'The "What" and "Why" of Goal Pursuits: Human Needs and the Self-determination of Behavior'. in *Psychological Inquiry*, 11, 227-268.

Dona, G. & Berry, J. W.（1994）"Acculturation Attitudes and Acculturative Stress of Central American Refugees'. in *International Journal of Psychology*, 29 (1), 57-70.

Fennes, H. & Hapgood, K.（1997）'Intercultural Learning in the Classroom: Crossing Borders'. in *Council of Europe*, London: Cassel 14-15.

Furnham, A. & Bochner, S.（1986）*Culture Shock*. London: Methuen & Co. Ltd.

Gold, R.（1958）*Roles in Sociological Field Observation*; Social Forces, 36, 217-223

Gullahorn, J. T. & Gullahorn, J. E.（1963）'An Extension of the U-curve Hypothesis'. in *Journal of Social Issues*, 19 (3), 33-47.

Junker, B.（1960）*Field Work*. Chicago: University of Chicago Press.

Kim, Y. Y.（1988）*Cross-cultural Adaptation: Current Approaches*. Preface. In Y. Y. Kim & W. B. Gudykunst (eds.), Newbury Park, CA: Sage.

Lysgaard, S.（1955）'Adjustment in a Foreign Society: Norwegian Fulbright Grantees Visiting the United States'. in *International Social Science Bulletin*, 7, 45-51.

Mansell, Maureen.（1981）'Transcultural Experience and Expressiv Response'. in *Communication Education* Vol.30, No. 2, 93-108.

Oberg, K.（1960）'Cultural Shock: Adjustment to New Cultural Environment' in *Practical Anthropology*, July-August, 177-182.

Ruben, B. D., & Kealey, D. J.（1979）'Behavioral Assessment of Communication Competency and the Prediction of Cross-cultural Adaptation'. *International Journal of Intercultural Relations*, 3, 15-47.

Sill, M.（1968）'Transculturation in Four Not-So-Easy Stages'. in *The Peace Corps Experience*. Edited by Roy Hoopes. New York: Clarkson N. Poter.

（以下は邦訳のあるもの、日本語によるもの）

Alexandre Dybovski（2007）「『国際化』に生み出された学問としての『国際社会学』の批判」『言語と文化の展望』英宝社、267-287頁

Bock, P. K.（1934）*Modern Cultural Anthropology: an Introduction*. 江淵一公訳（1977）『現代文化人類学入門』講談社

Buhler, C.（1967、初版1923）*Das Seelenleben das Jugendlichen: Versuch either Analyse und Theorie der psychischen Pubertät*, Jena: G. Fischer. 原田茂訳（1969）『青年の精神生活』協同出版

Cummings, W. K.（1980）*Education and Equality in Japan*, Princeton University Press. 友田泰正訳（1981）『ニッポンの学校――観察してわかったその優秀性』サイマル出版会

Erikson, E. H.（1968）*Identity: Youth and Crisis*, New York: W. W. Norton. 岩瀬理訳（1982）『アイデンティティ――青年と危機』金沢文庫

Fisher, R. & Brown, S.（1989）*Getting to Yes*, Boston: Houghton Mifflin Comp. 金山宣夫・森田正英訳『続 ハーバード流交渉術――よりよい人間関係を築くために』TBSブリタニカ

葛文綺（2007）『中国人留学生・研修生の異文化適応』渓水社

Giddens, A.（1979）*Central Problems in Social Theory: Action, Structure, and Contradiction in Social Analysis*, Berkeley: University of California Press. 友枝敏雄・今田高俊・森重雄（1989）共訳『社会理論の最前線』ハーベスト社

Glaser, B. G. & Strauss, A. L.（1967）*The Discovery of Grounded Theory: Strategies for Qualitative Research*, Chicago: Aldine. 後藤隆・大出春江・水野節夫訳（1996）『データ対話型理論の発見:調査からいかに理論を生み出すか』新曜社

Goodman Roger（2009）'The Why, What and How of Education Reform in Japan' in Goodman, Roger and Phillips, David (Eds.), in *Can the Japanese Change Their Education System?*. Symposium Books. 石井美和訳「日本は、なぜ、何を、そしてどのように教育を改革するか」ローレンス・マクドナルド編著、菊地栄治、山田浩之、橋本鉱市監訳、広田照幸監修（2009）『リーディングス 日本の教育と社会 第20巻 世界から見た日本の教育』日本図書センター、200-224頁

Hall, S.（1998）*Cultural Idetity and Diaspora*. 小笠原博毅訳「文化的アイデンティティとディアスポラ」『現代思想』第26巻、第4号、青土社、90-103頁

Hechter, M.（1987）*Principles of Group Solidarity*, Berkley: University of California Press. 小林淳一・木村邦博・平田暢訳（2003）『連帯の条件――合理的選択理論によるアプローチ』ミネルヴァ書房

吉沅洪（2003）『日中比較による異文化適応の実際』渓水社

李和貞（2010）「発達の諸相」『はじめて学ぶ教育心理学』ミネルヴァ書房、47-69頁

李炫姃（2007）「国際理解教育の実践分析――交流効果を中心として」『国際理解教育』第13号、日本国際理解教育学会、26-43頁

Luhmann, N.（1984）*Soziale Systeme: Grundriβ einer allgemeinen Theorie*, Frankfurt am Main: Suhrkamp. 佐藤勉訳（1993）『社会システム理論（上）』恒星社厚生閣

Merton, R. K.（1964）'On Sociological Theories of the Middle Range' ほか5論文、森東吾・金ířた実・森好夫訳（2005）『社会理論と機能分析』青木書店

Muller, D. K. et al.（1987）*The Rise of the Modern Educational System: Structual Change and Social Reproduction*, New York: Cambridge University Press. 望田幸男訳（1989）『現代教育システムの形成――構造変動と社会的再生産』晃洋書房

潘英峰（2011a）「中国系ニューカマー生徒の日本の学校文化への適応に関する考察――生徒の能動性と適応促進要因に着目して」『言語文化学』Vol.20、63-74頁

――――（2011b）「異文化コミュニケーションの視点からみた学校文化への適応――フィールドワークに基づく中国人ニューカマー生徒の事例を中心に」『言語文化共同研究プロジェクト2011 コミュニケーションと文学の研究』9-20頁

――――（2011c）「関西の公立中学校におけるニューカマー生徒への教育支援に関する考察――学校文化への適応との関係性に注目して」『2011年度異文化間教育学会第32回大会発表抄録』86-87頁

_____ （2012a）「英語科授業を通じる異文化理解・コミュニケーション能力の育成」『言語文化共同研究プロジェクト2012　コミュニケーションと文学』1-12頁

_____ （2012b）「参加型活動を通しての異文化理解促進の試み――関西の公立中学校に在籍している日中生徒の事例を中心に」『2012年度異文化間教育学会第33回大会発表抄録』78-79頁

_____ （2013）「日本語教室の適応機能に関する論考――大阪府の公立中学校の事例を中心に」『言語文化学』Vol.22、27-38頁

_____ （2014）'Examining the Manifest Function and the Latent Function of Japanese Class: Focused on an Example of Public Middle Schools in Osaka'. Abstract Book of XVIII ISA World Congress of Sociology, 104.

潘英峰・義永美央子（2012）「中国上海における国際理解教育に関する考察――教材の分析と授業の展開を中心に」『大阪大学国際教育交流センター研究論集　多文化社会と留学生交流』第16号、9-20頁

_____ （2014）「日本人中学生の異文化受容態度とその関連要因――米国・中国との比較から」『異文化間教育』40号、138-149頁

Parsons, T.（1964）*Social Structure and Personality*, New York: Free Press. 武田良三監訳、丹下隆一ほか（2001）共訳『社会構造とパーソナリティ』新泉社

Parsons, T. & Bales R. F.（1956）*Family: Socialization and Interaction Process*, London: Routledge & K. Paul. 橋爪貞雄ほか訳（1981）『家族』黎明書店

Parsons, T. & Sills, E. A.（1951）*Toward a General Theory of Action*, New York: Harper & Row. 永井道雄・作田啓一・橋本真共訳（1960）『行為の総合理論をめざして』日本評論新社

Pribyl, C. B.（2006）*Evidence-based Intercultural Communication*.『科学としての異文化コミュニケーション――経験主義からの脱却』ナカニシヤ出版

Rohlen, T. P.（1983）*Japan's High Schools*. University of California Press. 友田泰正訳（1988）『日本の高校――成功と代償』サイマル出版会

譚紅艶・渡辺勉・今野裕之（2011）「在日外国人留学生の異文化適応に関する心理学的研究の展望」『心理学研究』第7号、目白大学、95-114頁

Waller, W.（1932）*The Socioloy of Teaching*, John Wiley & Sons. 石山脩平・橋爪貞雄訳（1957）『学校集団――その構造と指導の生態』明治図書

趙衛国（2005）「青年期におけるニューカマーの子どもたちの学校適応に関する研究動向――文化受容と援助の視点から」『東京大学大学院教育学研究科紀要』（44）311-319頁

_____ （2009）「ニューカマー生徒学習指導を通した教師の授業実践の変化過程――取り出し授業担当者への聞き取り調査から」『日本教育心理学会総会発表論文集』（51）465頁

_____ （2010）『中国系ニューカマー高校生の異文化適応――文化的アイデンティティ形成との関連から』御茶の水書房

趙萍・町田玲子（1999）「中国帰国者の住生活に関する研究（第2報）――中国と日本における住文化や生活習慣の違いがもたらす影響について」『日本家政学会誌』Vol.50、No.5、521-529頁

周玉慧（1995）「受け取ったサポートと適応に関する因果モデルの検討――在日中国系留学生を対象として」『心理学研究』Vol.66、33-40頁

図表一覧

表序 - 1　国籍別外国人登録者数の推移　11
表序 - 2　年度別学校別公立中学校に在籍している外国人児童生徒数の推移　12
表序 - 3　都道府県別のニューカマー年少者（10～14歳）の国籍別内訳　13
表序 - 4　大阪府における外国人児童生徒の在籍数　14
グラフ序 - 1　国籍別外国人登録者数　11
グラフ序 - 2　国籍別外国人児童生徒登録数　11
グラフ序 - 3　日本語指導が必要な外国人児童生徒数の推移　11
グラフ序 - 4　日本語指導が必要な外国人児童生徒の母語別在籍状況　13
図序 - 1　本書の構成　21
表2 - 1　異文化適応過程に関する先行研究の成果と問題点　31
表3 - 1　フィールドワークの期間と概況　55
表3 - 2　調査方法と内容の概要　56
表3 - 3　教員とのインタビュー調査概況　57
表3 - 4　W中学校の日本語教室に通うNC生徒　61
表3 - 5　W中学校の日本語教室に通うNC生徒のプロフィール　61
表3 - 6　李奇の取り出し授業の時間割　62
表3 - 7　趙吉の取り出し授業の時間割　62
表3 - 8　T中学校の国際教室に通うNC生徒　63
表3 - 9　T中学校の国際教室に通うNC生徒のプロフィール　63
表3 -10　趙峰の取り出し授業の時間割　64
表3 -11　全NC生徒の時間割における取り出し授業の状況　64
図3 - 1　方法論の構造図　45
図3 - 2　オープン・コーディングと選択式コーディングのプロセス　52
図3 - 3　フィールドワーカーの役割タイプ　58
図4 - 1　異文化友人関係の形成過程モデル　81
図4 - 2　子どもの思春期の心の変化　111
表8 - 1　NC生徒劉研と琴英の適応過程の概要（観察期間1年）　239
表8 - 2　NC生徒周雪と安志の適応過程の概要（観察期間2年）　240
表8 - 3　NC生徒趙峰と張希の適応過程の概要（観察期間3年）　241
図8 - 1　NC生徒が関わる6つのドメインの関連　235
図8 - 2　事例をカテゴリー化するプロセス　237
図8 - 3　NC生徒の学校適応に影響を与える要因および要因間の相関図　238
図8 - 4　国際教室の適応機能転換図　246
図8 - 5　機能と資源の活性化要素の関係図　248
図8 - 6　来日初期のNC生徒への適応・教育支援に関する具体策　251
図8 - 7　連鎖的支援の活性化の多文化共生教育支援モデル　253

索引

[ア行]

アイデンティティ　204
　アカデミック——　208
　関係的——　80
　ディアスポラ——　207
　複合的——　207
アウトサイダー化　60
遊びの範疇　104
いじめ　87
　——現象　87
　（——集団の）四層構造論　87
位相（phase）　29
依存
　——性　147
　——性テスト　147
　——対象　148
　——斉共同体主義　35
居場所探り　84
異文化
　——接触　83
　——体験　170
　——適応　26
　——適応研究　26
　（——適応過程の）二文化並立期　29
　（——適応過程の）回復　29
　（——適応過程の）葛藤　29
　（——適応過程の）ハネムーン段階　29
　（——適応の）ASIMモデル　30
　——友人関係の形成過程モデル　80
　——理解教育　172　（→ 教育）
　（——の進行段階）接触体験　179
　（——の進行段階）追跡支援　179
　（——の進行段階）内省理解の深化　179

　（——の進行段階）背景説明　179
　——理解・交流における日中生徒の共同
　　活動　102
インサイダー化　60
インターラクティブ（interactive）性　48
インフォーマルなインタビュー　56
エージェント　43
エスニシティ　53
エスニック仲間　146
エスノグラフィー　44
応試教育　136　（→ 教育）
応用が検証の立場　48, 65
大阪府国際化推進基本方針　16
オープン・コーディング　50

[カ行]

（M-GTAにおける）解釈　50（→ M-GTA）
外的調整　231
外発的動機付け　203
学習達成度　229
家族
　——の文化資本　170
　——の物語　227
学級
　——活動　148
　——集団構造　87
学校
　——を取り巻く環境　33
　——教育法　131
　——研究　31
　——資源　245
　——適応　34
　——適応過程　35

――文化　32
　　（――文化の）観念的要素　32
　　（――文化の）構成要素　33
　　（――文化の）行動的要素　32
　　（――文化の）物質的要素　32
　　――文化研究　31
家庭的要因　239
カテゴリー化　50
（相互行為場面の）仮面　59
カルチャー・ショック　27
環境移行　26
関係的アイデンティティ　80
　　（→アイデンティティ）
観察者としての参加者　58
観察者の役割　58
関心・受容要求　107
完全なる観察者　58
完全なる参加者　58
管理技術的リーダーシップ　175
聞き取り　56
帰国した子どもの教育センター校　15
記述式アンケート調査　57
機能　247
　　――の活性化　247
　　――分析　247
教育
　　――支援　16
　　――的リーダーシップ　175
　　――理念　34
　　異文化理解――　172
　　応試――　136
　　国際理解――　179
　　国民――　36
　　支援――　249
　　資質――　136
　　全人――　132
　　奪文化化――　36

偏差値――　179
ゆとり――　179
境界
　　――化　30
　　――の設定　88
教科外活動　148
協調的抵抗　68
（異文化理解・交流における日中生徒の）
　　共同活動　102　（→異文化理解・交流）
拒絶的抵抗　68
儀礼と活動　34
グラウンデッド・セオリー・アプローチ
　　（GTA）　47
経験的実証性　47, 65
顕在的機能　248
構造の再生産　53
校長のリーダーシップ　175
コーディング法　50, 234
国際教室　62
国際理解教育　179　（→教育）
国民教育　36　（→教育）
「個人化」する教師のイデオロギー　189
個人的要因　239
子どもの卒業意識　113
固有機能　247
固有資源　247, 249
コラージュ　97
コロニアリズム（植民地主義）　53

　　　　［サ行］
再生産　245
サブカテゴリー　51
サブクエスチョン　50
鞘当て　88
参加者としての観察者　58
参加と観察　58
参与観察　59

──者　59
支援教育　249（→ 教育）
自己
　──概念　39
　──決定理論　231
　──顕示　111
　──保護　110
資質教育　136（→ 教育）
思春期の特徴　97
児童会活動　149
児童の権利に関する条約　16
自発的選択行為　68
社会
　──化　171
　──調査法　45
　──的依存要求　148
　──的スキル　152
　──的相互作用　53
　──文化的要因　239
重点学校　136
重要な他者　229
受容的な態度　92
食育基本法　125
職業パーソナリティ　192
助力要求　107
新規参入者　88
新教育課程基準（義務教育課程基準）　133
新教育基本法　159
新発　249
　──資源　249
心理的依存要求　107, 148
進路決定要因　39
青年前期（思春期）　19
潜在的機能　248
全人教育　132（→ 教育）
選択式コーディング　50
相互影響性　48

創造的抵抗　68
組織的要因　239
組織文化　43
ソフト化をすすめる改革トレンド　189

［タ行］
第二次性徴　99
奪文化化教育　36（→ 教育）
多文化共生社会　172
中学校学習指導要領　131
中国帰国者　63
　──「孤児」　161
　──「子女」　161
抽象的学習言語　71
調査モノグラフ　53
治療者としての教員　193
ディアスポラ・アイデンティティ　207
　（→ アイデンティティ）
適応
　──機能　245
　──指導　68
　──ストラテジー　39
　──促進要因　35
同一化的調整　231
同化（assimilation）　30
　──を強いる風土　189
動機付け　203
道具の依存要求　148
統合　30
　──的調整　231
同質化　190
統制的動機付け　203
道徳家としての教員　193
特別枠　69
トランスナショナル家族　167
取り入れ的調整　231
取り出し授業　16

索引　275

[ナ行]

内発−外発の枠組み　203
内発的動機付け　203
日中（の）学校文化　33
日本語
　——教室　60
　——指導　16, 68
ニューカマー　9
　（——生徒の）受け入れ過程　34
人間関係
　——の地図　89
　——の様相　81

[ハ行]

パーソナリティとしての依存性　147
排除　85
入り込み授業　16
恥知らずの折衷主義　46
発掘　249
平等化　132
分厚い記述　46
フィールド
　——ノーツ　46
　——ワーカー　58
　——ワーク　44
複合的アイデンティティ　207
　（→ アイデンティティ）
文化　25
　——資本　229
　——的アイデンティティ形成　39
　——的ストレス　27
　——的リーダーシップ　175
　——と個人の関係　25
　——変容　30
　——変容過程　30
　——変容態度　30
　——間の移行　29

分析　49
　——ワークシート　50
分離　30
偏差値教育　179（→ 教育）
傍観者的態度　109
方法論　44
保護者としての教員　193

[マ行]

マクロレベル（での転換）　31
ミクロレベル（での転換）　31
民族誌的アプローチ　53
民族的アイデンティティ　207
モデルパーソン　34
モノカルチャリズム　85

[ヤ行]

ゆとり教育　179（→ 教育）

[ラ行]

来日初期　68
リサーチクエスチョン　49
理論生成への志向性　47, 65
歴史・コミュニケーションネットワーク　34
歴史文化言語　71
(多エージェント間の）連携・協働　37
連鎖的支援の活性化モデル　252

[アルファベット]

grounded-on-dataの原則　47
JNNS（日本語非母語話者）　120
M-GTA　44
　——における解釈　50
Wカーブ仮説　29

【著者紹介】
潘　英峰（はん　えいほう）
中国内モンゴル自治区生まれ。中国遼寧省大連外国語学院英語学部英文科卒業。大阪大学大学院言語文化研究科言語文化専攻博士後期課程修了、言語文化学博士。国立大学法人・奈良女子大学男女共同参画推進機構キャリア開発支援本部研究員を経て、現在、大阪府豊中市教育委員会人権教育室勤務、伊藤忠商事株式会社、大学書林国際語学アカデミー中国語講師。
主な著作に「日本人中学生の異文化受容態度とその関連要因——米国・中国との比較から」（共著『異文化間教育』第40号、2014年）、「日本語教室の適応機能に関する論考——大阪府の公立中学校の事例を中心に」（『大阪大学言語文化学』Vol.22、2013年）など。

思春期ニューカマーの学校適応と多文化共生教育
——実用化教育支援モデルの構築に向けて

2015年1月30日　初版第1刷発行

著　者	潘　　英　　峰	
発行者	石　井　昭　男	
発行所	株式会社　明石書店	

〒101-0021 東京都千代田区外神田6-9-5
　　　　　電　話　03（5818）1171
　　　　　ＦＡＸ　03（5818）1174
　　　　　振　替　00100-7-24505
　　　　　http://www.akashi.co.jp
装丁　　明石書店デザイン室
組版　　朝日メディアインターナショナル株式会社
印刷　　株式会社文化カラー印刷
製本　　本間製本株式会社

（定価はカバーに表示してあります）　　ISBN978-4-7503-4124-8

[JCOPY]《(社)出版者著作権管理機構　委託出版物》
本書の無断複写は著作権法上での例外を除き禁じられています。複写される場合は、そのつど事前に、(社)出版者著作権管理機構（電話 03-3513-6969、FAX 03-3513-6979、e-mail: info@jcopy.or.jp）の許諾を得てください。

まんがクラスメイトは外国人 入門編 はじめて学ぶ多文化共生
「外国につながる子どもたちの物語」編集委員会編 ●1200円

まんが クラスメイトは外国人 多文化共生20の物語
「外国につながる子どもたちの物語」編集委員会編 ●1200円

グローバル・クラスルーム 教室と地球をつなぐアクティビティ教材集
D・セルビー、G・パイク著　小関一也監修・監訳 ●2800円

高校を生きるニューカマー 大阪府立高校にみる教育支援
志水宏吉編著 ●2500円

ニューカマーと教育 学校文化とエスニシティの葛藤をめぐって [オンデマンド版]
志水宏吉、清水睦美編著 ●3500円

国際理解教育 多文化共生社会の学校づくり
佐藤郡衛 ●2300円

グローバル時代の国際理解教育 実践と理論をつなぐ
日本国際理解教育学会編著 ●2600円

日韓中でつくる国際理解教育
日本国際理解教育学会／ユネスコ・アジア文化センター(ACCU)共同企画　大津和子編著 ●2500円

多文化共生の学校づくり 横浜市立いちょう小学校の挑戦
山脇啓造、横浜市立いちょう小学校編 ●2300円

教室文化と日本語教育 学習者と作る対話の教室と教師の役割 [オンデマンド版]
塩谷奈緒子 ●6500円

「移動する子どもたち」と日本語教育 日本語を母語としない子どものことばの教育を考える
川上郁雄編著 ●3300円

「移動する子どもたち」の考える力とリテラシー 主体性の年少者日本語教育学
川上郁雄編著 ●3300円

海の向こうの「移動する子どもたち」と日本語教育 動態性の年少者日本語教育学
川上郁雄編著 ●3300円

外国人児童生徒のための社会科教育 文化と文化の間を能動的に生きる子どもを授業で育てるために
南浦涼介 ●4800円

多文化・人権教育学校をつくる TQE理論にもとづく実践的ガイド
ポーラ・A・コルデイロ、ティモシー・G・レーガン、リンダ・P・マルチネス著　平沢安政訳 ●2200円

人権と多文化共生の高校 外国につながる生徒たちと鶴見総合高校の実践
坪谷美欧子、小林宏美編著 ●2200円

〈価格は本体価格です〉

移民の子どもと格差 学力を支える教育政策と実践
OECD編著　斎藤里美監訳　布川あゆみ、本田伊克、木下江美訳　●2800円

移民の子どもと学力 社会的背景が学習にどんな影響を与えるのか
OECD編著　斎藤里美監訳　木下江美、布川あゆみ訳　●3200円

多文化教育 多様性のための教育学
中島智子編著　●2000円

多文化教育を拓く マルチカルチュラルな日本の現実のなかで
渡戸一郎、川村千鶴子編著　●2800円

多文化社会の教育課題 学びの多様性と学習権の保障
川村千鶴子編著　●2800円

多文化主義と多文化教育
講座　外国人定住問題③　広田康生　●3000円

多文化共生教育とアイデンティティ
金侖貞　●4800円

異文化間教育 文化間移動と子どもの教育
佐藤郡衛　●2500円

多文化共生論 多様性理解のためのヒントとレッスン
加賀美常美代編著　●2400円

多文化共生のための異文化コミュニケーション
原沢伊都夫　●2500円

スウェーデンの義務教育における「共生」のカリキュラム "Samlevnad"の理念と展開
戸野塚厚子　●5500円

マリアナ先生の多文化共生レッスン ブラジルで生まれ、日本で育った少女の物語
右田マリアナ春美　●1800円

多文化社会ケベックの挑戦 文化的差異に関する調和の実践
ジェラール・ブシャール、チャールズ・テイラー編　竹中豊、飯笹佐代子、矢頭典枝訳　●2200円

多文化社会日本の課題 多文化関係学からのアプローチ
多文化関係学会編　●2400円

多文化社会の偏見・差別 形成のメカニズムと低減のための教育
加賀美常美代、横田雅弘、坪井健、工藤和宏編著　異文化間教育学会企画　●2000円

多文化共生と生涯学習
矢野泉編著　●2200円

〈価格は本体価格です〉

地球市民を育む学習 Global Teacher, Global Learner
G・パイク、D・セルビー共著 中川喜代子監修 阿久澤麻理子訳 ●3300円

多文化共生のジレンマ グローバリゼーションのなかの日本
神田外語大学多文化共生シリーズ1 加藤秀俊 ●1000円

多民族化社会・日本 〈多文化共生〉の社会的リアリティを問い直す
渡戸一郎、井沢泰樹編著 ●2500円

グローバル社会と人権問題 人権保障と共生社会の構築に向けて
李修京編 ●2400円

国際結婚 多言語化する家族とアイデンティティ
河原俊昭、岡戸浩子編著 ●2600円

在日外国人と多文化共生 地域コミュニティの視点から
佐竹眞明編著 ●3200円

日本の外国人学校 トランスナショナリティをめぐる教育政策の課題
志水宏吉、中島智子、鍛治致編著 ●4500円

日本の中の外国人学校
月刊『イオ』編集部編 ●1600円

移民政策へのアプローチ ライフサイクルと多文化共生
川村千鶴子、近藤敦、中本博皓編著 ●2800円

新訂版 移民・教育・社会変動 ヨーロッパとオーストラリアの移民問題と教育政策
ジークリット・ルヒテンベルク編 山内乾史監訳 ●2800円

日本社会と移民 講座 外国人定住問題①
伊豫谷登士翁、杉原達編 ●3000円

定住化する外国人 講座 外国人定住問題②
駒井洋編 ●3000円

多文化社会への道 講座・グローバル化する日本と移民問題 第Ⅱ期⑥
駒井洋監修・編著 ●4600円

多文化共生のためのテキストブック
松尾知明 ●2400円

多文化共生キーワード事典【改訂版】
多文化共生キーワード事典編集委員会編 ●2000円

チャイニーズネスとトランスナショナルアイデンティティ
日中社会学叢書2 永野武編著 ●4000円

〈価格は本体価格です〉